本书为"'一带一路'考古学研究译丛"暨"黄河沿线重点文物遗址资料整理保护"项目成果

"一带一路"考古学研究译丛　　王晓琨　主编

匈奴平民墓葬研究

STUDY ON THE TOMBS OF
ORDINARY XIONGNU PEOPLE

［蒙］策·图尔巴特／著

萨仁毕力格　特尔巴依尔／译

郑淑敏／校

社会科学文献出版社
SOCIAL SCIENCES ACADEMIC PRESS (CHINA)

译者简介

萨仁毕力格

男，蒙古族，1980年出生于内蒙古赤峰市巴林右旗，博士、研究员。2004年毕业于内蒙古师范大学历史系，2007年获得内蒙古师范大学历史文化学院中国北方民族史专业硕士学位，2022年获得吉林大学战国秦汉考古专业博士学位。2007-2020年，在内蒙古文物考古研究所从事田野考古与研究工作，现就职于内蒙古博物院，主要从事战国秦汉考古、北方草原青铜时代至早期铁时代考古、匈奴考古。

特尔巴依尔

男，蒙古族，1985年出生于新疆伊犁州尼勒克县吉仁台村。2009年毕业于新疆师范大学人文学院蒙古语言文学专业，2011-2014年、2017-2021年就读于中国人民大学，先后获得历史学硕士、博士学位，师从魏坚教授。2014-2015年就职于新疆文物考古研究所。2016-2017年于俄罗斯联邦卡尔梅克共和国国立大学留学。2018-2020年，受国家留学基金委资助，赴俄罗斯科学院物质文化史研究所联合培养，合作导师为Поляков Андрей Владимирович教授。2022年1月进入内蒙古大学历史与旅游文化学院工作。研究方向为北方民族考古、欧亚草原考古。

匈奴墓地概况

呼都根陶勒盖墓地远景

巴嘎嘎扎尔朝鲁墓地概貌

布尔罕陶勒盖匈奴墓葬内部结构

M13

M21

M63

M66

匈奴平民墓葬祭祀与殉牲

塔米尔乌兰和硕墓地 M97 头箱内随葬品出土情况

布尔罕陶勒盖 M60 殉牲

匈奴平民墓葬出土武器

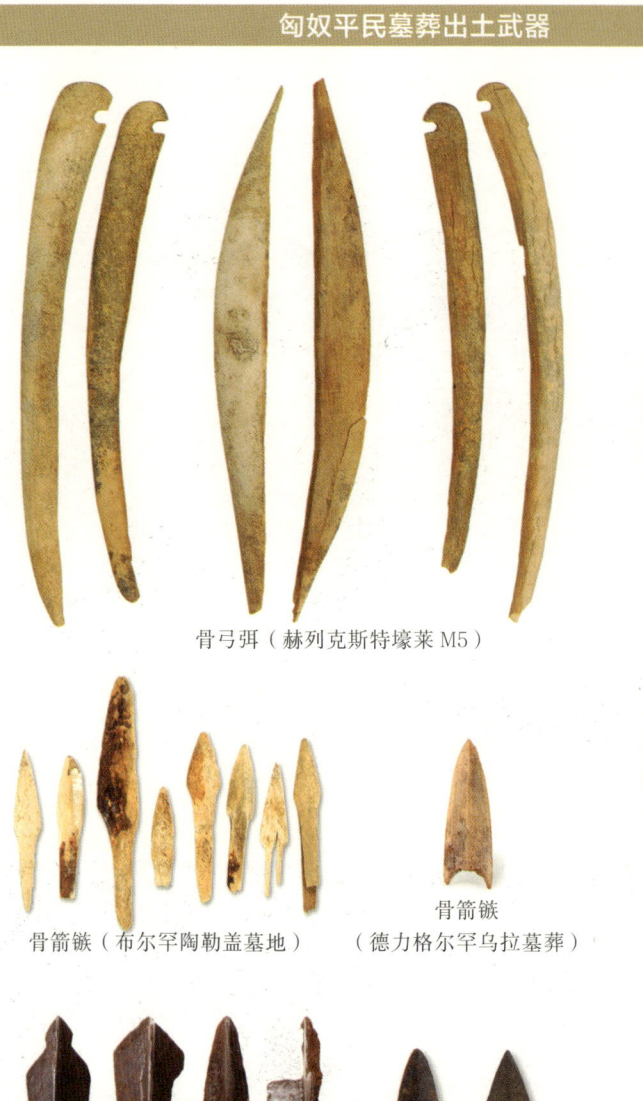

骨弓弭（赫列克斯特壕莱 M5）

骨箭镞（布尔罕陶勒盖墓地）

骨箭镞（德力格尔罕乌拉墓葬）

三翼铁箭镞（布尔罕陶勒盖 M94）

三翼铁箭镞（布尔罕陶勒盖 M94）

三棱铁箭镞（布尔罕陶勒盖 M72）

铁剑（巴润海尔罕 M2）

匈奴平民墓葬出土马具

骨马镳（布尔罕陶勒盖 M19）

骨马镳、铁马衔（那伊玛陶勒盖 M6）　　　　铁马衔（布尔罕陶勒盖）

马笼套铁扣（布尔罕陶勒盖）

小铜铃（布尔罕陶勒盖 M1、M10）

铜泡饰、节约（布尔罕陶勒盖 M10）

小铜铃（布尔罕陶勒盖 M1、M10）

匈奴平民墓葬出土带饰

镶琥珀、松石石带扣（达尔罕乌拉）

骨带扣（布尔罕陶勒盖）

镶琥珀、松石石带扣（达尔罕乌拉）

铁带扣（布尔罕陶勒盖 M47）

镶珊瑚、松石蛇纹金带饰
（布尔罕陶勒盖 M27）

镶琥珀、松石石带扣（达尔罕乌拉）

铁带扣（布尔罕陶勒盖 M73）

鹿角带扣与环（布尔罕陶勒盖 M6）

匈奴平民墓葬出土装饰品

玻璃、琥珀、松石串珠（那伊玛陶勒盖）

琥珀串珠（布尔罕陶勒盖 M9）

镀银玻璃项链（那伊玛陶勒盖 M20）

玻璃、琥珀项链（布尔罕陶勒盖）

镀金玻璃珠（努赫特阿姆 M3）

琥珀串珠（那伊玛陶勒盖）

金耳饰（塔米尔乌兰和硕 M109）

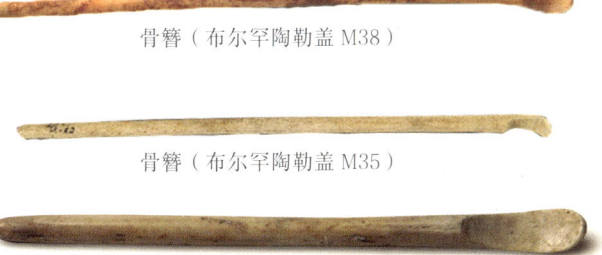

骨簪（布尔罕陶勒盖 M38）

骨簪（布尔罕陶勒盖 M35）

骨簪（布尔罕陶勒盖 M33）

匈奴平民墓葬出土陶器

高领罐（额沃根特 M2）

罐（都拉嘎乌拉 M7）

鼓腹罐（那伊玛陶勒盖）

小矮罐（特布希乌拉）

鼓腹罐（布尔罕陶勒盖 M63）

鼓腹罐（塔米尔乌兰和硕 M201）

单耳罐（赫列克斯特壕莱 M5）

圈足罐（布尔罕陶勒盖 M38）

陶罐（索勒碧乌拉 M2）

陶罐（布尔罕陶勒盖 M84-3）

陶罐（布尔罕陶勒盖 M18）

陶灶与小陶罐（布尔罕陶勒盖 M40）

匈奴平民墓葬出土铜鍑

双耳圈足铜鍑（布尔罕陶勒盖 M63）

双耳圈足铜鍑（塔米尔乌兰和硕 M97）

双耳铜鍑（布尔罕陶勒盖 M95）

双耳铜鍑（赫列克斯特壕莱 M5）

双耳铜鍑（塔米尔乌兰和硕 M97）

双耳马蹄形三足铜鍑（都拉嘎乌拉 M9）

匈奴平民墓葬出土铜镜及葬具装饰品

昭明镜（呼德根陶勒盖 M2）

规矩镜（塔米尔乌兰和硕 M100）

素面带柄铜镜（德力格尔汗乌拉 M5）

昭明镜（布尔罕陶勒盖 71）

规矩镜（塔米尔乌兰和硕 M109）

日月形饰件（布尔罕陶勒盖 M33）

四叶（柿蒂）纹桦树皮饰件
（布尔罕陶勒盖 M27）

柿蒂纹铁饰件
（布尔罕陶勒盖 M76）

努力开创中蒙考古交流的新篇章

——"'一带一路'考古学研究译丛"总序

呈现在读者面前的这本书,是中国人民大学科学研究基金资助的"'一带一路'考古学研究译丛"之一。"一带一路"是党中央提出的国家级顶层合作倡议,也是构建人类命运共同体的重要平台。中国人民大学鼓励并资助"一带一路"历史文化研究,不仅是对学术发展的强有力地推动,更具有重大的现实意义,它将为实践"一带一路"倡议提供必要的历史参考。

"一带一路"主要指从我国西北,经中亚直达欧洲的漫长的陆上通道;及从东南沿海出发,从南洋到阿拉伯海,甚至远达非洲东海岸的海上通道。这些通道自古就是重要的交通要道,沿线发现的大量古代文化遗产,是中西文化交流最直接的载体,是实现"一带一路"国家倡议的文化基石。因此,对"一带一路"沿线国家考古学的了解和研究,是中国考古学面临的重要任务之一,加强中国与沿线国家考古学科的交流合作,势在必行。把优秀的国外考古学著作,翻译引介给国内学术界,是这种交流合作最快捷、最有效的方式之一。

自古以来,广袤的蒙古草原就与中国历史有着紧密的联系。蒙古高原不仅是丝绸之路上重要的地理单元,更是游牧民族生息繁衍的大舞台,匈奴、鲜卑、柔然、蒙古等叱咤欧亚草原的北方民族都曾在这里留下大量的活动遗迹,造就了绚丽多姿、丰富多彩的草原文化。正基于此,我们的"'一带一路'考古学研究译丛"把翻译、介绍蒙古国的考古学著作作为肇始。

一

蒙古国地处世界最广大的草原——欧亚边草原的核心地带,在人类起源、草原民族的形成及文化传播的舞台上扮演着极为重要的角色,其独特的地理环境和丰富的古迹古物,使得蒙古国考古一直是国际研究的热点区域。

从 1889 年俄罗斯学者 H. M. 雅德林策夫实地调查鄂尔浑河谷突厥文碑刻和哈拉和林废墟开始,蒙古考古学已经走过了 100 多年的历程。1941 年,蒙古考古学的奠基人、著名考古学家 X. 普尔列在中央省阿布达尔乌拉山进行的发掘,是蒙古学者首次独立开展的考古研究。1990 年以来,蒙古考古更是取得了长足的进展,并已经成为世界考古学研究的一支重要力量。目前,蒙古国内从事考古工作的机构已有蒙古国国家科学院考古研究所、蒙古国国家博物馆、蒙古国立大学、成吉思汗大学、乌兰巴托大学和蒙古国科技大学等多家单位,除了职业考古工作者,还有大量的学生和外国志愿者。据不完全统计,蒙古国每年有百余项考古项目,其中配合基本建设(被动)和主动性考古项目大体各占一半,且绝大多数的考古项目都是国际合作项目。俄罗斯、法国、日本、美国、中国等众多国外科研力量及资金的引进,使得大量的蒙古考古材料为世界所知,也涌现出了很多令人瞩目的科研成果。近年匈奴高勒毛都高等级墓葬、燕然山碑铭等重要考古发现,也在不断吸引国际学术界的兴趣和注意。

蒙古国地处欧亚草原中部,是重要的草原通道。中国与外部世界之间通过草原通道进行的人文互动与交流,远在张骞凿通西域以前的石器时代就客观存在。东西方远古居民通过这条草原路线进行的文化交流,代表了中西文化交流历史长河中连绵不断的文化浪潮。历史学家李学勤先生指出:公元前 8 世纪以前的中亚通道,交流的证据非常少。中西之间起重要作用的是草原文化,是通过北方的草原连接起来的。① 考古学家林沄先生认为:欧亚草原在中国历史上起过两个重大作用。一个是起了中国中原地区和西方交流的大通道作用,特别是在海路交通发达以前,起到了主要通

---

① 李学勤:《赵文化的兴起及其历史意义》,《邯郸学院学报》2013 年增刊。

道的作用;另一个是孕育出一批和大河流域农业居民完全不同的游牧民族。① 林沄先生的上述论断,在中国北方的很多考古发现中得到证实。

2001 年夏季,我参与发掘的内蒙古锡林郭勒金斯太洞穴遗址,出土了多件使用勒瓦娄瓦技术制作的石器,最新研究认为这些石器属 4.7 万年前的欧洲莫斯特文化遗存,可能是尼安德特人沿着蒙古高原的草原通道携带到锡林郭勒的。植物考古研究证明,早在距今 9000 年的小河西文化时期,小米就沿着穿过蒙古的草原之路传到西方。同样是 9000 年前,外贝加尔湖地区的圜底罐,也通过蒙古高原传播到锡林郭勒、乌兰察布等地,形成独具特色的四麻沟、裕民等遗存。陶鬲是一种极具中国特色的三足炊器,在蒙古和俄罗斯外贝加尔等地区都发现过多件花边陶鬲,可见,中华文明的向外传播,蒙古高原的草原之路也是主要的文化路线。类似的还有仰韶文化彩陶向北的传播等等。上述的考古发现表明,远在石器时代,蒙古高原就已经成为中国和西方文化交流的重要通道。因此,对蒙古高原考古的了解与研究,在研究中华文明的形成、发展等方面都具有重要的学术意义。

二

史前之后的蒙古高原,进入到了游牧人时代。这里是游牧人的故乡,乘马的草原人"至如猋风,去如收电",② 那些"将树木连根拔起的风暴,却将鲜花的种子从一个花园传播到另一个花园"。③ 游牧人流动性强,故即便相隔遥远,东西之间的文化依然联系广泛。从公元前 300 年前后开始,经过多年的发展,在蒙古高原渐渐形成了庞大的匈奴联盟,并与强盛的秦汉王朝对峙了 300 多年时间。在漫长的历史长河里,冒顿、阿提拉等匈奴雄主给中国乃至世界留下了太多的传奇,也使得匈奴族具有了世界历史研究的价值与意义。从目前的考古资料来看,匈奴时期墓葬散布在中国北方、蒙古国和俄罗斯的布里亚特共和国、外贝加尔地区、图瓦共和国等地区,但绝大多数在蒙古国境内,因此蒙古国匈奴墓葬材料历来为学界所重

---

① 林沄:《序》,杨建华:《春秋战国时期中国北方文化带的形成》,文物出版社,2004。
② 《汉书·韩安国传》:"(匈奴)至如猋风,去如收电。"
③ 〔法〕雷纳·格鲁塞:《蒙古帝国史》,商务印书馆,2021。

视。我们选译的《匈奴贵族墓葬研究》和《匈奴平民墓葬》就是匈奴考古综合研究的代表性著作。

  《匈奴贵族墓葬研究》的作者，是蒙古国科学院考古研究所匈奴与古代史研究室主任 Ч. 尤如勒额尔敦教授。他自 2000 年参与蒙古国后杭爱省境内高勒毛都匈奴墓地的发掘以来，一直从事着有关匈奴贵族墓葬的发掘和研究工作。在匈奴贵族墓葬研究方面，以往都是针对某个匈奴墓地或墓葬进行独立研究，这部研究专著首次将蒙古国境内发现的 12 处匈奴贵族墓地，共计 2000 余座墓葬作为一个整体，进行了系统的综合研究。书中不仅对匈奴贵族墓葬的地理分布、地貌特征、墓葬形制、发掘情况、出土文物等做了全面梳理，还结合考古资料与汉文史料，对匈奴贵族墓葬和平民墓葬进行了比较研究与宏观论述。

  《匈奴平民墓葬研究》的作者，是蒙古国国立大学人类学与考古系教授、考古研究中心主任 Ц. 图尔巴特教授，他详细介绍蒙古国境内发现的 70 余处中小型匈奴墓葬的考古发现与研究概况、墓葬的分布及墓葬结构、出土随葬品及殉牲、埋葬方式与丧葬习俗等方面的情况，并对平民墓所反映的匈奴历史文化与社会生活、匈奴人宗教信仰、思想观念等诸多方面进行了深入的阐述和探索。该书对了解蒙古国境内匈奴中小型墓葬的考古研究成果及匈奴历史文化等方面的研究具有很高的学术价值。

  岩画是古代的一种重要文化遗存，并广泛分布于世界各大洲。中国是世界上岩画发现最多的国家之一。其中，阴山、锡林郭勒等内蒙古高原岩画是中国北方岩画的重要组成部分，这也是我近年关注的一个学术热点。我和张文静等研究者先后出版了《阴山岩画研究》《锡林郭勒岩画》《岩石上的信仰》等著作，在研究的过程中，切实地感到更为广大的蒙古高原与中国北方岩画的紧密联系。在 2017 年 5 月 12 日举行的"锡林郭勒岩画学术研讨会"上，张建林、张亚莎等岩画学者就强烈建议我们借鉴蒙古国岩画相关研究成果，更大程度推进中国北方岩画研究的发展。锡林郭勒会议使我们萌发了启动"'一带一路'考古学研究译丛"项目的想法。

  《吉布胡楞特海尔罕山岩画》，是由蒙古国科学院院士 Д. 策文道尔吉教授领衔的团队编著的，2001 年他们对南戈壁省的吉布胡楞特海尔罕山岩画进行了详细的调查，共发现 320 余组图像，内容包括人物形象、人面像、岩羊、鹿、盘羊、狼、狐狸、牛、马等。此外，该岩画点还有很多神秘的印记符号或天体图形类岩画。

《蒙古国戈壁地区岩画研究》，作者是蒙古国科学院考古研究所 H. 巴特宝力道教授。他以蒙古国中南部戈壁地区发现的大量的岩画遗存为主要研究对象，对该地区岩画的地域分布、发现简史、内容题材、刻绘手法、艺术表现，以及岩画研究中最为棘手的年代断定问题等都进行了详细介绍。与此同时，作者还广泛地比较蒙古国境内的阿尔泰山、杭爱山及中国的阴山、乌兰察布草原等地的岩画遗存，围绕该地区岩画艺术的发展与衰落问题、戈壁地区岩画分布区域的地貌特征问题、匈奴时期岩画的独特性等问题进行了专门的论述，对中国的北方岩画研究具有重要的参考意义。

三

之所以选译上述四本著作，更重要的原因，与中国人民大学考古学科的特色和发展方向紧密相关。2004 年秋，时任内蒙古文物考古研究所副所长的魏坚被引进到中国人民大学，中国人民大学考古学科开始组建。魏老师是一位具有北方民族血统且以北方民族考古见长的考古学家。高原上严寒酷热，练就了他强壮的体格、果敢的毅力。创业维艰，奋斗乃成，凭借强健的体格、过人的毅力和独到的学术眼光，他带领中国人民大学考古学科的师生们，经过 10 余年的打拼，使中国人民大学考古学科的学术声誉渐为学界所闻。在中国人民大学考古学科创立之初，魏老师就敏锐地意识到了北方民族考古研究的重要性，常云："不理解草原文明，就无法理解中国历史。"因此他创建"中国人民大学北方民族考古研究所"，架起跟外界沟通的桥梁。创办的《北方民族考古》学术辑刊，既涵盖了中国人民大学考古学科的研究方向，也整合了学术积累。如今辑刊已经出版 10 期，学术影响逐渐扩大。在制定了以北方民族为主要特色的学科发展方向后，中国人民大学考古学科还组织了多次有影响力的国际学术研讨会，中国北方、欧亚文明、丝绸之路、草原文化等都是我们与外界交流的主题。通过考察互访、派出和吸收国外研究生等多种形式的文化互动，我们与蒙古、俄罗斯、韩国、日本、美国等很多国家建立了密切的学术联系。特别是与近邻蒙古国学界有广泛接触，结识了蒙古国许多高水平的考古学者，合作的时机渐渐成熟。

"他山之石，可以攻玉"，为了更好地了解蒙古国考古的现状，2017 年 7 月 17~21 日，我和魏坚老师等五位学者对蒙古国进行了实地考察。"'一带一路'考古学研究译丛"项目的启动,也直接缘起于这次考察。

此次考察,我们参观了 3 处考古工地(高则高尔、乌兰和硕以及和日门塔拉),1 处岩画点(布嘎图)和 1 处墓葬区(夏勒干特匈奴墓地),3 座古城址(哈拉布哈巴拉嘎孙古城、青陶勒盖古城和塔拉乌兰赫日木古城)和 2 座博物馆(国家博物馆和鄂尔浑省博物馆)。在 5 天的时间里,我们的行程达 3000 余公里,见到了奥德巴特尔教授、Ц. 图尔巴特教授等新老朋友,拜会了蒙古国历史与考古研究所朝鲁所长。考察途中,印象最深刻的是 7 月 19 日的晚上,我们与蒙古国、法国等考古队员们在乌兰和硕工地共进晚餐,蒙古国牛奶酒、俄罗斯伏特加、中国二锅头、法国葡萄酒轮番上场,各国考古学者欢聚一堂,在草原歌声中,宾主们觥筹交错,越聊越欢。畅谈的话题涉及很多方面,其中,谈到了合作,也谈到了翻译出版,目的都是加深对各自研究成果的了解,以推进考古学的研究进展。从蒙古国考察回来的两个月后,在"第三届中国人民大学考古学国际学术研讨会"上,我和 Ц. 图尔巴特等蒙古国学者最终商定了翻译的具体事宜。

四

从启动至今,我们的译文工作进展顺利,这不仅得益于蒙古国诸位作者的积极配合,他们不仅提供翻译书稿,还提供很多精美的图片和线图,为我们的译文增色不少;还得益于我们有一批优秀的蒙汉文兼通的中青年学者。特日根巴彦尔是主要译者和译文小组的主要协调者,供职于内蒙古博物院,除了完成日常繁重的业务工作外,还在蒙古国攻读博士学位。此次翻译与联络协调等工作,特日根巴彦尔出力最多,他的学术以车辆岩画研究见长。萨仁毕力格博士,另一位主要译者,现就职于内蒙古博物院,主要从事蒙古国青铜时代至早期铁器时代考古、匈奴与鲜卑考古研究。特尔巴依尔,中国人民大学考古学博士研究生,曾在俄罗斯联邦科学院物质文化史研究所留学,现就职于内蒙古大学历史与旅游文化学院,专业方向为中亚及欧亚草原史前考古。内蒙古博物院的郑淑敏负责校对全文。参加翻译、校对工作的还有通格勒格、丹达尔、董萨日娜、马颖等青年学者;吉林大学博士研究生、来自蒙古国的索多诺姆扎木苏也参加了部分翻译工作。以上诸位翻译人员,都是年富力强的青年学者,有强烈的事业心,因此翻译工作一丝不苟,保证了我们译文的质量。社会科学文献出版社的王玉敏编辑，对我们的翻译工作给予了极大的耐心与信任，这也是我们工作顺利开展的保证。

文明因交流而多彩，文明因互鉴而丰富。韶光荏苒，日月穿梭。当年的古老村落已经变成了国，雄浑壮丽的长城也变成了诗。农耕民族与游牧民族的血共同流进了我们的血管，比血管更古老的河流，依旧流淌在比国家更古老的土地上。

中蒙两国唇齿相依，山水相连。文明的交流互鉴是推动人类进步和世界和平发展的重要手段。文明的互动更离不开守望相助、同舟共济。2020年年初，面对突如其来的新冠肺炎疫情，蒙古国第一时间给予我们援助，作为礼品的3万只羊成为中蒙两国友谊的佳话。我们组织的本次翻译工作，除了将对北方民族的考古学研究起到极大的推动作用，也是中蒙学术友谊的见证。"'一带一路'考古学研究译丛"项目的实施，不仅有利于中蒙双方文化资源整合，相互借鉴，取长补短，同时也使更多优秀学者聚集在中国人民大学考古学科周围，这也为中国人民大学的"世界一流大学（学科）"建设做出积极的贡献。

中国人民大学历史学院副教授
王晓琨

目 录

绪论 …………………………………………………………………… 001

第一章 研究概况与研究方法 …………………………………… 003

    第一节 匈奴平民墓葬研究概况及文献综述 …………………… 003

    第二节 匈奴平民墓葬、丧葬习俗的研究理论与方法 ………… 011

第二章 匈奴平民墓葬的分布与形制 …………………………… 034

    第一节 匈奴平民墓葬的分布 …………………………………… 034

    第二节 墓葬外部与内部结构（形制） ………………………… 043

    第三节 葬式与方向 ……………………………………………… 076

    第四节 儿童墓葬 ………………………………………………… 082

    第五节 双人合葬墓 ……………………………………………… 086

第三章 随葬品与殉牲 …………………………………………… 105

    第一节 随葬品 …………………………………………………… 105

    第二节 殉牲 ……………………………………………………… 120

第三节　殉狗 …………………………………………… 122

第四章　丧葬和祭祀习俗的特点 ……………………………… 129
　　第一节　匈奴人对另一世界的想象 …………………… 129
　　第二节　匈奴丧葬、祭祀习俗特点和过程 …………… 138
　　第三节　匈奴族属及丧葬与祭祀习俗 ………………… 140

结　语 ………………………………………………………… 162
附录1　蒙古国境内匈奴墓葬概况 …………………………… 164
附录2　蒙古国境内匈奴墓葬习俗对照表 …………………… 184
参考文献 ……………………………………………………… 211
РЕЗЮМЕ ……………………………………………………… 236
主要人名、地名及墓地名称中蒙俄文对照表 ……………… 254
译者后记 ……………………………………………………… 259

图目录

图 1　布尔罕陶勒盖墓地墓葬分布示意 …………………………………… 041

图 2　布尔罕陶勒盖墓地内部关系示意 …………………………………… 042

图 3　布尔罕陶勒盖墓地常染色体 STR 数据显示亲属关系 …………… 043

图 4　德列斯图依墓地第 3 组墓群墓葬分布 …………………………… 046

图 5　德列斯图依墓地封石堆形制类型 …………………………………… 047

图 6　莫林陶勒盖 M5 封石堆及墓坑结构 ……………………………… 052

图 7　额金河流域匈奴墓葬封石堆 ………………………………………… 053

图 8　布尔罕陶勒盖墓地封石堆及墓坑形制 …………………………… 054

图 9　布尔罕陶勒盖墓地双人葬 …………………………………………… 056

图 10　匈奴墓葬内部结构示意 ……………………………………………… 061

图 11　德列斯图依墓地石椁 ………………………………………………… 063

图 12　布尔罕陶勒盖墓地墓葬形制举例 ………………………………… 064

图 13　额金河流域匈奴墓葬葬具形制举例 ……………………………… 065

图 14　布尔罕陶勒盖墓地葬式与殉牲 …………………………………… 067

图 15　布尔罕陶勒盖墓地墓葬内部结构 ………………………………… 068

图 16　德列斯图依墓地木棺椁 ……………………………………………… 070

图 17　赫列克斯特壕莱 M4 棺椁复原 …………………………………… 071

图 18　德列斯图依墓地墓葬木棺结构复原 …………………………………… 073

图 19　德列斯图依墓地墓葬棺板衔接方法示意 ……………………………… 074

图 20　额金河流域匈奴墓葬内部结构与葬式 ………………………………… 078

图 21　匈奴墓葬墓主人埋葬方向统计 ………………………………………… 082

图 22　匈奴儿童墓葬 …………………………………………………………… 084

表目录

表 2-1　布尔罕陶勒盖 M31、M31A 丧葬习俗情况登记 ⋯⋯⋯⋯ 086

表 2-2　布尔罕陶勒盖 M32、M32A 丧葬习俗情况登记 ⋯⋯⋯⋯ 087

表 2-3　布尔罕陶勒盖 M37、M37A 丧葬习俗情况登记 ⋯⋯⋯⋯ 087

表 2-4　布尔罕陶勒盖 M38、M38A 丧葬习俗情况登记 ⋯⋯⋯⋯ 087

表 2-5　那伊玛陶勒盖 M11 丧葬习俗情况登记 ⋯⋯⋯⋯⋯⋯⋯ 088

表 2-6　布尔罕陶勒盖 M6 丧葬习俗情况登记 ⋯⋯⋯⋯⋯⋯⋯⋯ 089

表 2-7　布尔罕陶勒盖 M33 和 M33A 丧葬习俗情况登记⋯⋯⋯⋯ 089

表 3-1　出土骨弓弭的匈奴墓葬墓主人性别与殉牲情况 ⋯⋯⋯⋯ 106

表 3-2　匈奴墓葬出土箭镞与墓主人性别情况 ⋯⋯⋯⋯⋯⋯⋯⋯ 108

表 3-3　匈奴墓葬出土马衔与墓主人的关系 ⋯⋯⋯⋯⋯⋯⋯⋯⋯ 110

表 3-4　匈奴墓葬出土带扣与装饰品统计 ⋯⋯⋯⋯⋯⋯⋯⋯⋯⋯ 112

表 3-5　匈奴墓葬出土桦树皮器、漆器及骨筷（发簪）统计⋯⋯ 115

表 3-6　匈奴墓葬出土铁刀情况 ⋯⋯⋯⋯⋯⋯⋯⋯⋯⋯⋯⋯⋯⋯ 118

表 3-7　匈奴墓葬常见的随葬品与墓主人年龄、性别的关系 ⋯⋯ 120

表 3-8　匈奴墓葬殉牲种类统计 ⋯⋯⋯⋯⋯⋯⋯⋯⋯⋯⋯⋯⋯⋯ 121

绪 论

墓葬是古代游牧民族遗留下来的众多考古学文化遗存的重要组成部分，也是研究游牧民族的族源、社会形态、经济模式、文化面貌与对外交流等不可或缺的考古学资料。墓葬及丧葬习俗考古的研究范畴极为广泛，可以说是考古学的一大重要门类。

虽然，匈奴考古工作经历100多年，但匈奴丧葬习俗的专门研究寥寥无几。这里，值得一提的是法国学者P. H. 吉斯卡尔（Jiscar）在其亲自发掘的布尔罕陶勒盖墓地50余座墓葬资料的基础上撰写的相关研究文章。但是，该文章未能有效参考其他匈奴墓葬的资料，布尔罕陶勒盖墓地的资料亦未能全面收录。因此，笔者将这项具有重要学术意义却缺乏深入研究的课题当作博士论文选题，试图对其进行专门的分析和研究。

在中央亚细亚①古代众多游牧民族当中，匈奴是最早建立政权的民族，且其社会、经济、文化达到了较高的发展水平。几百年来，匈奴人创造的游牧文化对后来的游牧民族产生了深远的影响，并不断被传承和发扬。但是，匈奴源流、语言和族系等众多方面的问题是学界一直争论不休且至今未得到解决的学术课题。显然，仅靠文献资料很难解决复杂的匈奴历史问

---

① 中央亚细亚（Central Asia），这一地理概念在西方学术文章中使用较多，非中亚（Middle Asia）地区。根据联合国教科文组织更广泛意义上的定义，中央亚细亚除中亚五国之外，还包括蒙古、南西伯利亚（布里亚特、图瓦、伊尔库茨克、阿尔泰、鄂木斯克地区、哈卡斯和克麦罗沃州、奥伦堡地区、库尔干地区、秋明地区、新西伯利亚州等）、中国部分地区（内蒙古、东北三省、新疆、青海、甘肃、西藏）及阿富汗北部、伊朗、巴基斯坦等。

题，考古出土的实物遗存往往给我们提供"源源不断"的、新的研究资料。除此之外，相比富有各种感情色彩和存在诸多有意无意谬误的文献资料，考古出土实物资料具有很高的可信度和可靠性，其重要性也将日渐凸显。我们相信不久的将来，在古代基因学等相关学科的支持下，考古学将在解决匈奴文化源流及匈奴人种等学科问题上发挥更重要的作用。本书运用考古学与民族学资料，对匈奴平民墓葬丧葬习俗进行全面梳理和分析，试图对上述匈奴诸问题的研究和解决做出一点微薄贡献。

匈奴考古绝不仅限于一个部族或一个种族的研究，它具有广泛的研究范畴。本书将呈现一批有关匈奴经济形态、社会关系，尤其是匈奴社会家庭单元关系的诸多新资料和新见解。同时，对匈奴墓葬各组成因素做出相应的学术定义。

本书以蒙古国境内最近40余年中发掘清理的174座匈奴墓葬资料为主要基础材料，其中包括笔者亲自参与发掘和研究的额金河河谷100余座墓葬材料。同时，研究过程中笔者选择大量俄罗斯外贝加尔和中国北方地区的墓葬资料，当作辅助材料来使用。

本书后附的"蒙古国境内匈奴墓葬概况"是笔者精心统计和整理出来的蒙古国境内70余处匈奴墓地的简介，希望为该领域学者的查阅提供方便，节省宝贵的科研时间，也当作向从事匈奴研究的同仁呈献的一份礼物。

笔者在撰写本书和以此参加历史学博士学位论文答辩的过程中，З. 巴特赛罕博士、Г. 策仁汗达博士（教授）和 Т. 赞巴拉道尔吉副教授等对书稿认真阅读和修改，并提出了许多宝贵的意见。在本书的选题和写作过程中，笔者的导师 Д. 策文道尔吉博士（科学）和 Я. С. 胡德雅科夫博士（科学）给予诸多方面的帮助，使本书的写作顺利进行并最终完成。Ж. 宝力德巴特尔院士对该书悉心审阅并提出许多有意义的、宝贵的修改意见。在此一并向他们表示由衷的感谢。

可以说，本书是蒙古国古代丧葬习俗方面的第一部研究成果，笔者在研究过程中曾遇到不少难题。笔者并不认为本书对匈奴丧葬习俗做了很透彻的研究，只认为它作为"引玉之砖"，是试图为更多的研究打下基础而做的小小尝试。书中难免存在错误和不当之处，望诸位读者和学者海涵，并批评指正。

本书的写作得到"开放的社会"基金会中央亚细亚研究理念计划（CARI Project）的资助。

第一章 研究概况与研究方法

第一节 匈奴平民墓葬研究概况及文献综述

中央亚细亚古代游牧民族遗留下的众多文化遗存当中，匈奴墓葬分布的区域最为广阔，数量也较多。匈奴墓葬主要分布于除巴彦乌列盖和东戈壁两省以外的蒙古国大部分区域、俄罗斯外贝加尔和中国内蒙古自治区及其周边省区境内。

近年来，匈奴遗存的考古发掘工作如雨后春笋般地展开，匈奴考古各领域的研究也层出不穷，介绍匈奴考古概况的相关文章陆续发表[1]。因此，本书仅选取具有代表性的发现和研究成果，对匈奴考古及匈奴平民墓葬的研究情况进行简略概述。

匈奴考古遗存最早由恰克图医生 Ю. Д. 塔里克－格林采维奇于19世纪末发现。他出于对考古的爱好，经常发掘一些古代墓葬，曾在吉达河、色楞格河、奇科伊河及希洛克河等地发掘近100座匈奴墓葬[2]。他尝试将自己发掘的这些墓葬分为木椁墓和木棺墓两种类型，认为它们分别属于不同的年代[3]。根据他的推论，木椁墓属于匈奴时期，而木棺墓可能为黠戛斯人或通古斯人的墓葬。但是，后来这些墓葬均被确定为匈奴时期遗存。Ю. Д. 塔里克－格林采维奇在外贝加尔地区也发掘了数量较多的匈奴墓葬，并把相当一部分出土资料公布于众，其中包括在伊里莫瓦谷地（有柳树林的谷地）发掘的33座木椁墓和吉达河左岸的德列斯图依（有芨芨草的地方）发掘的26座木棺墓及哈拉乌苏、古吉尔梅格、奥尔盖腾、乌尔根浑都伊、查拉姆、乌斯特－恰克图附近（宝尔、乌瓦勒、乌瓦勒西部、力铺斯基）、苏吉（中苏吉和南苏吉）、布尔冬、艾堆和胡莱布拉格等地发掘的多座墓葬[4]。当时，虽然他的这些研究未能引起学界的关注和得到相应的评价，但后来随着诺彦乌拉墓地的发现，逐渐吸引了众多学者的目光。

Ю. Д. 塔里克-格林采维奇的上述发现和研究影响了以伊尔库茨克考古学家 Г. П. 索斯诺夫斯基为首的布里亚特-蒙古考察队（1928～1929年），促使其对匈奴遗存进行考古发掘和研究。Г. П. 索斯诺夫斯基领导的考察队首先在外贝加尔地区最大的布日嘎斯特（伊里莫瓦）匈奴墓地（共分布有300余座墓葬）发掘了11座墓葬。同时，该考察队开启了乌兰乌德市附近伊沃尔加河下游匈奴居址的发掘工作[5]。Г. П. 索斯诺夫斯基在对伊里莫瓦墓地与伊沃尔加城址及 Ю. Д. 塔里克-格林采维奇发掘的德列斯图依墓地出土资料进行仔细研究的基础上，印证了以往学界对外贝加尔地区与蒙古国境内匈奴遗存之间存在内在联系的判断[6]。根据墓葬和城址出土资料的对比和分析，他提出了匈奴社会具有半游牧性质经济模式的结论[7]。

1949 年起，А. П. 奥克拉德尼科夫领导布里亚特-蒙古第二考察队开始在外贝加尔地区做考古工作。该考察队取得的重要成果是在吉达河右岸的呼吉尔德布、伊里莫瓦邻近的莫伊勒图山谷（查拉姆）等地新发现了几处匈奴墓地[8]。1957 年，А. П. 奥克拉德尼科夫主持了莫伊勒图山谷（查拉姆）墓地的考古发掘工作[9]。

1962 年 С. И. 鲁金科编写的《匈奴文化与诺彦乌拉巨冢》[10]一书出版，书中几乎完整公布了 П. К. 科兹洛夫发掘的诺彦乌拉墓葬材料，为匈奴考古研究提供了极其珍贵的资料，这也是苏联学者为匈奴考古领域所做的最大贡献之一。

布里亚特考古学家 П. Б. 科诺瓦洛夫是把匈奴墓葬的发掘与研究推向新台阶的学者。20 世纪 60 年代开始，他在外贝加尔地区发掘大量匈奴墓葬，并结合以往研究成果编写了一部专著[11]。1965～1971 年，П. Б. 科诺瓦洛夫在外贝加尔地区共发掘41座匈奴墓葬（其中1座为方形围墙的贵族墓），包括德列斯图依6座、伊里莫瓦16座、切列姆霍夫18座、艾堆1座。他的著作首次尝试通过考古实物资料对匈奴经济形态、社会组织和部族源流等问题进行系统研究。通过这部著作，我们可以看到他科学严谨的发掘方法、条理清晰的分析和研究、高质量的手绘图及附录等，这些都受到后来学者们的高度评价。尤其是，他首次对匈奴平民墓葬的丧葬习俗做了较为扎实的专门研究，为我们的研究工作奠定了重要的基础。

1949～1950 年，В. П. 西洛夫最先对伊沃尔加河下游居址与墓地的复合型遗存（complex）进行考古发掘。1956年，A. B. 达维多娃继续该复合型遗存的发掘工作，并全面清理了伊沃尔加墓地[12]。作为首次全面揭露的大型墓地（216座封土墓），它的发现和研究意义重大，为匈奴经济形态和社会组织的研究提供了大量珍贵资料。居址内出土的数以千计的遗物，同样为匈奴经济、文化研究提供了极其重要的实物资料。

从20世纪80年代开始，圣彼得堡学者 C. C. 米尼亚耶夫一直在外贝加尔地区开展匈奴墓葬的发掘工作[13]，该工作主要包括都列尼居址和德列斯图依、查拉姆等大型匈奴墓地的发掘和研究。他于1998年根据德列斯图依墓地的发掘资料出版的专著，可谓近年来匈奴考古平民墓葬方面的一部力作[14]。这部著作对匈奴平民墓葬的丧葬习俗做了较为细致的研究，并提出了许多独树一帜的见解，受到学界的一致认可。

符拉迪沃斯托克（海参崴）学者 H. H. 克拉丁对匈奴历史、社会、经济等方面做了大量的研究[15]。目前，他正在尝试从丧葬习俗的角度，去分析研究匈奴社会组织[16]。

根据 П. Б. 科诺瓦洛夫的报道，外贝加尔地区共发现866座匈奴墓葬，1896~1971年共发掘了369座，其中包括4座大型墓葬[17]。至1983年，发掘数量增加到377座[18]。而从1996年的情况看，共发掘和记录了30处墓地的470余座墓葬[19]。但这些统计数字并不完全，将来匈奴墓葬的数量可能继续增加。根据近几年在鄂嫩河蒙古国段流域宝尔布拉格墓地和都日利格那日斯墓地的调查发现[20]，隐藏在外贝加尔地区森林地带和山谷之中的一些匈奴墓地可能会在将来不断地被发现。除此之外，在类似德列斯图依等特殊地貌的区域内也不断发现一些地表不见任何痕迹的匈奴墓葬。外贝加尔地区的匈奴墓葬主要沿着色楞格河及其支流吉达河、奇科伊河、希洛克河等流域分布。而上述已发现2座大型墓地的鄂嫩河外贝加尔段流域，目前几乎还未发现匈奴墓地遗存。

从目前的统计数字看，蒙古国境内的70多个地方共发现4000余座匈奴墓葬，其中约400座已被发掘。显然，这个数字只是所有匈奴墓葬的一小部分，因为考古工作还未在蒙古国所有的地区开展，只集中在主要大河流域、道路两侧和人口较密集的地区，且对开展工作相对较多的地区也缺乏深入的研究。所以，随着考古工作的不断深入，匈奴墓葬的数量将会不断增加。

根据形制和布局，匈奴墓葬可分为带有长方形墓框与墓道的大型贵族墓葬和地表为圆形封石堆的小型平民墓葬两种类型。贵族墓地共发现7处，分别集中在蒙古国后杭爱省、中央省、肯特省和科布多省等境内。

1924～1925年，以 П. К. 科兹洛夫为首的考察队对中央省巴特孙布尔苏木哈拉河流域诺彦乌拉匈奴墓地进行了发掘，这次发掘工作被视为蒙古国匈奴考古学研究的开端。П. К. 科兹洛夫1924年的发掘受到苏联科学院的高度关注，考虑到这次发掘工作的重要性，苏联科学院又派 С. А. 铁普洛赫夫和 Г. И. 波洛夫卡等考古学家到诺彦乌拉匈奴墓地主持发掘工作。他们利用科学的方法和技术对24号墓进行了考古发掘[21]。1924～1925年，在诺彦乌拉匈奴墓地共发掘了6座大型贵族墓和4座平民墓，出土了许多具有很高学术价值的遗物，这引起了国际学术界的高度关注，对蒙古国考古学，尤其对匈奴考古学文化研究的发展产生了重大的影响。随着诺彦乌拉匈奴墓地的发掘和研究，出现了一批有关匈奴考古研究的学术成果，其中，梅原末治的《蒙古诺彦乌拉发现的遗物》、Ц. 道尔吉苏荣的《北匈奴（考古学研究）》、С. И. 鲁金科的《匈奴文化与诺彦乌拉巨冢》等著作至今在学术界仍有一定地位。上述著作对诺彦乌拉匈奴墓地的发掘及出土资料进行了客观而翔实的介绍[22]，这里不再赘述。

1926年，Г. И. 波洛夫卡按照协定把以往发掘出土的一些遗物提交给了蒙古国科学院，并对诺彦乌拉匈奴墓地进行了独立的发掘[23]。他在苏吉格图山谷的河岸上发现了一座带有木棺的平民墓。该墓虽被盗掘，但为了解匈奴墓葬内部结构提供了很重要的资料。经过发掘，该墓出土了三种不同类型的陶器、骨质饮器、漆耳杯、铜雕马像、马衔等珍贵遗物[24]。

1927年，蒙古国经书院研究人员 A. D. 西姆克夫在诺彦乌拉山苏吉格图山谷和吉日木图山谷各发掘了一座贵族墓[25]。他虽然在封土顶部使用了"挖井"式的发掘方法，但还是出土了一些很有学术价值的遗物，其中，6号墓葬出土的带有汉字的漆耳杯为诺彦乌拉匈奴墓地的断代提供了科学依据[26]。

20世纪50年代，蒙古国涌现出一批本土的考古学家，他们掀起了匈奴考古的新潮。1953年，O. 那木南道尔吉在后杭爱省哈沙特苏木境内的嘎顺尼高勒河附近和色楞格省境内的辉特英格图山分别发掘1座被破坏的匈奴墓葬，出土了人骨和陶器等遗物[27]。

1954年开始，Ц. 道尔吉苏荣主要从事蒙古国境内匈奴墓葬的考古研究工作。1954～1957年，他在诺彦乌拉山主持发掘了1座贵族墓葬和15

座平民墓葬；在后杭爱省海尔罕、额尔敦曼德拉两个苏木交界处的高勒毛都匈奴墓地主持发掘了 1 座贵族墓葬（未进行完）和 26 座平民墓葬[28]。这些墓葬出土了兵器、劳动工具、马具、饰件、陶器、铜器等许多珍贵遗物。通过对这些墓葬的发掘研究，发掘者弄清了匈奴墓葬的结构特点和匈奴民族丧葬制度方面的一些问题。此后，Ц. 道尔吉苏荣撰写了《北匈奴（考古学研究）》，这是一篇充分利用蒙古和外贝加尔地区的匈奴考古学实物资料，并以匈奴历史文献记载为基础，对匈奴社会、经济、文化等方面进行全面阐述的经典论文[29]。

20 世纪 60 年代以后，Ц. 道尔吉苏荣与国内外的一些学者合作，继续对匈奴墓葬进行考古发掘研究。1961 年，他和 B. B. 沃尔科夫在科布多省调查时，在满汗苏木哈拉嘎图地区发现了一处大型的匈奴墓地。他们对其中的 2 座墓葬进行了发掘，并公布了相关发掘资料[30]。同年，他与匈牙利考古学家 И. 额尔德耶利合作在诺彦乌拉山吉日木图山谷发掘了 2 座匈奴墓葬，并发表了其研究成果[31]。

同年，以 Ц. 道尔吉苏荣、Н. 色尔－奥德扎布和 Т. 浩尔巴特为首的蒙古与匈牙利考古队对乌兰巴托市附近的索勒碧乌拉山 11 座匈奴墓葬中的 2 座进行了发掘[32]。1970 年，Н. 色尔－奥德扎布在后杭爱省哈沙特苏木呼塔嘎乌拉山匈奴墓地发掘了一座墓葬，但未发表相关成果。

1963~1964 年，考古学家 И. 额尔德耶利、Д. 那旺等在后杭爱省额尔敦曼德拉苏木境内呼尼河流域的那伊玛陶勒盖匈奴墓地发掘 4 座墓葬，并发表初步研究成果[33]。

1969 年，奥克拉德尼科夫院士经过达尔汗市郊时，在土木工程施工过程中遭到破坏的几座匈奴墓葬内捡到一些残留的遗物，并提交给当地部门。后由 Х. 普尔列和 Ю. С. 格里什等对其幸存的 6 座墓葬进行了抢救性发掘[34]。同年，蒙日"三河"考察队①在东方省古尔班扎嘎勒苏木境内的查干朝鲁特墓地和肯特省都拉嘎乌拉墓地各发掘了 1 座和 5 座匈奴墓葬。1971 年，B. B. 沃尔科夫、Д. 那旺等人对前杭爱省科布多苏木特布希乌拉墓地 21 座墓葬中的 2 座墓葬、后杭爱省哈沙特苏木呼塔嘎乌拉山匈奴墓地

---

① 1992~2002 年，蒙古国与日本两国学者又组成考古队在蒙古国东部的鄂嫩河、克鲁伦河和中北部的图拉河流域进行联合考古调查和发掘，重点对匈奴墓葬和蒙古时期遗址进行了系统研究。

1座墓葬进行了考古发掘[35]。1977年，Д．那旺等人对萨勒黑特火车站附近施工过程中发现的5座匈奴墓葬进行了发掘清理。1980～1982年，蒙苏联合历史文化考察队青铜和铁器时代文化遗存分队在后杭爱省、布尔干省、肯特省等地区发掘了40余座匈奴墓葬，但至今未发表相关成果。1989～1990年，Д．那旺在科布多省满汗苏木境内发掘了2座匈奴贵族墓[36]。

20世纪70年代，考古学家Д．策文道尔吉开始对匈奴墓葬进行考古发掘研究。其中，在特布希乌拉墓地发掘8座（1972年、1977年）；在乌布苏省昌德曼乌拉墓地发掘4座（1973年、1981年）；与И．额尔德耶利合作在后杭爱省额尔敦曼德拉苏木那伊玛陶勒盖墓地发掘16座（1974年、1987年）；在库苏古尔省嘎拉特苏木努赫特阿姆山谷墓地发掘3座（1975年）；在戈壁阿尔泰省朝格特苏木赫列克斯特壕莱墓地发掘5座（1986年）；在前杭爱省乌央嘎苏木乌尼陶勒特墓地发掘1座（1986年）；与И．额尔德耶利合作在后杭爱省巴特澄格勒苏木呼都根陶勒盖墓地发掘2座、在索勒碧乌拉山墓地发掘2座、在那伊玛陶勒盖墓地发掘11座（1987年）；同И．额尔德耶利合作在都拉嘎乌拉山墓地发掘5座、在中央省巴彦苏木扎剌陶勒盖墓地发掘5座（1989年）；同П．Б．科诺瓦洛夫、И．额尔德耶利等合作在中央省莫林陶勒盖墓地发掘2座、在中戈壁省德力格尔朝格图苏木巴嘎嘎扎尔朝鲁墓地发掘1座、在前杭爱省尤孙锥勒苏木塔尔巴哈太墓地和呼吉尔特苏木呼新胡特勒墓地各发掘1座（1989年）；在中央省阿拉坦布拉格苏木巴润海尔罕墓地发掘2座（1990年）[37]。通过上述发掘资料的分析和研究，Д．策文道尔吉提出诸多匈奴考古研究的新见解。他认为这些发掘工作证明了分布在蒙古国境内的匈奴墓葬在丧葬习俗方面存在很大的共性。这些墓葬出土了许多珍贵遗物，其中那伊玛陶勒盖墓地出土的刻有符号（Tamaga）的陶器、汉式铜镜、公元14年铸造的铜钱，赫列克斯特壕莱墓地出土的保存完好的骨质弓弭、铜釜，莫林陶勒盖墓地出土的口弦琴等具有重要的学术价值。Д．策文道尔吉、З．巴特赛罕二人合作对科学院历史研究所文物标本实验室所藏的110余件陶器进行了详细的研究，发表了关于匈奴陶器方面的长篇学术论文[38]。

20世纪90年代，З．巴特赛罕对匈奴墓葬做了一些考古发掘和研究。他先后主持发掘了苏赫巴托省图布新锡热苏木境内的德力格尔汗山墓地（1991年发掘1座）、布尔干省呼塔嘎文都尔苏木布尔罕陶勒盖墓地（1992～1996年发掘18座）、肯特省扎日嘎朗特苏木都拉嘎乌拉墓地（20世纪90年代末）

等[39]。2000年，他以《北匈奴与游牧文明的发展》为题撰写博士学位论文，也涉及了匈奴丧葬习俗方面的研究[40]。同年，他在后杭爱省乌贵诺尔苏木塔米尔乌兰和硕墓地和巴特澄格勒苏木额莫勒陶勒盖墓地分别发掘了14座和12座匈奴墓葬，并发表了部分资料[41]。2003年，他出版专著《匈奴：考古、民族学与历史研究》[42]，可谓把蒙古国匈奴研究又向前推进了一步。该著作中不乏对匈奴丧葬习俗及宗教信仰等方面有意义的结论。

20世纪90年代初开始，开放的文化交流与对外合作的政策积极地影响了蒙古国与其他国家的考古合作研究。在这种背景和条件下除俄罗斯、匈牙利等传统东欧国家外，法国、美国和韩国等国家也在蒙古国境内实施匈奴考古项目。多国专家的参与和现代先进技术的利用使匈奴考古学文化研究迈向了新的台阶。

1994~1999年，蒙古国与法国联合考古队对布尔罕陶勒盖匈奴墓地进行了考古发掘。他们发掘了该墓地96座墓葬（葬有106个人）中的78座，并发表了相关发掘成果[43]。这是对蒙古国境内大型匈奴墓地进行的首次完整的揭露。通过发掘工作，不仅收集了反映匈奴丧葬习俗的新资料，还发现了砚台、镶有宝石的带饰、铁锅、铜釜、陶器、车马具、骨筷、骨镞、铁镞等丰富的珍贵遗物。2003年，Ц.图尔巴特、Ч.阿玛尔图布新和У.额尔顿巴特等利用布尔罕陶勒盖墓地和额金河流域浩勒特斯特努嘎、哈南哈达、浑赫尔阿姆等地发掘的匈奴墓资料编写了一部名为《额金河流域考古学文化遗存》[44]的专著，在书中大量收录了该地区匈奴墓葬资料，提出了许多匈奴墓葬研究方面的新的见解①。

---

① 通过上述匈奴墓地的发掘，发现了许多反映匈奴殉人习俗的现象，其中一座成年人墓葬封土下及墓旁共发现10座小孩墓，这很可能就是具有祭祀性质的殉葬现象。墓地南侧的一座夫妇合葬墓殉葬成年女性。另有一座竖穴土坑偏洞室墓（M33）的竖坑内埋葬一男性，而在偏洞室内随葬一成年女性，这说明被殉葬的对象不仅有儿童还有成年人。布尔罕陶勒盖匈奴墓的发掘过程中首次对匈奴人骨进行标本采集，并送往法国斯特拉斯堡刑事案件基因技术研究所进行DNA测试。实验初步结果表明有些墓葬的墓主人之间有着直属亲缘关系，但整个墓地的所有个体之间是否存在这样的亲属关系还没有资料可证明。对这些古代匈奴人与现代人DNA标本进行对比研究的结果显示匈奴人在人种特征上与居住在艾格河流域的现代蒙古人有着很大的相似之处，而有些个体出现突厥人种特征。

蒙古-法国联合考古队法方领队P. H. 吉斯卡尔博士对其亲自于1998~1999年主持发掘的布尔罕陶勒盖墓地58座墓葬的丧葬习俗做了专门研究，撰写了相关研究专著[45]。仅靠一处墓地为数不多的墓葬资料，很难全面揭示匈奴的丧葬习俗，但该著作在研究的理论、方法方面为以后的研究奠定了基础，具有重要学术意义。

进入21世纪以来的这10年内，境外的考古队继续在蒙古国境内进行匈奴考古学研究。2000年，蒙古与韩国考古队①在蒙古国中央省境内的莫林陶勒盖山墓地进行考古发掘，并以研究型专著的形式公布了发掘资料[46]。2001年，该考古队在后杭爱省地区进行考古调查研究，并在呼都根陶勒盖墓地发掘了4座匈奴墓，绘制了位于后杭爱省巴特澄格勒苏木境内的呼都根陶勒盖山墓地和索勒碧乌拉匈奴墓地平面图。

2001年，蒙古国与比利时联合考古队在布尔干省布雷格杭爱苏木境内的额沃根特匈奴墓地发掘了4座圆形石圈墓。同年，Ц. 图尔巴特在后杭爱省乌贵诺尔苏木境内的塔米尔乌兰和硕墓地（具有370座小型墓葬）发掘了2座墓葬，出土了完整的铜镜、高足杯形陶器及与诺彦乌拉等贵族墓地出土的底部穿孔的小口罐形制相同的陶罐等珍贵遗物[47]。

在中国，学者自20世纪60年代起积极开展匈奴墓葬的考古工作，也发表、出版了诸多的研究文章和专著。但由于语言障碍和资料的获取困难等问题，我国学者无法阅读和利用有关中国的匈奴考古的资料。本书写作过程中，笔者通过俄文等其他文字资料的间接利用或针对性翻译某些文章等手段，尽可能地参考了一些中国的匈奴资料。

中国考古学家认为蒙古和外贝加尔地区的匈奴墓葬属于公元前3~前2世纪的"匈奴文化经典时期"。他们把内蒙古和辽宁地区发达青铜时代（西伯利亚卡拉苏克文化时期）即约相当于殷商至西周时期的文化遗存叫作"鄂尔多斯青铜"，把这一时期的考古学文化纳入"鄂尔多斯青铜文化"

---

① 韩国国立博物馆、蒙古国国家博物馆和蒙古国科学院考古研究所联合组成考古队，发掘成果在由上述三单位编写的《蒙古莫林陶勒盖匈奴墓》报告中公布。报告中介绍的一座匈奴墓，地表为圆圈形封石堆，直径14米。墓坑为长方形，坑壁作阶梯状。墓室内有木棺，墓主骨架保存尚好，随葬品有陶罐、铜镜、骨箸、木碗及白桦树皮制品若干，并有殉葬的牛骨、犬骨。根据对人骨和棺木进行的C-14年代测定，推定该墓的年代为1世纪末。

或"先匈奴文化"研究范畴[48]。内蒙古及其邻近地区发现的桃红巴拉墓地、毛庆沟、呼鲁斯太、玉龙太、阿鲁柴登、西沟畔、苏机沟等100余座墓葬均属于这一时期[49]。上述墓葬出土的动物纹艺术——鄂尔多斯式青铜器被田广金等学者视为匈奴文化独具特色的文化因素。一些学者认同鄂尔多斯桃红巴拉、贡苏壕等地区发现的墓葬属于早期匈奴文化，年代相当于西伯利亚斯基泰时期[50]。

另外，还有学者认为中国东北西南部夏家店上层文化的夏家店、南山根、东南沟、周家地等地公元前8~前5世纪（约斯基泰时期）的墓葬，可能属于早期匈奴文化[51]。但另有学者持不同看法，他们认为这些墓葬与匈奴无关，却与东胡有很大联系[52]。而上孙家寨等包含许多汉文化因素的匈奴墓葬被视为匈奴晚期即南匈奴文化遗存。

本书写作除上述俄罗斯和中国学者发表的论著之外，选择近30年来在蒙古国地区发掘和研究的墓葬资料作为主要基础材料。其中主要包括 X. 普尔列和 Ю. С. 格里什等在达尔汗乌拉山发掘的6座墓葬[53]；Д. 策文道尔吉发掘的那伊玛陶勒盖16座[54]，特布希乌拉8座，努赫特阿姆3座，昌德曼乌拉3座[55]，苏勒陶勒盖1座[56]，额沃根特2座[57]，赫列克斯特壕莱5座，乌尼陶勒特1座[58]，莫林陶勒盖4座[59]，呼都根陶勒盖、索勒碧乌拉东山谷各2座[60]，巴嘎嘎扎尔朝鲁1座，塔尔巴哈太2座，呼新胡特勒1座，巴润海尔罕2座[61]等48座墓葬资料；Д. 巴雅尔公布的都拉嘎乌拉1座墓葬[62]；蒙古-法国联合考古队和蒙古-美国联合考古队在额金河流域布尔罕陶勒盖、浩勒特斯特努嘎、哈南哈达、浑赫尔阿姆等地发掘的106座墓葬[63]；蒙古与韩国联合考古队发掘的莫林陶勒盖1座墓葬[64]、呼都根陶勒盖4座墓葬[65]；Ц. 图尔巴特发掘的塔米尔乌兰和硕2座墓葬[66]等共计174座墓葬资料。

这些墓葬丧葬习俗与出土随葬品对比统计表附在书后（附录2）。

本书写作中尽可能参阅了与本课题有关的汉文文献资料，主要包括比丘林[67]和塔什金[68]等人的译著。

第二节 匈奴平民墓葬、丧葬习俗的研究理论与方法

对古代游牧民族丧葬习俗的研究不仅具有认知的意义，对其意识形态、宗教信仰、民族源流、社会经济及古代人口学等方面的研究亦提供了

极其重要的参考资料。

从目前的情况来看，并不能认为游牧民族丧葬习俗方面的研究已达到满足学术研究需求的水准。除 X. 普尔列的相关论著[69]，有关蒙古国境内古代游牧民族丧葬习俗的研究可谓屈指可数。匈奴丧葬习俗方面，自上述 P. H. 吉斯卡尔的相关著作后再未出现专门的研究。

匈奴是中央亚细亚青铜时代至早期铁器时代民族－文化发展进程的传承者，也是中世纪早期至发达时期民族－文化发展进程的开启者。在众多游牧民族当中，匈奴率先建立游牧政权并逐渐发展成强大的帝国，也对后世草原民族的政治、社会组织、宗教信仰等方面产生了深远的影响。所以，对匈奴丧葬习俗进行专门研究，无疑具有很高的理论价值和现实意义。

迄今为止，蒙古国考古学界一直缺乏丧葬、祭祀习俗方面有力的理论研究，这是本书研究中遇到的最大难题。而俄罗斯和西方学者的一些研究成果给我们提供了可借鉴的样本，其中 B. C. 欧里霍夫斯基在斯基泰丧葬、祭祀习俗方面所做的系统研究[70]值得一提。

因为我国考古学界至今尚未建立运用科学方法与专业术语形成的有关丧葬习俗的研究体系，所以本研究中我们试图遵循一种特殊的研究方法。

丧葬习俗（仪式）应是人们基于宗教信仰和思想道德观念而产生的将逝者下葬之前至下葬过程中的各种仪式活动的综合。尊重死者的道德心理、举行丧葬仪式的主要活动和特征及产生的情感认识等是丧葬仪式的主要基础内容。祭祀仪式是由形式、内容与结构较复杂的思想（宗教信仰想象的复合体、协调丧葬习俗的伦理道德及原则）和实践（各种实际的祭祀活动的复合体）的诸多方面构成的。这里，思想是祭祀仪式的主要内涵，而实践是它的表现形式，即实际的祭祀活动。

①丧葬仪式的思想观念方面包含内容和步骤两个层面。内容层面是丧葬仪式宗教信仰思想的核心，是决定丧葬仪式步骤的前提因素；步骤是指保证丧葬仪式有序进行的各种规程。

②丧葬仪式的实践是指通过为逝者建造葬处、埋葬逝者并为其进行宗教祭祀仪式，达到送别逝者目的的行为综合。这一行为的宗教目的在于为逝者灵魂创造顺利到达另一世界的条件，从而保持阴阳两界的"平衡"。

丧葬遗存（墓葬）是专门为埋葬死去的人或动物建造的实质的或象征性的场所，是丧葬习俗具体化的产物。考古研究所面对的对象正是一部分保留至今的此类遗存。

根据上述界定，可知丧葬习俗是包含诸多方面的复杂体，对它进行研究，必须考虑上述诸多方面的因素，进行系统研究。

因此，我们认为匈奴的丧葬习俗也是系统的有机体，它由以下几个方面组成：

①墓地的结构与特征；

②墓葬；

③埋葬方式；

④殉牲与随葬品；

⑤对另一世界的想象；

⑥祭祀活动；

⑦丧葬－祭祀仪式的复原。

对上述丧葬仪式系统的有机体各个组成部分进行逐一介绍之前，有必要对丧葬仪式与其后续的祭祀仪式之间的关联问题加以说明。我们认为这两种仪式组成了一个完整的丧葬仪式系统，是这一系统的先、后两个阶段。根据墓葬考古和民族学资料，也可以看到丧葬和祭祀之间非常密切的联系。祭祀仪式不仅有其思想理念和实践的方面，它也是丧葬仪式后一段时间内的纪念性活动[71]。一般认为通过祭祀仪式能够达到连接阴阳两界的目的，所以祭祀仪式理所当然地成为丧葬习俗的延续和重要组成部分。正是丧葬和祭祀仪式之间的这种密切联系，促使人们在"丧葬－祭祀仪式"的概念下进行统筹研究。

下面对上述丧葬－祭祀仪式各组成部分进行逐一介绍。

（1）墓地的结构与特征

根据墓地的结构和特征可以了解游牧民族对世界的理解和想象的一些方面。这主要通过研究墓地的宏观和微观地形、墓地内墓葬的布局等，了解人们对世界的想象，进而解释他们对世界的抽象化认知和安葬逝者的方式等问题。目前，匈奴墓地宏观地形的研究处于空白阶段，学者往往忽略对其进行阐释和深入研究，微观地形方面同样如此。但是，其他游牧民族墓地的微观地形研究相对成熟，可以为我们的研究提供参考依据。

从匈奴墓葬考古的实践来看，多数发掘仅限于选择性地发掘几座墓葬，很少有完整揭露一处墓地的案例（除外贝加尔地区伊沃尔加和德列斯图依墓地之外），匈奴墓地布局的研究更是少之又少，存在无法了解匈奴墓地内部结构和分布规律等问题。但是，上述三个有关墓地地形和布局的问题正是人们世界观和社会意识的反映，所以应该对其加以关注和深入研究。例如，从我国境内首次全面揭露的布尔罕陶勒盖大型匈奴墓地的研究成果来看，墓地内不同区域的墓葬在墓葬形制、埋葬方向、随葬品数量等方面存在较大的差异。

（2）墓葬

墓葬包括其外部结构和内部结构。这些结构能够反映一个族群的经济形态、生活方式及对世界的想象等诸多方面，也是当时社会生产力、经济实力及科技水平的一种表现。匈奴墓葬的结构复杂而独特，它包含着悠久的传统和深刻的内涵。且不说具有庞大建筑结构的匈奴大型贵族墓葬，仅就小型平民墓葬而言，若是通过科学方法发掘，也可以获得丰富的信息。所以，匈奴墓葬的发掘应该使用统一的表格式记录，这样在对发掘资料的归总和相关数据的统计方面会有很大的便捷性。

匈奴平民墓葬的外部结构与内部结构方面，学界一直存在各种不同的分类法。但有的分类缺乏科学的方法，有的则无法充分揭示匈奴丧葬习俗方面的内容。

匈奴平民墓葬地表封石堆①的直径一般在 3～15 米，这个规模的差距一般与墓主人社会地位和占有的财富程度有直接的关系。封石堆越大的墓葬墓坑越深，其丧葬习俗和随葬物品越表现得较为丰富多样。目前，对匈奴墓葬内、外部结构各组成因素进行学术命名是个亟待解决的问题。这里可以包括俄语中"Подбой"② 一词如何翻译成蒙古语的问题，还可以包括对一些很少受学界关注的问题进行新的解释。例如，多数匈奴墓葬木棺外有木椁，而墓主人木棺头部和木椁之间有较大的空间，其间一般放置供奉墓主人的食物和羊的脊、肢、耻骨等。我们认为此类匈奴墓葬中常见的文化因素形成固定的名称，如上述放置贡品的空间，可称

---

① 封石堆，即墓葬顶部封石堆，由于特殊的自然环境和游牧经济特征，蒙古地区古代墓葬地表建筑保存较好，多数墓葬顶部有石块堆砌的坟冢。在蒙古考古界，封石堆也是分辨一个考古学文化的重要参照。

② Подбой，意为坑穴，俄罗斯考古学上一般指墓坑内专门为摆放供品而建造的处所，或为石头砌筑的箱箧，或为墓坑内掏挖的壁龛等。

为"祭祀间"①。

(3) 埋葬方式

埋葬方式包括墓主人的头部朝向、仰身或俯身、肢骨的方位和形态等方面的内容。这些因素不同的考古学文化会有较为不同而自身则相对固定的面貌特征。

在匈奴墓葬的发掘过程中,上述埋葬方式问题长期以来受到学者们的高度关注。匈奴平民墓葬中墓主人的埋葬方式具有一定普遍性,即仰身、直肢、头部向北,这些普遍特征可谓匈奴墓葬丧葬方式的典型风格。但是,匈奴丧俗中还有一些特殊的现象值得一提。例如,蒙古中北部发现了一些墓主人头部向南的匈奴墓葬。再如,布尔罕陶勒盖墓地东南部的部分墓葬墓主人头向为东,该墓地 M95 葬式为俯身葬,墓向为东且墓主人头骨置于脚部。这些情况不仅是匈奴埋葬方式存在多样性的表现,也进一步反映了匈奴内部民族成分和文化传统的复杂性。

从目前的情况来看,绝大多数匈奴墓葬已被扰动,这是匈奴平民墓葬研究面临的最大问题。以布尔罕陶勒盖墓地为例,几乎所有墓葬(除 M95)均受到不同程度的后期干扰。以往学界普遍认为这些墓葬可能曾遭盗掘,但经过广泛比较大量资料,仔细研究丧葬习俗,可以发现上述情况除了盗掘扰动之外,还存在受某种丧葬习俗活动扰动的迹象。换言之,不排除某种特殊的丧葬活动(如二次葬等)导致墓葬受扰的可能。

(4) 殉牲与随葬品

可以说殉牲和随葬品在匈奴墓葬研究中的重要性还未得到充分的肯定,主要是因为学者注重物质方面的研究,却忽略了对丧葬习俗的关注。尤其是匈奴墓葬出土兽骨方面未能引起学界足够的重视,仅限于简单的数量统计和通过目测鉴定年龄等初步研究,这种方法和理念显然不能满足研究的需要。现如今,从考古学理论的角度而言,学界一致认为墓葬中的殉牲和随葬品是丧葬习俗体系的重要组成部分[72]。

墓葬中的随葬物品是某一历史时期(当时)文化、艺术、审美、生产、科技等方面的反映,是墓主人社会身份与种族面貌的体现,是推断墓葬年代的重要资料,同时也是当时社会、经济和宗教特点的表现。由于墓主人身份地位和贫富情况的差异,墓葬随葬品将会表现出很明显的客观

---

① 中国学界称为"头箱"或"脚箱"。

特征。

同样，墓葬殉牲也是反映当时经济、社会、宗教、意识形态及墓主人相关情况的重要资料。匈奴墓葬的"祭祀间"是放置殉牲的位置。在这里一般随葬大小型家畜①的头、下颌、颈、短肋、尾椎及蹄等部位的骨骼。有考古人员仔细观察出土现场后确认这些动物骨骼都按一定的方位规律摆放，并认为有可能当时用皮革覆盖或包裹，也就是说，用家畜的皮革将特殊的部位包裹后殉葬在墓葬之中。从这个情况我们可以联想到古代蒙古人一种特殊的习俗——只勒都②仪式。只勒都是牲口的头部和上述各部位骨骼及喉、心、肺、尾、皮革的统称，它可以代表一只完整的牲口，并以一个逝者的身份陪同主人去往另一世界[73]。

殉牲的对象还包括其他非家养的动物。匈奴墓葬中出土过野驴、黄羊、马鹿及各类野禽的骨骼。其中，殉狗现象尤为引人关注。伊里莫瓦、德列斯图依、巴润海尔罕等匈奴墓地均发现过殉狗的墓葬。我们发掘布尔罕陶勒盖匈奴墓地也发现几处殉狗的墓葬，比较特殊的是，M60 的殉狗出自墓坑东南角特制的石矿内。因此，我们在相关研究工作中应从更加广泛的历史学、民族学视角出发，考察匈奴墓葬中的殉狗现象。例如，外贝加尔地区新石器时代的墓葬资料、汉文史籍中的相关记载及 19 世纪末至 20 世纪初期蒙古人的丧葬习俗等均包含着许多殉狗方面的信息。

（5）对另一世界的想象

丧葬仪式与另一世界这两个概念有着非常密切的关系。丧葬仪式的全部意义在于它是为了使逝者的灵魂顺利、及时地到达另一世界。这里丧葬仪式是过程，而到达另一世界是目的。

但是，通过墓葬遗存和丧葬习俗来阐释古人对另一世界的想象，显然是件非常复杂而艰难的事情。目前，在考古工作中这方面的研究几乎是空白，致使我们的相关研究面临很大的困难。所以，根据蒙古国某一考古学文化丧葬习俗特征，尽可能地阐释和复原该文化人群关于另一世界的想象至关重要。

---

① 蒙古族家养的牲口有五种，蒙古语中大型家畜叫 Bod，包括牛、马和骆驼，小型家畜叫 Bog，包括绵羊和山羊。

② 只勒都（Зүлд ᠵᠦᠯᠳᠡ），蒙古语，最早记载于《蒙古秘史》，是指将牲口宰杀后将头、颈和心、肺等连同拔出，用于祭祀等仪式的特殊习俗。

古人对另一世界的想象主要取决于当时的主流宗教思想。因为萨满教是众多古代游牧民族共同的原始信仰，更是匈奴人信奉的主要宗教，我们也许从这里能够找到一些相关线索，去了解古人对另一世界的想象。故此，我们如果对蒙古及邻近地区，尤其是南西伯利亚民族的宗教信仰进行有效的观察和参照，将会在一定程度上复原匈奴人对另一世界的想象。但是，我们还应该注意到现存的萨满教传统与匈奴丧葬习俗之间有着两千年的间隔。在这漫长的历史过程中，萨满教可能产生了巨大变化，不加甄别地以今释古不是科学的研究方法。

根据古人对另一世界存在方向的不同理解，墓葬内墓主人的头向也有所不同。匈奴墓葬墓主人一般头部向北，这充分反映了匈奴宗教思想中认为北方是另一世界存在的方位。另外，由于对另一世界的理解不同，墓葬内随葬物品的组合也相应地存在很多不同种类，这也是不同族群之间文化差异的重要体现。

（6）祭祀活动

此方面的内容在上文中已有概述，它是丧葬活动应有的延续，两者密不可分。同时，祭祀仪式与另一世界的想象之间有着紧密的联系。根据古代游牧民族的观念，人死后要到另一世界继续生活，在那里凡事都是相反的，而在那里生活的祖先（故人）比凡间的子孙拥有更强大的力量，所以子孙后代要向他们祈求保佑和饶恕。这种观念是产生祭祀活动的根源所在。所以，祭祀仪式是整个丧葬活动体系中的重要组成部分，发挥着自己独特的作用。

（7）丧葬－祭祀仪式的复原

此工作是在上述各方面研究工作的基础上产生的，它不仅仅是丧葬习俗各个组成部分研究成果的简单叠加，更是具有一定理论依据的系统分析和有机研究。这里，除了考古资料外，有关古人丧葬习俗的文献记载是复原当时丧葬－祭祀仪式不可替代的重要资料。复原具有广泛性和普遍性的丧葬－祭祀仪式存在一定的局限性，主要包括以下三个层面。

第一层面为一个墓地内各墓葬之间的差异，即族群－社会的差异。这主要取决于墓主人社会地位、经济实力、宗教信仰、体质特征及死亡状况等方面。

第二层面为不同墓地之间的差异，即区域－环境的差异。这主要受自然环境、气候等条件影响，也不排除第一层面某些（宗教信仰和种族特征等）因素的影响。

第三层面为一个或几个墓地不同时期墓葬之间的差异，即年代的差异。传统习俗的相对稳定性和外部因素影响之间的矛盾是产生这一层面差异的主要条件。同时，也不排除上述第一层面某些因素（经济状况）的影响。

虽然上述三个层面的差异是客观存在的，但总体上同一个考古学文化所表现的丧葬习俗具有一定的普遍性。

明确局限因素之后，我们应该建立一个丧葬－祭祀仪式模型（样板）。这里举一个较为典型的例子，即 B.C. 欧里霍夫斯基根据自己的研究成果，对斯基泰丧葬－祭祀习俗的过程做的复原工作[74]。他将丧葬－祭祀仪式分为以下几个阶段来进行阐述。

第一阶段：入葬前的准备，包括尸体防腐处理、随葬品的备选及出殡等。

第二阶段：由经验丰富的"礼仪师"担任丧葬仪式的主持，做好墓地上的相关前期准备工作。

第三阶段：在"礼仪师"的主持下搭建供奉和祭祀场所。

第四阶段：入葬逝者，所有参与仪式的人员进行哀悼。

第五阶段：营建墓地外部建筑，包括筑墓顶封石堆、色日格、立巴拉巴拉和石人等。

第六阶段：进行祭祀活动，包括杀生祭奠、生火、供奉食物等。

以往在匈奴丧葬习俗研究中很少被学者所关注的一个特殊现象是儿童墓葬。长期以来，除了伊沃尔加墓地的少数发现外，儿童墓葬几乎很少被发掘。直到最近布尔罕陶勒盖墓地 M18A、M83－1、M83－2、M83－3、M83－4、M93A 等墓葬分别发现儿童尸骨，从某种角度来看可以说是重要的成就。一个墓地发现如此之多的儿童墓葬实属罕见，这可能与以往研究工作范围的局限性和发掘方法的不成熟有一定关系。这些儿童墓葬或位于成人墓葬旁边，或独立分布于小型封石堆之下，且在丧葬习俗方面体现出一定的普遍特征。儿童墓葬内部结构具有匈奴成人墓葬缩小化的特征，但也可以看到特殊的一面。譬如，有些儿童墓棺椁以石板砌筑，造型独特，让人不由联想到青铜时代石板墓的风格。从民族学相关资料来看，儿童在保留传统方面具有更多的保守性。从这个角度去思考，可以认为儿童墓葬的一些特征包含着能够解释匈奴墓葬渊源的因素。

注 释

[1] Цэвээндорж Д. Хнн судлалын тойм. - Монголын Морин толгойн хннгийн ейин булш. Монгол - Солонгосын хамтарсан эрдэм шинжилгээ судалгааны тайлан. Солонгосын ндэсний Музей, Монголын ндэсний Тхийн Музей, ШУА - ийн Тхийн Хрээлэн, 2001, т. 241 - 251.

Д. 策文道尔吉：《匈奴研究概况》，蒙古国国家博物馆、韩国国立中央博物馆、蒙古国科学院考古研究所编《蒙古国莫林陶勒盖匈奴墓地：蒙韩联合研究报告 2》，首尔，2001，第 241~251 页。

[2] a. Талько - Грынцевич Ю. Д. Суджинское доисторическое кладбище в Ильмовой Пади. - Труды Троицкосавского отделения Русского Географического Общества. 1898. т. I, вып. 2.

Ю. Д. 塔里克 - 格林采维奇：《伊里莫瓦山口苏吉地区史前墓地》，《俄罗斯地理协会特罗伊蒋克分支工作报告》第 1 卷第 2 期，1898。

b. Коновалов П. Б. По следам Ю. Д. Талько - Грынцевича (Археологическая разведка хуннских погребений в Южном Забайкалье). - Труды Бурятский институт общественных наук. Вып. 12, сер. востоковеден., Улан - Удэ, 1969.

П. Б. 科诺瓦洛夫：《跟随 Ю. Д. 塔里克 - 格林采维奇的脚步——外贝加尔南部地区匈奴墓葬的考古学观察》，《布里亚特社会科学研究所学杂志》第 12 辑，东方学部，乌兰乌德，1969。

c. Коновалов П. Б. Хунну в Забайкалье (погребальные памятники). Улан - Удэ, 1976.

П. Б. 科诺瓦洛夫：《外贝加尔地区匈奴（墓葬遗存）》，乌兰乌德，1976。

[3] a. Талько - Грынцевич Ю. Д. Древние аборигены Забайкалья в сравнении с современными инородцами. - Труды Троицкосавского отделения Русского Географического Общества. 1905, т. YIII, вып. 1.

Ю. Д. 塔里克 - 格林采维奇：《外贝加尔地区古代人群与现代人群的比较研究》，《俄罗斯地理协会特洛伊蒋克分支工作报告》第 8 卷第 1 期，1905。

b. Талько - Грынцевич Ю. Д. Население древних могил и кладбищ забайкальских. Верхнеудинск, 1928.

Ю. Д. 塔里克 - 格林采维奇：《外贝加尔地区古代墓葬与墓地》，维尔赫涅乌地恩斯克（现乌兰乌德），1928。

[4] Талько - Грынцевич Ю. Д. Материалы к палеоэтнологии Забайкалья. - Труды

Троицкосавского отделения Русского Географического Общества. 1898, т. I, 1900, вып. 1; т. III, вып. 2 – 3; 1900, т. IY, вып. 2.

Ю. Д. 塔里克 - 格林采维奇：《外贝加尔地区古代民族学材料》，《俄罗斯地理协会特洛伊蒋克分支工作报告》第 1 卷第 1 期，1898；第 3 卷第 2～3 期，1900；第 4 卷第 2 期，1900。

［5］Сосновский Г. П. Раскопки Ильмовой пади. – Советская археология, YIII, 1946.

Г. П. 索斯诺夫斯基：《伊里莫瓦山谷墓地发掘》，《苏联考古》第 8 期，1946。

［6］a. Сосновский Г. П. Нижне Иволгинское городище. Проблемы истории докапиталистических обществ. 1934, №7 – 8.

Г. П. 索斯诺夫斯基：《伊沃尔加河下游古城》，《资本主义以前的社会历史研究》第 7～8 期，1934。

b. Сосновский Г. П. Дэрестуйский могильник. – Проблемы истории докапиталистических обществ. 1935, №1 – 2.

Г. П. 索斯诺夫斯基：《德列斯图依墓葬》，《资本主义以前的社会历史研究》第 1～2 期，1935。

［7］Сосновский Г. П. О поселении гуннской эпохи в долине р. Чикоя. – Краткие сообщение института истории материальной культуры. XIV, 1947.

Г. П. 索斯诺夫斯基：《奇科伊河谷匈奴遗址》，《物质文化史研究所简报》1947 年第 14 期。

［8］a. Окладников А. П. Археологические исследования в Бурят - Монголии. – Известия АН СССР. Сер. истории и философии. 1951, т. VIII, №5.

А. П. 奥克拉德尼科夫：《在布里亚特共和国进行的考古研究》，《苏联科学院通讯·历史与哲学册》第 8 卷，1951，第 5 页。

b. Окладников А. П. Работа Бурят - Монгольской археологической экспедиции в 1947 – 1950 гг. – Краткие сообщение института истории материальной культуры. 1952, вып. XLV.

А. Н. 奥克拉德尼科夫：《1947～1950 年布里亚特共和国进行的考古发掘》，《物质文化史研究所简报》1952 年第 45 期。

［9］Мамонова Н. Н., Тугутов Р. Ф. Раскопки гуннского могильника в Черемуховой пади. – Археол. сб. Бурятский комплексный научно - исследователький институт. вып. I, Улан - Удэ, 1959.

Н. Н. 玛莫诺娃、Р. Ф. 突古托夫：《切列姆霍夫山谷匈奴墓葬的发掘》，《考古论文集·布里亚特共和国社会科学院考古论文集》第 1 卷，乌兰乌德，1959。

［10］Руденко С. И. Культура хуннов и ноинулинские курганы. М. – Л., 1962.

С. И. 鲁金科：《匈奴文化与诺彦乌拉巨冢》，莫斯科 - 列宁格勒，1962。

[11] Коновалов П. Б. Хунну в Забайкалье (погребальные памятники). Улан - Удэ, 1976.

П. Б. 科诺瓦洛夫：《外贝加尔地区匈奴（墓葬遗存）》，乌兰乌德，1976。

[12] a. Давыдова А. В., Шилов В. П., Предварительный отчет о раскопках Нижне - Иволгинского городища в 1949 г. - Зап. БМНИИК, 1951, т. XIII; 1952, т. XI.

А. В. 达维多娃、В. П. 西洛夫：《1949年伊沃尔加古城发掘简报》，《布里亚特共和国科学院通讯》第13辑，1951；第14辑，1952。

b. Davydova A. V., The Ivolga Gorodische - a monument of the Hiung - nu culture in the Trans - Baical region. - AAA. 20, Budapest, 1968.

А. В. 达维多娃：《伊沃尔加城堡——外贝加尔地区匈奴遗存》，布达佩斯，1968。

c. Давыдова А. В. Раскопки Иволгинского могильника. - АО 1970 года. М., 1971.

А. В. 达维多娃：《伊沃尔加墓地的考古发掘》，《1970年考古新发现》，莫斯科，1971。

d. Давыдова А. В. Иволгинский археологический комплекс. Иволгинский могильник. Том 2. - Археологические памятники сюнну. Вып. 2. СПб., 1996.

А. В. 达维多娃：《伊沃尔加考古研究2——伊沃尔加墓地》，《匈奴考古遗存》第2辑，圣彼得堡，1996。

[13] a. Миняев С. С. Раскопки Дырестуйского могильника. - Археологические открытие 1985 года. М., 1986, с. 266 - 267. С. С.

С. С. 米尼亚耶夫：《德列斯图依墓葬的发掘》，《1985年考古新发现》，莫斯科，1986，第266~267页。

b. Миняев С. С. Происхождение сюнну: современное состояние, проблемы. - Проблемы археологии Степной Евразии. Тез. докл. конф. Ч. 2, Кемерово, 1987, с. 142 - 145. С. С.

С. С. 米尼亚耶夫：《匈奴的起源：研究现状与问题》，《欧亚草原考古学问题学术会议论文》第2部，克麦罗沃，1987，第142~145页。

c. Миняев С. С. Изучение погребений сюнну в Забайкалье. - Археологические Вести. №1, 1992, с. 107 - 115.

С. С. 米尼亚耶夫：《外贝加尔地区匈奴墓葬的研究》，《考古通讯》1992年第1期，第107~115页。

d. Миняев С. С. Дырестуйский могильник. СПб., 1998.

С. С. 米尼亚耶夫：《德列斯图依墓地》，圣彼得堡，1998。

e. Давыдова А. В., Миняев С. С., Новые находки наборных поясов в Дырестуйском могильнике. - Археологические вести. Вып. 2, СПб., 1993. А. В.

А. В. 达维多娃、С. С. 米尼亚耶夫：《德列斯图依墓出土的带饰》，《考古通讯》

1993 年第 2 期，圣彼得堡。

[14] Миняев С. С. Дырестуйский могильник. СПб., 1998.

С. С. 米尼亚耶夫：《德列斯图依墓地》，圣彼得堡，1998。

[15] Крадин Н. Н. Империя хунну. М., 2002.

Н. Н. 克拉丁：《匈奴帝国》，莫斯科，2002。

[16] Крадин Н. Н. Степная Бурятия в составе Хуннской империи. – Центральная Азия и Прибайкалье в древности. Улан – Удэ – Чита, 2002, с. 132 – 138.

Н. Н. 克拉丁：《匈奴帝国时期布里亚特草原》，《古代中亚与贝加尔西部地区》，乌兰乌德 – 赤塔，2002，第 132 ~ 138 页。

[17] Коновалов П. Б. Хунну в Забайкалье（погребальные памятники）. Улан – Удэ, 1976.

П. Б. 科诺瓦洛夫：《外贝加尔地区匈奴（墓葬遗存）》，乌兰乌德，1976，第 20 ~ 21 页。

[18] Коновалов П. Б. Некоторые итоги и задачи изучения хунну. – Древние культуры Монголии. Новосибирск, 1985. с. 41；

П. Б. 科诺瓦洛夫：《关于匈奴研究的成果与一些问题》，《蒙古古代文化论文集》，新西伯利亚，1985。

[19] Данилов С. В., Михайлова Н. К., Хунну в Бурятии. Карта археологических памятников хунну в Бурятии. У. – У., 1996.

С. В. 达尼洛夫、Н. К. 米哈伊罗夫：《布里亚特地区匈奴》，《布里亚特地区匈奴考古遗存的地图》，乌兰乌德，1996。

[20] Цэвээндорж Д. Новые памятники хуннской знати. – 100 лет хуннской археологии. ч. I, Улан – Удэ, 1996, с. 13 – 16.

Д·策文道尔吉：《匈奴贵族新遗存》，《匈奴考古 100 年》第 1 部，乌兰乌德，1996，第 13 ~ 16 页。

[21] Теплоухов С. А. Раскопка курганов в горах Ноин – Ула. Северная Монголия. Л., 1925, с. 13 – 22.

С. А. 铁普洛赫夫：《诺彦乌拉墓葬的发掘》，《北蒙古》，列宁格勒，1925，第 13 ~ 22 页。

[22] a. Козлов П. К. Северная Монголия. Ноинулинские памятники. – Краткий отчет экспедиции по исследованию Северной Монголии в связи с Монголо – Тибетской экспедиции П. К. Козлова. Л., 1925.

П. К. 科兹洛夫：《北蒙古·诺彦乌拉遗存》，《П. К. 科兹洛夫领导的蒙古 – 西藏考察——蒙古北部进行的田野调查简报》，列宁格勒，1925。

b. Теплоухов С. А. Раскопка курганов в горах Ноин – Ула. Северная Монголия.

Л. , 1925, с. 13 – 22.

С. А. 铁普洛赫夫：《诺彦乌拉墓葬的发掘》，《北蒙古》，列宁格勒，1925，第13~22页。

c. Боровка Т. О. КультурноНамнандорж . №1, т. 81 – 93 – историческое значение археологических находк экспедиций Академии наук. Краткие отчеты экспедиций по исследованию Северной Монголии в связи с Монголо – Тибетской экспедицей П. К. Козлова. Л. , 1925, с. 6 – 7.

Г. И. 波洛夫卡：《调查中所采集遗物的文化历史意义》，《П. К. 科兹洛夫领导的蒙古 – 西藏考察——蒙古北部进行的田野调查简报》，列宁格勒，1925，第6~7页。

d. Ходукин Я. Н. Первые раскопки в горах Ноин – Ула. Иркутск, 1926.

Я. Н. 哈都金：《诺彦乌拉首次发掘》，伊尔库茨克，1926。

e. Тревер К. В. Находки из раскопок в Монголии 1924 – 1925 гг. – Сообщения Государственной Академии материальной культуры. 1931, №9 – 10.

К. В. 特列维尔：《1924~1925年在蒙古发掘出土的遗物》，《国家科学院物质文化史研究所简报》，1931，第9~10页。

f. Trever C. Excavation in Northern Mongolia (1924 – 1925). Leningrad, 1932.

К. В·特列维尔：《北蒙古的发掘 (1924~1925)》，列宁格勒，1932。

g. Бернштам А. Н. Гуннский могильник и его историческо – археологическое значение. – Известия АН СССР, Отд. общ. наук. 1937. №4.

А. Н. 别列恩什塔姆：《匈奴墓葬与它的历史与考古学的意义》，《苏联科学院通讯·社会科学组》，1937，第4页。

h. Umehara S. Studies of Noin – Ula finds in Northern Mongolia. The Togo Bunka publication. Tokyo, 1960, Series A, No. 27.

梅原末治：《蒙古诺彦乌拉发现的遗物》，东洋文化山版社，东京，1960。

i. Доржсрэн Ц. Умард Хнн (эртний судлалын шинжилгээ). – SA. Tom. I, Fasc. 5, УБ. , 1961.

Ц. 道尔吉苏荣：《北匈奴（考古学研究）》，《考古研究》1961年第1期，乌兰巴托。

j. Руденко С. И. Культура хуннов и ноинулинские курганы. М. – Л. , 1962.

С. И. 鲁金科：《匈奴文化与诺彦乌拉巨冢》，莫斯科 – 列宁格勒，1962。

[23] Боровка Г. И. Культурно – историческое значение находок экспедиции. – Краткий отчет экспедиции по исследованию Северной Монголии в связи с Монголо – Тибетской экспедицией П. К. Козлова. Л. , 1925.

Г. И. 波洛夫卡：《调查中所采集遗物的文化历史意义》，《П. К. 科兹洛夫领导的蒙古 – 西藏考察——蒙古北部进行的田野调查简报》，列宁格勒，1925。

[24] Боровка Г. И. Культурно - историческое значение находок экспедиции. - Краткий отчет экспедиции по исследованию Северной Монголии в связи с Монголо - Тибетской экспедиции П. К. Козлова. Л. , 1925.

Г. И. 波洛夫卡：《调查中所采集遗物的文化历史意义》，《П. К. 科兹洛夫领导的蒙古 - 西藏考察——蒙古北部进行的田野调查简报》，列宁格勒，1925。

[25] Доржсрэн Ц. Умард Хнн（эртний судлалын шинжилгээ）. - SA. Tom. I, Fasc. 5, УБ. , 1961.

Ц. 道尔吉苏荣：《北匈奴（考古学研究）》，《考古研究》1961 年第 1 期，乌兰巴托，第 38 ~ 39 页。

[26] Доржсрэн Ц. Умард Хнн（эртний судлалын шинжилгээ）. - SA. Tom. I, Fasc. 5, УБ. , 1961.

Ц. 道尔吉苏荣：《北匈奴（考古学研究）》，《考古研究》1961 年第 1 期，乌兰巴托，第 38 ~ 39 页。

[27] Намнандорж О. 1953 - 1954 оны экспедицийн замын тэмдэглэлээс. ШУ. 1954 он. №1, т. 81 - 93.

О. 那木南道尔吉：《1953 ~ 1954 年考察队行纪》，《科学》1954 年第 1 期，第 81 ~ 93 页。

[28] a. Доржсрэн Ц. Хараагийн Ноён уупанд 1954 онд археологийн шинжилгээ хийсэн тухай. ШУ. 1954, №1, т. 33 - 43.

Ц. 道尔吉苏荣：《关于 1954 年在哈拉诺彦乌拉山进行的考古研究工作》，《科学》1954 年第 1 期，第 33 ~ 43 页。

b. Доржсрэн Ц. 1955 - 1957 онд Тв ба баруун аймгуудад археологийн шинжилгээний хайгуулын ажил явуулсан тухай. ШУХ. ХУА. 1957, №2, т. 99 - 118.

Ц. 道尔吉苏荣：《1955 ~ 1957 年在中西部省境内做的考古田野调查》，《社会科学考察》第 2 卷，1957，第 99 ~ 118 页。

c. Доржсрэн Ц. 1956 - 1957 онд Архангай аймагт археологийн шинжилгээ хийсэн тухай. УБ. , 1958.

Ц. 道尔吉苏荣：《1956 ~ 1957 年在后杭爱省进行的田野考古工作》，乌兰巴托，1958。

d. Доржсрэн Ц. 1961 онд Хараагийн Ноён уул хавьд эртний судлалын малтлага хайгуул хийсэн тухай. - SA. Tom. II, Fasc. 4, УБ. , 1963, т. 39 - 49.

Ц. 道尔吉苏荣：《关于 1961 年在哈拉河流域诺彦乌拉山进行的考古发掘与调查工作》，《考古研究》1963 年第 2 期，乌兰巴托，第 39 ~ 49 页。

[29] Доржсрэн Ц. Умард Хнн（эртний судлалын шинжилгээ）. - SA. Tom. I, Fasc. 5, УБ. , 1961.

Ц. 道尔吉苏荣：《北匈奴（考古学研究）》，《考古研究》1961 年第 1 期，乌兰巴托。

[30] Волков В. В., Доржсрэн Ц., Ховд аймгийн Манхан сумын нутагт эртний судалалын малтлагаа хайгуул хийсэн тухай. SA, tom. Ⅱ, Fasc. 2, УБ., 1963, т. 51－68.
В. В. 沃尔科夫、Ц. 道尔吉苏荣：《科布多省芒汗苏木境内进行的田野调查和发掘研究》，《考古研究》1963 年第 2 期，乌兰巴托，第 51～68 页。

[31] a. Доржсрэн Ц. 1961 онд Хараагийн Ноён уул хавьд эртний судалалын малтлага хайгуул хийсэн тухай. － SA. Tom. Ⅱ, Fasc. 4, УБ., 1963, т. 39－49.
Ц. 道尔吉苏荣：《关于 1961 年在哈拉河流域诺彦乌拉山进行的考古发掘与调查工作》，《考古研究》1963 年第 2 期，乌兰巴托，第 39～49 页。
b. Эрдели И. Раскопки в Ноин－Уле. － AA. 14, Fasc. 3－4, Будапешт, 1962, с. 232－247.
И. 额尔德耶利：《诺彦乌拉的考古发掘》，《考古学》1962 年第 3～4 期，布达佩斯，第 232～247 页。

[32] Сэр－ОджавН. Монгол－Унгарын хамтарсан эртний судалалын шинжилгээний ажлын тухай. － SA, tom. Ⅱ, Fasc. 3, УБ., 1963, т. 31－38.
Н. 色尔－奥德扎布：《蒙古与匈牙利联合考古研究收获》，《考古研究》1963 年第 2 期，乌兰巴托，第 31～38 页。

[33] Эрдели И., Наваан Д. Результаты Монголо－Венгерской экспедиции 1963 года. － КААЕ. 92, Будапешт, 1965, с. 73－85.
И. 额尔德耶利、Д. 那旺：《1963 年蒙古－匈牙利联合考察团工作成果》第 92 卷，布达佩斯，1965，第 73～85 页。

[34] Гришин Ю. С. Раскопки хуннских погребении у горы Дархан. － Археология, этнография Монголии. Новосибирск, 1978, с. 95－100.
Ю. С. 格里什：《达尔汗山匈奴墓葬的考古发掘》，《蒙古的考古学与民族学》，新西伯利亚，1978，第 95～100 页。

[35] Цэвээндорж Д. Монголын археологийн судалгаа. － SA, tom. XIY, Fasc. 2, УБ., 1994, т. 21.
Д. 策文道尔吉：《蒙古考古研究》，《考古研究》1994 年第 19 期，乌兰巴托，第 21 页。

[36] Наваан Д. Хннгийн в соёл. УБ., 1999.
Д. 那旺：《匈奴文化遗产》，乌兰巴托，1999。

[37] a. Цэвээндорж Д. Новые данные по археологии хунну. Древние культуры Монголии. Новосибирск, 1985.
Д. 策文道尔吉：《匈奴考古的最新成果》，《蒙古古代文化》，新西伯利亚，1985。

b. Цэвээндорж Д. Хннгийн археологи. - Монголын археологи. SA, tom. XII, УБ., 1987, т. 58 – 81.

Д. 策文道尔吉：《匈奴考古》，《考古研究》1987 年第 12 期，乌兰巴托，第 58 ~ 81 页。

c. Цэвээндорж Д. Хиргист хоолой, Оньтолтын хнн булш. SH. Tom. XXIII, Fasc. 8, УБ., 1989, т. 59 – 81.

Д. 策文道尔吉：《赫列克斯特壕莱、乌尼陶勒特匈奴墓葬》，《历史研究》1989 年第 23 期，乌兰巴托，第 59 ~ 81 页。

d. ЦэвээндоржД. Морин толгойн булшнаас олдсон хэл хуур. ШУАМ, 1990, №3, т. 72 – 80.

Д. 策文道尔吉：《莫林陶勒盖墓葬发现的口弦琴》，《科学院通讯》1990 年第 3 期，第 72 ~ 80 页。

e. Цэвээндорж Д. Монголын археологийн судалгаа. – SA, tom. XIY, Fasc. 2, УБ., 1994, т. 21.

Д. 策文道尔吉：《蒙古考古研究》，《考古研究》1994 年第 19 期，乌兰巴托，第 21 页。

f. Цэвээндорж Д., Эрдели И., Худгийн толгой, Солби уул, Наймаа толгойн хнн булш. – SH. Tom. XXIY, Fasc. 11, УБ., 1990, т. 105 – 129.

Д. 策文道尔吉、И. 额尔德耶利：《呼都根陶勒盖、索勒碧乌拉与那伊玛陶勒盖匈奴墓地》，《历史研究》1990 年第 24 期，乌兰巴托，第 105 ~ 129 页。

g. Худяков Ю. С., ЦэвээндоржД., Новые находки хуннских луков в Гобийском Алтае. – Археологические, этнографические и антропологические исследования в Монголии. Новосибирск, 1990, c. 126 – 132.

Ю. С. 胡德雅科夫、Д. 策文道尔吉：《戈壁阿尔泰省发现的匈奴弓》，《蒙古考古学、民族学和人类学研究》，新西伯利亚，1990，第 126 ~ 131 页。

h. Эрдели И., Цэвээндорж Д., Из новейших достижении совместной Монголо - Бенгерской археологичуской экспедиции. – ОУМЭ – ийн их хурал. Боть III, УБ., 1992, т. 229 – 231.

И. 额尔德耶利、Д. 策文道尔吉：《蒙古 – 匈牙利考古项目最新研究成果》，《第五届国际蒙古学会议文集》第 3 册，乌兰巴托，1992，第 229 ~ 231 页。

[38] Цэвээндорж Д., Батсайхан З., Хннгийн шавар ваар. – SA, tom. XIY, Fasc. 5, УБ., 1994, т. 76 – 107.

Д. 策文道尔吉、З. 巴特赛罕：《匈奴陶器》，《考古研究》1994 年第 14 期，乌兰巴托，第 76 ~ 107 页。

[39] a. Батсайхан З. 1992 онд Булган аймагт ажилласан "Эгийн гол" – ийн экспед-

иційн тайлан. I хэсэг. АХГБФ.

3. 巴特赛罕：《1992 年布尔干省"额金河"考古队报告》第 1 卷，蒙古国科学院考古研究所手写资料库，乌兰巴托，1992。

b. Батсайхан З. 1993 онд Булган аймагт ажилласан Сэлэнгийн экспедицийн тайлан. АХГБФ.

3. 巴特赛罕：《1993 年布尔干省色楞格考古队报告》，蒙古国科学院考古研究所手写资料库，乌兰巴托，1993。

c. Батсайхан З., Эрдэнэбаатар Д., Сэлэнгийн экспедицийн тайлан. УБ., 1994. АХГБФ.

3. 巴特赛罕、Д. 额尔顿巴特尔：《色楞格考古队报告》，蒙古国科学院考古研究所手写资料库，乌兰巴托，1994。

d. Батсайхан З., Эрдэнэбаатар Д., Билэгт Л., Эрдэнэбат У., Амартвшин Ч. Монгол – Францийн хамтарсан экспедицийн тайлан. УБ., 1995. АХГБФ.

3. 巴特赛罕、Д. 额尔顿巴特尔、Л. 毕力格特、У. 额尔顿巴特、Ч. 阿玛尔图布新：《蒙古与法国联合考古队报告》，蒙古国科学院考古研究所手写资料库，乌兰巴托，1995。

e. Билэгт Л., Батсайхан З., Амартвшин Ч. Монгол – Америкийн хамтарсан экспедицийн тайлан. УБ., 1996. АХГБФ.

Л. 毕力格特、З. 巴特赛罕、Ч. 阿玛尔图布新：《蒙古与美国联合考古队报告》，蒙古国科学院考古研究所手写资料库，乌兰巴托，1996。

[40] З. Батсайхан. Умард Хнн ба ндлийн иргэншлийн хгжил. Тхийн ухааны дэд докторын зэрэг горилсон зохиол. МУИС. 2000.

3. 巴特赛罕：《北匈奴与游牧文明的发展》，历史学副博士学位论文，蒙古国国立大学，2000。

[41] Батсайхан З. Тв Азийн ндэлчидийн тхийн зарим асуудал. – МУИС – ийн ЭШБ. Археологи, антропологи, угсаатан судлал. №187（13），УБ., 2002, Т. 31 – 35.

3. 巴特赛罕：《中央亚细亚游牧民族史相关问题研究》，《考古学、人类学与民族学（蒙国国立大学学术期刊）》2002 年第 13 期（总第 187 期），乌兰巴托，第 31~35 页。

[42] Батсайхан З. 2003 – Хнн（Археологи, угсаатны зй, тх）. УБ., 2003.

3. 巴特赛罕：《匈奴：考古学、民族学与历史学研究》，乌兰巴托，2003。

[43] a. Эрдэнбаатар Д., Трбат Ц., Эрдэнбат У., Крюбезы Э., Жискар П. Х., Мюраи П., Хай Л., Бурхан толгойн хнн булшны судалгаа – SA, tom. XXIII, Fasc. 8, УБ., 1998，т. 92 – 108.

Д. 额尔顿巴特尔、Ц. 图尔巴特、У. 额尔顿巴特、Э. 卡日尤拜之、P. 吉斯卡ル、П. 穆尤拉伊、Л. 哈雅:《布尔罕陶勒盖匈奴墓地研究（初步研究成果）》,《考古研究》1998 年第 18 期,乌兰巴托,第 92～108 页。

b. Эрдэнбаатар Д., Трбат Ц., Эрдэнбат У. Хннгийн ейин шинэ олдворууд. – SA, tom. XIX, Fasc. 7, УБ., 1999, т. 64 – 73.

Д. 额尔顿巴特尔、Ц. 图尔巴特、У. 额尔顿巴特:《新发现的匈奴遗物》,《考古研究》1999 年第 19 期,乌兰巴托,第 64～73 页。

c. Эрдэнбаатар Д. Хннгийн археологийн судалгаа. – SA, tom. XX, Fasc. 6, УБ., 2000, т. 61 – 93.

Д. 额尔顿巴特尔:《匈奴考古研究》,《考古研究》2000 年第 29 期,乌兰巴托,第 61～93 页。

d. Трбат Ц. Хнн булшнаас гарсан йсэн дээрх тэрэгний зураг. – УБИС – ийн ЭШБ. Том. III, Fasc. 2, УБ., 2001, т. 12 – 24.

Ц. 图尔巴特:《匈奴墓出土桦树皮器皿上的车辆图案》,《乌兰巴托大学学术期刊》2001 年第 3 期,乌兰巴托,第 12～24 页。

e. Трбат Ц. Эртний ндэлчдийн оршуулгын зан йлийг судлах арга зйн асуудал（хнн булшны жишээн дээр）. – Тхийн сэтгл, tom. III, Fasc. 1, УБ., 2002, т. 7 – 15.

Ц. 图尔巴特:《关于古代游牧民族丧葬习俗研究的方法问题以匈奴墓葬为例》,《历史学刊》2002 年第 3 期,乌兰巴托,第 7～15 页。

f. Трбат Ц., Амартвшин Ч., Эрдэнбат У., Эгийн голын сав нутаг дахь археологийн дурсгалууд. УБ., 2003.

Ц. 图尔巴特、Ч. 阿玛尔图布新、У. 额尔顿巴特:《额金河流域考古学文化遗存》,乌兰巴托,2003。

[44] Трбат Ц., Амартвшин Ч., Эрдэнбат У., Эгийн голын сав нутаг дахь археологийн дурсгалууд. УБ., 2003.

Ц. 图尔巴特、Ч. 阿玛尔图布新、У. 额尔顿巴特:《额金河流域考古学文化遗存》,乌兰巴托,2003。

[45] Giscard P. H. Pratiques funeraires des Xiongnu. Travaux de la Mission Archeologiques Francaise en Mongolie realises durant les campagnes de 1998 et 1999 dans la necropole xiongnu d'Egiin Gol. EURASIAT, 2001.

P. H. 吉斯卡尔:《匈奴的葬仪:蒙古与法国考古队 1998～1999 年在额金河匈奴墓地进行的考察报告》,《欧亚研究》,2001。

[46] a. Монголын Морин толгойн хннгийн ейин булш. – Монгол – солонгосын хатарсан эрдэм шинжилгээний судалгааны тайлан II. СМ, МТМ, ШУА – ийн ТХ., 2001 он.

蒙古国国家博物馆、韩国国立中央博物馆、蒙古国科学院考古研究所编《蒙古国莫林陶勒盖匈奴墓地：蒙韩联合研究报告2》，首尔，2001。

b. Юнь Хёнвонь, Морин толгойн хнн булшны судалгаа. - Монгол - Солонгосын эрдэм шинжилгээний анхдугаар симпозиумын илтгэлийн эмхэтгэл. МТМ, ШУА - ийн АХ, СМ, 2003. 121 - 137.

尹形元：《莫林陶勒盖匈奴墓研究》，蒙古国国家博物馆、韩国国立中央博物馆、蒙古国科学院考古研究所编《首届蒙韩联合学术研讨会论义集》，首尔，2003，第 121~137 页。

[47] a. Трбат Ц. Хнн булшнаас гарсан йсөн дээрх тэрэгний зураг. - УБИС - ийн ЭШБ. Тom. III, Fasc. 2, УБ., 2001, т. 12 - 24.

Ц. 图尔巴特：《匈奴墓出土桦树皮器皿上的车辆图案》，《乌兰巴托大学学术期刊》2001 年第 3 期，乌兰巴托，第 12~24 页。

b. Трбат Ц., Амартвшин Ч., Эрдэнбат У., Эгийн голын сав нутаг дахь археологийн дурсгалууд. УБ., 2003.

Ц. 图尔巴特、Ч. 阿玛尔图布新、У. 额尔顿巴特：《额金河流域考古学文化遗存》，乌兰巴托，2003。

[48] a. Тянь Гуанцзинь. Цзиньняньлай нэймэнгу дицюйдэ сюнну каогу (ер Монголын рт засах оронд слийн ед хийсэн хннгийн археологийн судалгаа) - Каогу шюэ- бао. 1983, №1, т. 7 - 24.

田广金：《近年来内蒙古地区的匈奴考古》，《考古学报》1983 年第 1 期，第 7~24 页。

b. Комиссаров С. А. 1988 - Комплекс вооружения древнего Китая. Эпохапозднейбронзы. Новосибирск, 1988.

С. А. 卡米萨罗夫：《古代中国武器——青铜时代晚期》，新西伯利亚，1988。

[49] a. Тянь Гуанцзинь. Цзиньняньлай нэймэнгу дицюйдэ сюнну каогу (ер Монголын рт засах оронд слийн ед хийсэн хннгийн археологийн судалгаа) - Каогу шюэбао. 1983, №1, т. 7 - 24.

田广金：《近年来内蒙古地区的匈奴考古》，《考古学报》1983 年第 1 期，第 7~24 页。

b. У Энь, Лунь сюнну каогу яньцзючжундэ цзигэ вэньти. - Каогу шюэбао. 1990, №4, т. 409 - 437.

乌恩：《论匈奴考古研究中的几个问题》，《考古学报》1990 年第 4 期，第 409~437 页。

[50] Миняев С. С. Культуры скифского времени Центральной Азии и сложение племенного союза сюнну. - Тез. докл. Всесоюз. конф. "Проблемы скифо - Сибирского культурно - исторического единства". Кемерово, 1979, с. 74 - 76.

С. С. миниaев：《斯基泰时期中亚文化及匈奴联盟形成》，《"斯基泰－西伯利亚历史文化共性问题"全苏联学术会议论文》，克麦罗沃，1979，第74～76页。

[51] a. Миняев С. С. Раскопки Дырестуйского могильника. – Археологические открытие 1985 года. М., 1986, с. 266 – 267. С. С.

С. С. 米尼亚耶夫：《德列斯图依墓葬的发掘》，《1985年考古新发现》，莫斯科，1986，第42～53页。

b. Миняев С. С. Происхождение сюнну: современное состояние, проблемы.– Проблемы археологии Степной Евразии. Тез. докл. конф. Ч. 2, Кемерово, 1987, с. 142 – 145. С. С.

С. С. 米尼亚耶夫：《匈奴的起源：研究现状与问题》，《欧亚草原考古学问题学术会议论文》第2部，克麦罗沃，1987，第142～145页。

c. Миняев С. С. О дате появления сюнну в Ордосе. – Проблемы хронологии в археологии и истории. Барнаул. 1991。

С. С. 米尼亚耶夫：《关于鄂尔多斯地区匈奴产生的年代》，《考古学与历史学年代问题》，巴尔瑙尔，1991，第108～120页。

[52] Комиссаров С. А. Комплекс вооружения культуры верхнего слоя Сяцзядянь.– Военное дело древнего населения Северной Азии. Новосибирск, 1987. с. 42.

С. А. 卡米萨罗夫：《夏家店上层文化的武器》，《北亚古代人群的战事》，新西伯利亚，1987，第42页。

[53] Гришин Ю. С. Раскопки хуннских погребени у горы Дархан. – Археология, этнография Монголии. Новосибирск, 1978, с. 95 – 100.

Ю. С. 格里什：《达尔汗山匈奴墓葬的考古发掘》，《蒙古的考古学与民族学》，新西伯利亚，1978，第95～100页。

[54] a. Цэвээндорж Д. Новые данные по археологии хунну. Древние культуры Монголии. Новосибирск, 1985.

Д. 策文道尔吉：《匈奴考古的最新成果》，《蒙古古代文化》，新西伯利亚，1985。

b. Цэвээндорж Д. Хннгийн археологи. – Монголын археологи. SA, tom. XII, УБ., 1987, т. 58 – 81.

Д. 策文道尔吉：《匈奴考古》，《考古研究》1987年第12期，乌兰巴托，第58～81页。

c. Цэвээндорж Д. Эрдели И. Худгийн толгой, Солби уул, Наймаа толгойн хнн булш. – SH. Tom. XXIY, Fasc. 11, УБ., 1990, т. 105 – 129.

Д. 策文道尔吉、И. 额尔德耶利：《呼都根陶勒盖、索勒碧乌拉与那伊玛陶勒盖匈奴墓地》，《历史研究》1990年第24期，乌兰巴托，第105～129页。

[55] a. Цэвээндорж Д. Новые данные по археологии хунну. Древние культуры Мон-

голии. Новосибирск, 1985.

Д. 策文道尔吉：《匈奴考古的最新成果》，《蒙古古代文化》，新西伯利亚，1985。

b. Цэвээндорж Д. Хннгийн археологи. – Монголын археологи. SA, tom. XII, УБ., 1987, т. 58 – 81.

Д. 策文道尔吉：《匈奴考古》，《考古研究》1987 年第 12 期，乌兰巴托，第 58 ~ 81 页。

[56] a. Цэвээндорж Д. Хннгийн археологи. – Монголын археологи. SA, tom. XII, УБ., 1987, т. 58 – 81.

Д. 策文道尔吉：《匈奴考古》，《考古研究》1987 年第 12 期，乌兰巴托，第 58 ~ 81 页。

b. Асеев И. В., Худяков Ю. С., Цэвээндорж Д. Погребение хуннского воина на горе Сул – толгой. – Д. Цэвээндорж. Эрдэм шинжилгээний глэл, илтгэлийн эмхэтгэл. УБ., 2003, т. 135 – 143.

И. В. 阿谢耶夫、Ю. С. 胡德雅科夫、Д. 策文道尔吉：《苏勒陶勒盖山匈奴武士墓》，《Д. 策文道尔吉学术研讨会论文集》，乌兰巴托，2003，第 135 ~ 143 页。

[57] Цэвээндорж Д. Хннгийн археологи. – Монголын археологи. SA, tom. XII, УБ., 1987, т. 58 – 81.

Д. 策文道尔吉：《匈奴考古》，《考古研究》1987 年第 12 期，乌兰巴托，第 58 ~ 81 页。

[58] Цэвээндорж Д. Хиргист хоолой, Оньтолтын хнн булш. SH. Tom. XXIII, Fasc. 8, УБ., 1989, т. 59 – 81.

Д. 策文道尔吉：《赫列克斯特壕莱、乌尼陶勒特匈奴墓葬》，《历史研究》1989 年第 23 期，乌兰巴托，第 59 ~ 81 页。

[59] Цэвээндорж Д. Морин толгойн булшнаас олдсон хэл хуур. ШУАМ, 1990, №3, т. 72 – 80.

Д. 策文道尔吉：《莫林陶勒盖墓葬发现的口弦琴》，《科学院通讯》1990 年第 3 期，第 72 ~ 80 页。

[60] Цэвээндорж Д. Эрдели И. Худгийн толгой, Солби уул, Наймаа толгойн хнн булш. – SH. Tom. XXIY, Fasc. 11, УБ., 1990, т. 105 – 129.

Д. 策文道尔吉、И. 额尔德耶利：《呼都根陶勒盖、索勒碧乌拉与那伊玛陶勒盖匈奴墓地》，《历史研究》1990 年第 24 期，乌兰巴托，第 105 ~ 129 页。

[61] Цэвээндорж Д. Бага газрын чулуу, Тарвагатай, Хшийн хтл, Баруун Хайрханы хнн булш. – SA. Tom. XX, Fasc. 5, УБ., 2000, т. 35 – 60.

Д. 策文道尔吉：《巴嘎嘎扎尔朝鲁、塔尔巴哈太、呼新胡特勒、巴润海尔罕匈奴墓地》，《考古研究》2000 年第 20 期，乌兰巴托，第 35 ~ 60 页。

[62] Баяр Д. Дуулга уулын нэгэн булш. — SA. Tom. Ⅶ, Fasc. 6, УБ., 1976.

Д. 巴雅尔：《都拉嘎乌拉山发现的一座墓葬》，《考古研究》1976 年第 7 期，乌兰巴托。

[63] Трбат Ц., Амартвшин Ч., Эрдэнбат У., Эгийн голын сав нутаг дахь архео-логийн дурсгалууд. УБ., 2003.

Ц. 图尔巴特、Ч. 阿玛尔图布新、У. 额尔顿巴特：《额金河流域考古学文化遗存》，乌兰巴托，2003。

[64] a. Монголын Морин толгойн хннгийн ейин булш. — Монгол - солонгосын хатарсан эрдэм шинжилгээний судалгааны тайлан Ⅱ. СМ, МТМ, ШУА - ийн ТХ., 2001 он.

蒙古国国家博物馆、韩国国立中央博物馆、蒙古国科学院考古研究所编《蒙古国莫林陶勒盖匈奴墓地：蒙韩联合研究报告 2》，首尔，2001。

b. Юнь Хёнвонь, Морин толгойн хнн булшны судалгаа. — Монгол - Солонгосын эрдэм шинжилгээний анхдугаар симпозиумын илтгэлийн эмхэтгэл. МТМ, ШУА - ийн АХ, СМ, 2003. 121 - 137.

尹形元：《莫林陶勒盖匈奴墓研究》，蒙古国国家博物馆、韩国国立中央博物馆、蒙古国科学院考古研究所编《首届蒙韩联合学术研讨会论文集》，首尔，2003，第 121~137 页。

[65] b. Юнь Хёнвонь, Морин толгойн хнн булшны судалгаа. — Монгол - Солонгосын эрдэм шинжилгээний анхдугаар симпозиумын илтгэлийн эмхэтгэл. МТМ, ШУА - ийн АХ, СМ, 2003. 121 - 137.

尹形元：《莫林陶勒盖匈奴墓研究》，蒙古国国家博物馆、韩国国立中央博物馆、蒙古国科学院考古研究所编《首届蒙韩联合学术研讨会论文集》，首尔，2003，第 121~137 页。

[66] Трбат Ц. Тамирын Улаан хошууны булш ба хннгийн угсаатны брэлдэхний асуудалд. — Тхийн сэтгл. Tom. Ⅳ, Fasc. 1, УБ., 2003.

Ц. 图尔巴特：《塔米尔乌兰和硕墓地与匈奴民族构成问题》，《历史学刊》2003 年第 4 期，乌兰巴托。

[67] a. Бичурин. Н. Я. (Иакинф). Собрание сведений о народах, обитавших в Средней Азии в древние времена - Ⅰ. /Москва Ленинград/, 1950.

Н. Я. 比丘林：《古代中亚各民族历史资料集》第 1 辑，莫斯科 - 列宁格勒，1950。

b. Бичурин. Н. Я. (Иакинф). Собрание сведений о народах, обитавших в Средней Азии в древние времена - Ⅲ. /Москва Ленинград/, 1953.

Н. Я. 比丘林：《古代中亚各民族历史资料集》第 3 辑，莫斯科 - 列宁格勒，1953。

[68] a. Таскин. В. С.: Материалы по истории сюнну. Москва. 1968.

B. C. 塔什金：《匈奴历史资料》，莫斯科，1968。

b. Таскин. В. С. : Материалы по истории сюнну. Москва. 1968.

B. C. 塔什金：《匈奴历史资料》，莫斯科，1973。

[69] Пэрлээ Х. 2001 – Эртний монголчуудын хэгсдээ оршуулж байсан зан йлийн асуудалд. – Эрдэм шинжилгээний глдд. УБ. , 2001.

Х. 普尔列：《古代蒙古人丧葬习俗研究》，《学术论文集》，乌兰巴托，2001。

[70] Ольховский В. С. Погребально – поминальная обрядность населения степной Скифии (VII – III вв. до н. э.). М. , 1991.

В. С. 欧里霍夫斯基：《草原地区斯基泰时期丧葬与祭祀习俗（公元前 7 ~ 公元前 3 世纪）》，莫斯科，1991。

[71] Ольховский В. С. Погребально – поминальная обрядность населения степной Скифии (VII – III вв. до н. э.). М. , 1991.

В. С. 欧里霍夫斯基：《草原地区斯基泰时期丧葬与祭祀习俗（公元前 7 ~ 公元前 3 世纪）》，莫斯科，1991。

[72] Ольховский В. С. Погребально – поминальная обрядность населения степной Скифии (VII – III вв. до н. э.). М. , 1991.

В. С. 欧里霍夫斯基：《草原地区斯基泰时期丧葬与祭祀习俗（公元前 7 ~ 公元前 3 世纪）》，莫斯科，1991。

[73] Трбат Ц. "Сэргэ" – эртний ндэлчдийн оршуулгын дурсгалын нэгэн чухал элемент. – SA. Tom. XII, Fasc. 14, УБ. , 2000.

Ц. 图尔巴特：《"色日格"——古代游牧民族丧葬制度重要因素》，《考古研究》2000 年第 22 期，乌兰巴托。

[74] Ольховский В. С. Погребально – поминальная обрядность населения степной Скифии (VII – III вв. до н. э.). М. , 1991.

В. С. 欧里霍夫斯基：《草原地区斯基泰时期丧葬与祭祀习俗（公元前 7 ~ 公元前 3 世纪）》，莫斯科，1991。

第二章　匈奴平民墓葬的分布与形制

第一节　匈奴平民墓葬的分布

一　墓地的分布与地理位置

匈奴平民墓葬一般成群分布，形成墓地。目前已发现的绝大多数匈奴墓地分布于漠北地区，即今天的蒙古国和俄罗斯布里亚特共和国境内。在漠南的中国内蒙古及其邻近的中国北方地区也有少量发现。本书的研究对象主要以漠北匈奴平民墓葬为基本资料。

外贝加尔地区的匈奴墓地主要分布在色楞格河及其东、西两大支流——奇科伊（Chikoy）河和吉达（Dzhida）河及希洛克（Khilok）河流域的三角洲地带。在这一地带共记录了30座匈奴平民墓葬[1]，其中包括最北段的伊沃尔加墓地、东南段的沙拉高勒墓地、最西端的索斯诺瓦卡墓地及东北段的巴彦哈剌墓地。根据分布特点看，这些墓地都靠近水源，均沿着较大河流分布。

蒙古国境内共发现70余处匈奴墓地，这些墓地从西部的乌布苏、科布多省到东部的东方省，分布区域包括阿尔泰、杭爱、戈壁和东部平原地带，几乎涵盖了蒙古国所有的省份。但至今发现的这些匈奴墓地主要集中在蒙古国中部地区（附录一）。

综合观察这些墓地的地理位置，可以看出匈奴墓葬的分布区域有以下基本特征：

①至今仍有人类生存栖息的（尤其是可过冬的）、水草丰美的草原地区；

②大小河流的谷地之中；

③高原地区（山丘的阳坡、广阔的台地）；
④有悬崖峭壁的山区；
⑤沙漠戈壁地区。

这些墓地的分布特征体现的是墓地的选址问题，应该对其进行简要说明。上述特征中前两者是由客观生存条件所决定，第三个具有一定的象征意义，而后两者具有纯粹的实践意义。

由于在古人眼里，生死两界并非相隔遥远，所以他们的墓地选择在适宜人类生存居住的地方也是不难理解的。游牧民族在水草丰美的地方选择重要的山丘或河谷地带安葬死去的亲人，与他们生存环境和生活观念有密切关联。一个部落或氏族的墓地因为安葬了他们祖先的遗体，而被该部落或氏族视为最神圣的地方。从匈奴平民墓地的地理位置、墓地布局及墓葬数量等情况看，这个墓地很可能属于一个家族或一个部落。墓地所在的区域很有可能是这一部落或家族神圣的地方，其周围的山头或敖包也许就是该部落或家族进行祭祀礼仪的场所。同时，也不能否定他们把这个区域视为其氏族发源的地方。在蒙古草原的生存环境中，冬营盘分布于山阳地，且是相对持续的定居生活最长的场所，所以它是游牧民族最基本的生存营地。有学者观察到这一点，并认为"欧亚草原游牧民族当中，将死者埋葬在冬营盘附近是比较普遍的现象"[2]。

绝大多数匈奴墓地分布在从古至今人类密集生存的河流谷地之中，这也是由上述生存环境这一客观条件所决定的。

一个部落或一个家族的墓地是他们最神圣的纪念场所之一，所以他们会把墓地建在靠山的高地，面向南部，视野较开阔，可以眺望远处的景色。

之所以将墓地建在有岩石的山地，是因为客观条件所决定的。匈奴墓地一般成群分布，数量较多，所以营建墓地时尽可能就地取材，无疑是很有实际意义的。

同样，有的匈奴墓地建在具有泥沙土壤的地区，这也是适应客观条件环境的一种表现。匈奴墓墓坑有 2~2.5 米深，所以选择墓地时对松软土壤的要求也是必然的。

本研究收录的蒙古国境内匈奴墓地中，平均一个墓地分布有 100 座墓葬。这里只有一座墓葬的墓地非常少见（确切的只有浩勒特斯特努嘎 Хотост нуга 墓葬）；有 2~10 座墓葬的墓地有 11 处 [哈南哈达（Ханан хад），浑赫尔阿姆（Хүнхэрийн ам），达勒黑布兰（Далхын булан），达尔汗乌拉（Дархануул），萨勒黑特（Салхит），陶莱阿姆（Тооройн ам），巴润海尔罕乌拉（Баруун хайрхан уул），阿查乌拉（Ац уул），昌德曼乌拉（Чандмань уул），哈拉赞和硕（Халзан хошуу），苏勒陶勒盖（Сул толгой）]；有11~30座墓葬的墓地有8处［额莫勒陶勒盖（Эмээл толгой），特布希乌拉（Тэвш уул），乌尼陶勒盖（Онь толгой），巴尔赞（Барзан），呼新胡特勒（Хүүшийн хөтөл），莫林陶勒盖（Морин толгой），扎剌陶勒盖（Зараа толгой），别勒黑阿姆（Бэлхийн ам）］；有31~100座墓葬的墓地有10处［额哲给特呼吉尔（Ээзгийтийн хужир），那伊玛陶勒盖（Наймаа толгойн），额沃根特（Өвгөнт），布尔罕陶勒盖（Бурхан толгой），赫列克斯特壕莱（Хиргист хоолой），巴嘎嘎扎尔朝鲁（Бага газрын чулуу），赞巴嘎海尔罕（Замбага хайрхан），塔尔巴哈太（Тарвагтай），哈拉嘎特扎萨尔（Хаалгатын завсар），努赫特阿姆（Нүхтийн ам）］；有100座以上墓葬的墓地有10处［索勒碧乌拉（Солби уул），呼都根陶勒盖（Худгийн толгой），塔米尔乌兰和硕（Тамирын улаан хошуу），高勒毛都（Гол мод），高勒毛都-2号（Гол мод 2），德力格尔汗乌拉（Дэлгэрхаан уул），诺彦乌拉（Ноён уул），都日力格那日斯（Дуурлыг нарс），宝尔布拉格（Борбулаг），都拉嘎乌拉（Дуулга уул）］。从以上数据可以看出，匈奴墓葬一般成群分布，由一定数量的墓葬形成一个墓地，而一座墓葬孤立分布的情况极其罕见。另外，上述四组匈奴墓地统计数字显示，由多个墓葬组成的墓地占据的比例基本相等，所以到底包含多少座墓葬的墓地占绝对优势也是难以确定的。据目前的资料，300座及以上墓葬组成的匈奴墓地共有4处，其中2处为大型贵族墓地，墓地内也混杂着小型平民墓葬。另外，塔米尔河流域分布着2处较大的平民墓地，其中呼都根陶勒盖墓地有306座、塔米尔乌兰和硕墓地有370座①墓葬。这充分反映了上述匈奴墓地分布的区域自古以来就是水草丰美、土壤肥沃，且是适宜人类畜牧和居住的地区。

二　墓地布局

正如上文所述，匈奴墓地的地理位置，即墓地分布的宏观形态问题是

---

① 塔米尔乌兰和硕墓地近年由蒙古国和法国联合考古队进行新一轮的调查统计和发掘研究，就最新的统计数据，该墓地分布的墓葬数量已达到400座。

比较清楚的。但是一个墓地内部布局，即墓地内各墓葬分布的微观形态所涉及的问题相对较多，这方面研究所需的材料亦相对薄弱。因为，虽然长期以来考古人员陆续发掘了数量较为可观的匈奴墓葬，但多为挑选个别墓葬或局部发掘，导致缺乏一个墓地的完整信息，无法对整个墓地的布局取得全面的认识。通过梳理前人的研究成果，可以看出以往学者对这一问题的关注还不够深入。除此之外，由于将考古学与体质人类学相结合的研究相对缺乏，也无法对一个墓地进行系统的人口学研究。

Ю. Д. 塔里克-格林采维奇在外贝加尔地区的伊里莫瓦墓地发掘时，曾对该墓地的墓葬进行分类[3]。这虽可称为对匈奴墓地内部布局探索方面最初的尝试，但它是根据地形做出的简单分类，所以无法得出科学的结论。另外，在当时的条件下，也不能对整个墓地进行全面揭露性的发掘，所以他也无法对墓地分类的准确性做出进一步的验证。

目前，我们所掌握的材料主要包括布尔罕陶勒盖、伊沃尔加和德列斯图依3处墓地。其中，С. С. 米尼亚耶夫主持发掘的德列斯图依墓地在微地貌方面包含着非常有意义的信息。故下面就该墓地的相关研究方面进行详细叙述。

1984~1996年，С. С. 米尼亚耶夫对德列斯图依墓地进行了全面揭露，揭露面积达24500平方米。该墓地内墓葬地表封石堆多被扰动，整个墓地可分成若干小区域并相互间隔一段距离，每个小区域内分布若干墓葬。同时，每个小区域之间有个别的石块、特殊密度的土壤或一些小洼地等。根据这些现象，С. С. 米尼亚耶夫认为这些地方的墓葬地表建筑早已不存在，而因水土流失墓葬被暴露在地面上，所以采取了全面揭露的发掘方法[4]。结果共发现95座墓葬（其中只有15座有地表封石堆），并全部清理[5]。

经过仔细观察墓地的布局，С. С. 米尼亚耶夫认为整个墓地范围之内共存在相互间隔几十米的七个小墓群。这些墓群分别为位于墓地北部的3号、4号墓群，位于墓地西部的1号墓群，位于墓地中央区域的5号、6号墓群，位于墓地南部且分布比较凌乱的2号墓群及位于墓地东北部且受破坏较为严重的7号墓群。每个墓群内沿其横向中轴线分布的几座石堆墓是该墓群的核心墓葬。类似横向排列的墓地布局，在蒙古青铜时代至早期铁器时代墓地及南西伯利亚突厥时期的墓葬中较为普遍。有学者认为墓地的这种布局是参照了游牧民族的呼热（Khuree）①或浩特艾勒（Khot ail）②等营地的分布特点[6]。墓地周围也分布着一些地表无任何标识物的土坑墓。多数情况下，可以看到这些土坑墓与核心石堆墓在分布空间上存在一定的联系。根据这些相互之间的联系，可以判断墓地内部墓葬的不同组合方式，进而搞清每个墓群内部墓葬的布局特点。墓地布局有以下几种组合方式。

①附属墓葬位于核心墓葬的西南侧。

②核心墓葬地表有方形封石堆，封石堆四角朝向东、南、西、北四个方向。附属墓葬位于该封石堆东南侧。

③核心墓葬地表有正方形封石堆，封石堆四角朝向东、南、西、北四个方向。附属墓葬位于封石堆一角下面或其外侧几米处。

④附属墓葬位于核心墓葬的东、西、南侧。

上述墓地内墓葬的四种组合方式中，核心墓葬和附属墓葬之间均存在年龄和性别的差距。譬如，在墓地内一个墓群中，核心墓内往往埋葬的是成年人（多为男性），而周围的附属墓一般埋葬婴儿或青少年儿童，甚至是青年女性[7]。此外，儿童墓一般位于核心成人墓的西南侧，这是整个墓地的布局中显而易见的一个普遍规律[8]。

值得一提的是，所谓的附属墓除了特定的某个墓葬之外，有时候还应该将整个墓群的组合（以核心石堆墓与其周围的附属土坑墓组成）纳入附属墓的范畴当中。根据 C. C. 米尼亚耶夫的观点，在具有如此复杂布局的墓地中，由规模较大的石堆墓及其附属的土坑墓构成的组合可能成为另一座更高等级墓葬的附属墓群[9]。他根据自己收集的资料和研究成果提出了以下几点论断。

---

① 呼热，亦写作"库伦"，是由于游牧生活、征战和围猎的需要，在古代游牧社会中形成的社会组织单位。古蒙古文献中称"古列延"（küriyen），现代蒙古语应写为 khuree，意为"圈子"或"环营"，规模较大，由数百个甚至近千个牧户或军队组织组成。

② 浩特艾勒，即牧户的意思。一般一个牧户由几座毡房组成，而且这些毡房有着一定的分布规律。

①整个墓地范围内的所有墓葬分属相隔几十米的几个不同墓群,每个墓群内部墓葬的布局遵循明显的分布规律。

②每个墓群是由中心石堆墓及其周围的土坑墓构成的墓葬组合。

③组合（墓群）内大型核心墓葬一般都沿该墓群横向中轴线分布。同样，整个墓地内较大的核心墓葬亦均沿墓地横向中轴线一字排列分布。

④每个组合（墓群）内的核心墓葬一般都有木棺或双层木棺（棺、椁）葬具，而多数附属墓一般只有木板棺葬具。

⑤组合（墓群）内核心墓葬（具有体质人类学材料的墓葬）墓主人一般为成年男性，而其附属墓的墓主人多为儿童、青少年或20~25岁的青年女性。另外，附属墓内埋葬成年男性的情况非常少见[10]。

一个墓地范围内的墓葬可分成若干组合或墓群的现象不仅限于德列斯图依墓地。仔细观看其他地区墓地的总平面图，存在着与之类似的布局特征。C.C.米尼亚耶夫指出外贝加尔地区的莫伊勒图山谷（查拉姆）、伊里莫瓦，蒙古国境内的特布希乌拉、那伊玛陶勒盖、努赫特阿姆、都日利格那日斯等墓地的布局中可以看到特定的组合现象[11]。例如，伊里莫瓦墓地1座带墓道的大型"甲字形墓"①的东南和西南角各分布着1座埋葬青年人的附属墓葬，其中的M56墓主人为一名儿童，并被用铁镣套住双腿[12]。因此，可以认为这种墓地布局特征所体现的应该是匈奴丧葬制度的普遍现象，也是匈奴社会阶层及特定群体关系的生动反映。

墓地内每个墓葬组合中均包含各年龄阶段的男性和女性墓葬（偶尔会有双人合葬），这说明每个组合可能是有直接血缘关系的小群体（即一个小家庭）的家族墓地。但是，目前还不能对整个墓地做出简单的人口学的复原（墓葬组合—小家庭墓地—墓群—大家族墓地—整个墓地—氏族墓地）。因为，在一些附属墓葬所体现的墓主人受暴力手段死亡的现象（如颅骨上的孔洞、远处独立分布的头颈骨等），使人不得不对于核心墓葬和附属墓葬之间是否存在血缘关系产生疑虑。C.C.米尼亚耶夫指出一些墓葬的墓主人不见脚骨的现象也和人为的故意伤害有关系[13]。他认为这与古

---

① 原文作"方形墓"，匈奴大型贵族墓葬地表建筑由墓室顶部方形封堆与其南侧的长方形墓道组成，根据其平面形状，并参考国内学界的习惯称呼，此处译作"甲字形墓"。

人对死人世界的想象有密切关系，即是担心被杀害的这些人回来复仇的一种表现。另外，一些从未被扰动过的墓葬内随葬的武器被故意损坏，这种现象也有可能与古人对死人的敬畏心理有关。德列斯图依 M120 出土的骨弓弭被折断成若干块放置在墓主人头骨之上，其中，一件弓弭残块正好遮挡在墓主人眼眶部位。这应该是丧葬过程中特意进行的一种特殊的丧葬习俗。除此之外，将人杀死之后，可能在其遗体上举行各种与葬仪有关的活动。例如，德列斯图依 M87 一名儿童墓主人的肋骨混乱和移位，这种情形很有可能与取出受难者心脏的行为有关。附属墓葬墓主人绝大多数年龄在 15 岁以下，这一现象从另一个角度印证了这些附属墓葬墓主人遭暴力受害的事实。

德列斯图依墓地中还有一些独立的墓葬，分布在距离一个墓葬组合略偏远的地带。但其墓主人骨骼上有许多故意的暴力行为造成的伤痕，所以这些墓葬被 C.C. 米尼亚耶夫视为是属于附近某一墓群或组合的一部分[14]。

根据以上材料，可以认为这些附属的土坑墓墓主人是因特定丧葬习俗需要，遭受暴力手段而死去的。这些考古资料与诸如"有棺椁金银衣裘……近幸侍婢（臣妾）从死者"[15]等有关匈奴丧葬习俗，尤其是人祭（殉葬）方面的文献记载高度吻合。这里提到的"臣妻"① 可能被陪葬于单独的墓内或与主人合葬在同一个墓室之中。

如果能够确定这些附属墓葬是属于陪葬"主人"的人群的话，也就表明这个墓葬组合是在很短的时间内形成的。C.C. 米尼亚耶夫认为这个发现对该墓地布局乃至整个匈奴考古学文化的研究开辟了一个广阔的新天地[16]。

A.B. 达维多娃主持发掘的伊沃尔加墓地却未出现任何墓葬组合的现象。甚至，令人觉得男性、女性和儿童墓葬之间存在着完全"平等"的关系。整个墓地内虽然发现了 5 座双人合葬墓，但它们却未形成一个特定的组合。这些双人墓均为男女合葬，但它们在空间布局上跟其他男性墓和女性墓不存在任何关系[17]。因此，发掘者认为墓地内各墓葬之间没有任何排列顺序和特殊的结构布局。

---

① 原文中写作 зарц шивэгчин，意为侍婢，引自苏联学者 C.B. 塔斯金的《匈奴史资料》。根据《史记·匈奴列传》原文，应译作"臣妻"。这可能与翻译过程中在词义的理解上发生细微偏差有关。

这里有必要对我们自己发掘的布尔罕陶勒盖墓地布局方面阐述几点认识（图1）。首先，整个墓地由年代、墓葬形制（内外结构）及随葬品特征各不相同的三个较大墓葬组合（群）构成（见图2~图3）。

1号组合，位于墓地南部，年代属于整个墓地的最早阶段。而且，所有双人合葬墓均位于该组合当中，该组合内的墓葬出土随葬品和殉牲数量最为丰富。

2号组合，位于墓地中部和北部，具有典型的匈奴墓葬风格。

3号组合，位于墓地西北部，规模最小。随葬品和殉牲最为稀少的墓葬主要集中在这一组合中。该组合墓葬年代在整个墓地当中可能属于最晚阶段[18]。

我们认为之所以形成上述几个不同的组合，一方面是因为年代的不同，另一方面是社会等级和族源的差异所造成的。

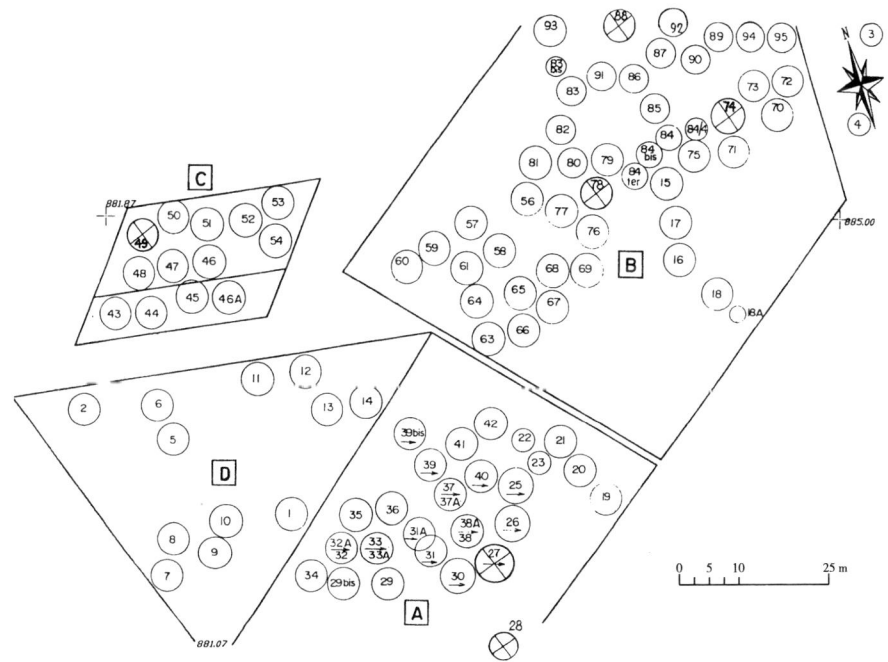

图1　布尔罕陶勒盖墓地墓葬分布示意

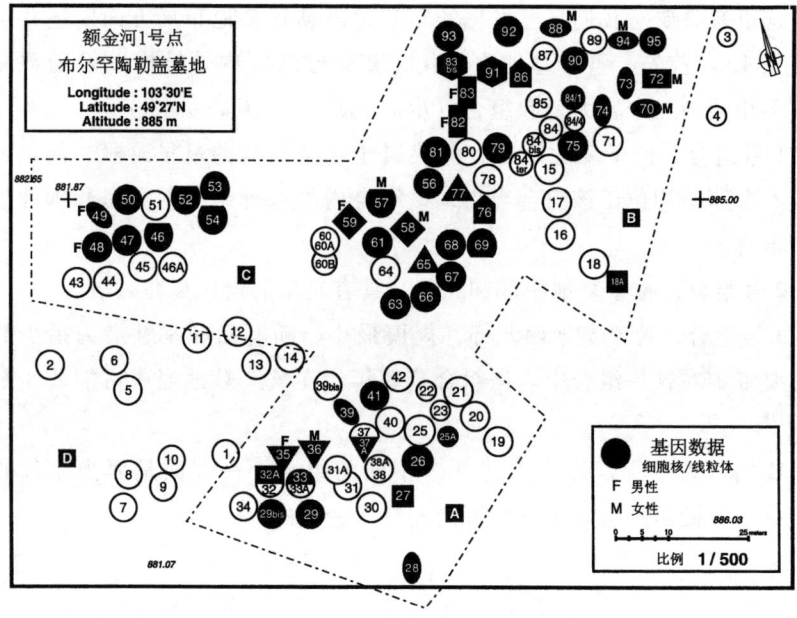

1

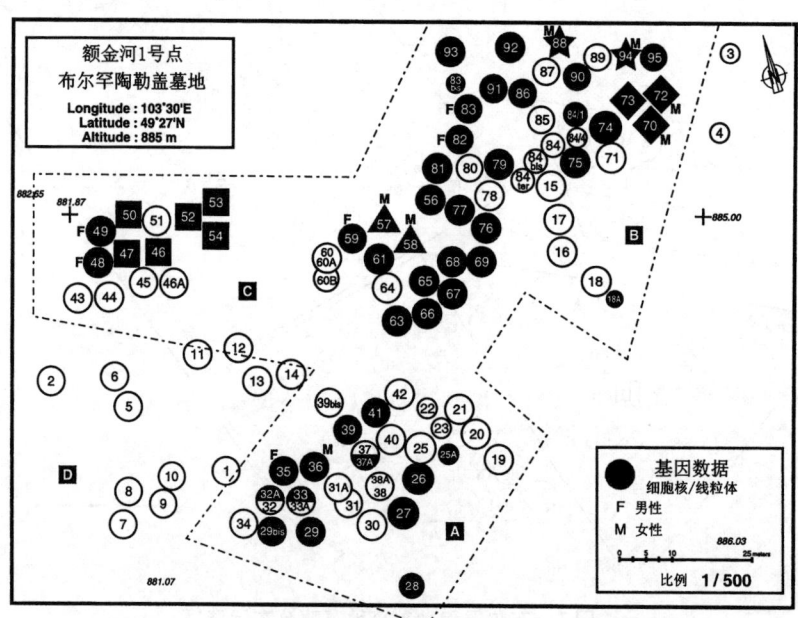

2

图 2　布尔罕陶勒盖墓地内部关系示意
1. DNA 序列显示母系关系；2. Y 染色体数据显示父系关系

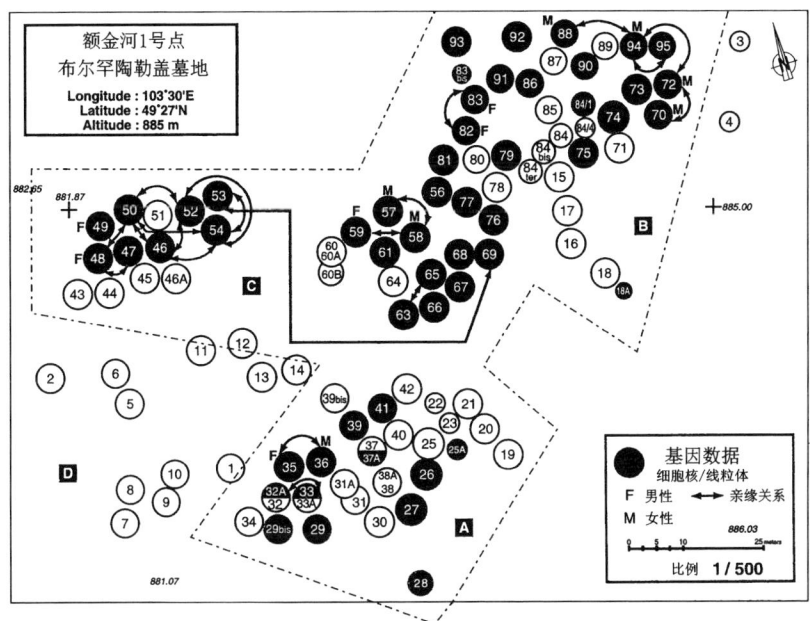

图 3　布尔罕陶勒盖墓地常染色体 STR 数据显示亲属关系

第二节　墓葬外部与内部结构（形制）

　　墓葬形制与结构是匈奴丧葬制度研究中主要的内容，也是匈奴考古学文化主要组成部分。过去，匈奴墓葬形制的研究虽然取得了一些成果，但随着新材料的不断发现，这方面的研究也进一步深入，一些不成熟和错误的认识得到了补充和纠正。

　　墓葬内、外部结构不仅是一个考古学文化族群面貌特征的体现，更是反映一个考古学文化社会结构、宗教观念、生业形态及社会生产技术发展水平的重要因素[19]。

　　自 Ю. Д. 塔里克 - 格林采维奇开始，在匈奴考古研究中，习惯地把匈奴墓葬按其内部结构分成"木椁墓"和"板（木）棺墓"两种类型。但他本人却认为"木椁墓"的年代属于匈奴时期，而"板（木）棺墓"的年代属于 5~6 世纪[20]。后 Г. П. 索斯诺夫斯基又从"木椁"中把"木棺"识别出来，并提出用新的特定名称替代"木椁墓"的建议[21]。

　　20 世纪 50 年代，Ц. 道尔吉苏荣在诺彦乌拉墓地和高勒毛都墓发掘时，除了上述几个类型外还发现了数量较多的"石椁墓"[22]。他根据内部结构把匈奴平民墓葬分为四个类型：

①石椁墓；

②木椁墓；

③板棺墓；

④无葬具的墓。

这在当时条件下可称为首次囊括匈奴墓葬内部结构特征所有类型的科学分类，但是随着时间的推移还需要进一步地补充和完善。另外，Ц. 道尔吉苏荣还仔细观察墓葬地表封堆和墓坑的形制，并尝试对其进行分类描述[23]。

П. Б. 科诺瓦洛夫根据在外贝加尔布日嘎斯特阿姆（伊里莫瓦）和莫伊勒图山谷（查拉姆）墓地发掘所获得的资料，试图说明墓葬的总体特征和规律。他认为两处墓地在墓葬形制上存在同样的风格，并在丧葬习俗和随葬品方面显示出很大的共性，这种共性的存在很大程度上与两处墓地所属人群相同的生活方式和对另一世界的观念有直接关系[24]。他指出上述两个墓地内包含"木椁墓"和"板棺墓"两种基本形制的墓葬，并提到"石椁墓"在外贝加尔地区非常少见[25]。从这一点可以看出德列斯图依墓地在墓葬形制和丧葬习俗方面存在一定独特的差异。除了墓葬内部结构以外，П. Б. 科诺瓦洛夫还对外部结构及墓坑等方面进行了专门的分析，提出了自己的看法。

А. В. 达维多娃在运用伊沃尔加墓地216座平民墓葬资料的基础上，对墓葬形制进行了分类[26]。他根据墓葬内部形制特征将整个墓地的墓葬分为七个类型：

①木（板）棺墓；

②木（圆木）椁墓；

③有双层葬具（棺椁）的墓；

④独木棺墓；

⑤石椁墓；

⑥无葬具，墓主人置于墓坑内的墓；

⑦墓主人置于原地面，无任何葬具的墓。

同时，他还对墓坑的深度、形状及规模等进行了描述[27]。

有意思的是，上述 Ю. Д. 塔里克-格林采维奇、Ц. 道尔吉苏荣、П. Б. 科诺瓦洛夫、А. В. 达维多娃等人均依据特征最为明显的墓葬内部结构来对墓葬进行分类。可见墓葬内部形制特征在匈奴考古学文化的研究中占据重要位置。但是，对一个墓地进行综合性的分类，仅依据其内部形制是有缺陷的。

1984~1996年，С.С. 米尼亚耶夫对德列斯图依墓地进行全面揭露，结果在这一墓地共发掘了95座（Ю. Д. 塔里克-格林采维奇和 П. Б. 科诺瓦洛夫曾各发掘其中的26座和9座）墓葬。在这一基础上，他对墓地布局与内外部结构方面做了详细的研究[28]。他首次根据墓葬外部结构，即封堆的形制对匈奴平民墓葬进行了分类，主要包括：

① 有正方形密集的"铠甲"式封石堆的墓；
② 有正方形一层稀疏封石的墓；
③ 形制不规则的石堆墓[29]。

同时，他还仔细考察了墓葬封堆形制方面的相关特征，并对其进行深入的分析研究，这是他学术研究工作中的一大重要贡献。例如，他观察到匈奴墓地中存在封堆北侧立"碑石"①、墓葬之间有木柱残留、墓葬四角立石板等现象[30]。另外，他还对墓坑的形状与结构方面做了相关研究，并分析了其形成的规律。С.С. 米尼亚耶夫仔细研究墓葬内部结构后认为"木（板）棺墓"是德列斯图依墓地最主要的类型。同时他还提到了"木椁墓""石椁墓"等类型的存在。他根据葬具的形制和质地将其分为三个类型，这无疑是把相关研究推向新的台阶的重要成果。他认为这些墓葬内、外部结构因素组合有一定的共性，最终形成七个固定的墓葬结构类型，包括：

① 有正方形密集的"铠甲"式封石堆的墓（见图4，图5:1、3），封石堆北侧有立石，墓坑为较深的竖穴土坑并用石块和灰土填实埋葬，圆木椁内置木板棺（多数木椁外还有一层石椁）；
② 地表有方形封石堆（有的在封石堆北侧有立石），长方形竖穴土坑，石椁内置木板棺的墓葬（见图5:2）；
③ 地表有方形封石堆，封石堆下有木板棺或石椁内置木板棺的墓葬；
④ 地表为由几个石块构成的不规则状封石堆（见图5:4），其下为较浅的竖穴土坑，内置单木板棺或石椁内加木板棺的墓葬；
⑤ 无任何地表封堆的土坑墓，有单木板棺或石椁内加木板棺的墓葬；
⑥ 外无封堆，内无葬具的土坑墓；
⑦ 只有石椁葬具的墓葬等[31]。

---

① 立于墓葬正北侧的长条状的石块，并非真正意义上的石碑。

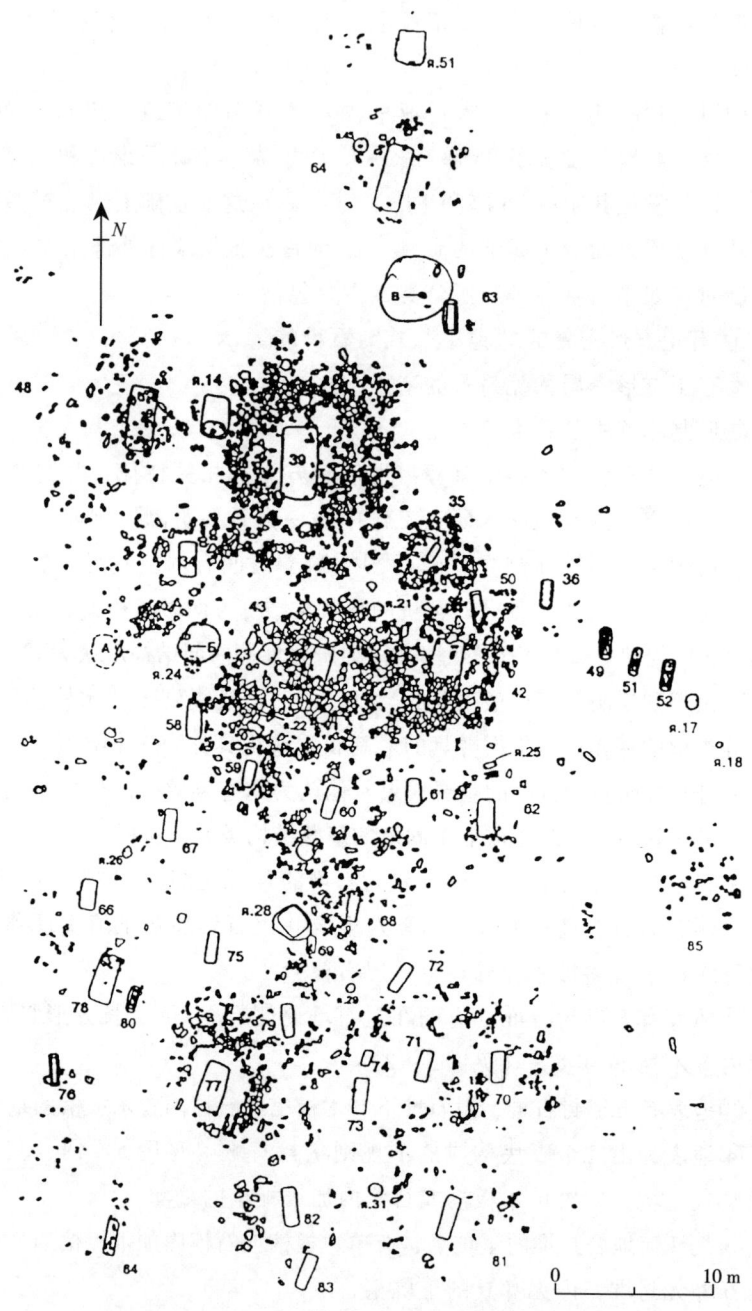

Б：殉狗　　B：完整的山羊、绵羊头骨

图 4　德列斯图依墓地第 3 组墓群墓葬分布

相比前人研究而言，由于综合考虑了墓葬结构各方面因素，C.C.米尼亚耶夫的分类显然有了更大进步。但是，用这一标准来对所有匈奴墓葬进行形制分类是不够的。这主要是因为该分类只是在一个墓地（且这个墓地被视为有着独特的丧葬习俗）的案例上进行的。

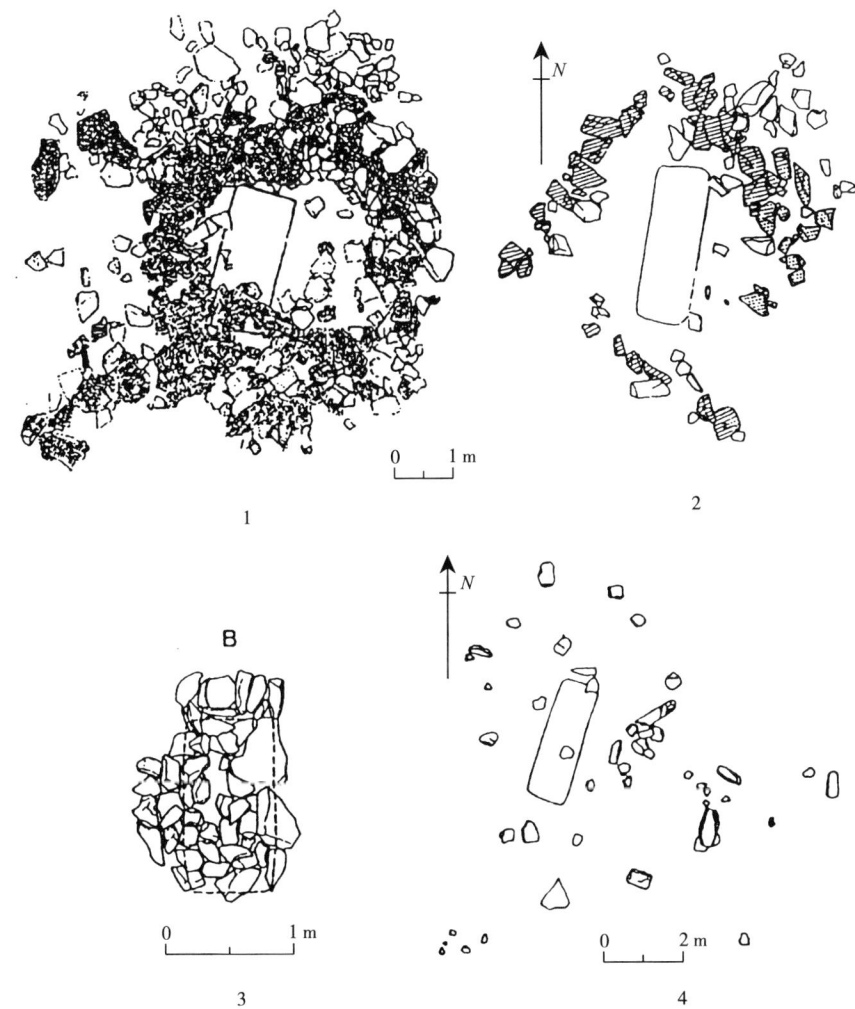

图 5　德列斯图依墓地封石堆形制类型
1."铠甲"式密集型封石堆（封石堆中心在被盗掘时遭破坏）；
2. 单层正方形封石堆；3. 儿童墓葬顶部密集型封石堆；4. 不规则状封石堆

Д. 策文道尔吉根据其多年来发掘的蒙古国境内匈奴平民墓葬资料，对墓葬内、外结构方面做了一些观察和分析[32]。例如，他根据呼都根陶勒盖、索勒碧乌拉、那伊玛陶勒盖等墓地15座墓葬资料，按墓葬内部结构分了四个类型，包括：

①木板棺墓（5座）；

②木椁墓（1座）；

③石椁墓（2座）；

④墓坑（无棺椁）墓葬（7座）。

Р. Н. 吉斯卡尔根据其于1998～1999年在额金河流域布尔罕陶勒盖墓地发掘的54座墓葬资料，对匈奴丧葬制度做了相关研究。他仔细研究墓葬的墓坑及其内外部结构，并根据相关数据提出了自己对墓葬分类方面的意见[33]。他认为布尔罕陶勒盖的匈奴墓葬地表有圆形封石堆，根据这些封石堆的中心部分可分为四个类型，包括：

①石堆墓（M15）；

②中心为扁平，且有石头（M60）；

③中心为扁平，且没有石头（M39）；

④中心为下凹，且没有石头（M63）[34]。

后来，他根据墓坑的深度又将墓葬分成墓坑深小于2米的、2～3米的和大于3米的三种，并将墓坑规格同墓主人年龄和性别进行对照，提出了相关认识。最后，他把匈奴平民墓葬内部结构分为椁、棺、祭祀箱、殉牲箱等四个部分，并对每个部分的规格和形制进行了详细描述[35]。

Ц. 图尔巴特、Ч. 阿玛尔图布新、У. 额尔顿巴特等人根据额金河（Egiin Gol）流域布尔罕陶勒盖、哈南哈达、浩勒特斯特努嘎、浑赫尔阿姆等墓地106座墓葬的资料，对匈奴平面墓葬形制（内、外部结构）方面做了相关研究，提出了一些新的认识[36]。首先，他们通过分析墓葬外部结构特征，试图复原其原始形态，同时也注意到墓地内有类似见于德列斯图依等墓地的"立石"的情况。其次，他们通过分析墓坑的规格与形制，建立了各方面的统计数据。再次，他们发现了匈奴墓葬形制的新类型——有石椁、圆木椁、木板棺及头箱的墓葬。最后，首次发现了只有单一石椁的墓葬，以及墓主人用桦树皮包裹或放置在平铺的桦树皮上的埋葬方式[37]。

从以上有关匈奴平民墓葬内、外部形制的研究过程来看，虽然这方面的研究不断细化和深入，但相关概念和称谓尚未统一，在分类标准和原则上仍存在一些差异。因此，我们希望基于前人研究成果，并充分利用最新的发掘材料，对匈奴墓葬形制（内、外结构）方面进行进一步的分析研究。

一 墓葬外部结构①

有学者认为古人陵墓的格局与结构是其生前所居住家园的翻版[38]，西伯利亚原住民人类学资料也印证了这一观点。居住在鄂毕河流域的乌戈尔、汉特、凯特及塞尔库普等部落居民称他们的墓地为"家园"。蒙古民族当中普遍流传的一句谚语："离开有哈那②的毡房，去住岩石（土）里的家园。"这句话比喻了人去世后到墓地埋葬的情景，也包含着与上述有关墓地称谓同样的内涵。据了解，塞尔库普人的住宅格局和形状如果发生了变化，他们墓葬的格局和形状也要跟着变化。除此之外，这种墓葬与住宅格局结构的内在联系在青铜时代的塔加尔文化中也有所体现[39]。

根据地表有无封堆可将匈奴墓葬分为有外部结构和无外部结构两种类型。虽然地表有外部结构的墓葬占绝大多数，但偶尔会发现一些地表无任何标识物的墓葬。伊沃尔加墓地216座墓葬[40]、德列斯图依墓地80座墓葬[41]及倒墩子墓地27座墓葬[42]均属无外部结构的墓葬。这些墓地分布于外贝加尔和中国北方地区。到目前为止，在蒙古国境内尚未发现这类无外部结构的土坑墓，但不能否认今后发现此类墓葬的可能。

蒙古国和外贝加尔地区发现的匈奴平民墓葬绝大多数地表有外部结构。但是对这些墓葬地表封石堆结构的复原仍然是比较复杂的问题。

Ю. Д. 塔里克 - 格林采维奇发掘匈奴墓葬时未对封石堆进行彻底清理，其对墓葬外部结构的描述仅限于地表直接能够看到的形制。根据他对所谓的"苏吉"类型32座墓葬的介绍来看，其封石堆有正方形（15座）、长方形（12座）和圆形（5座）三个类型[43]。Г. П. 索斯诺夫斯基在研究当中也只是提到了封石堆，并未注意其外部形制。他发掘的11座墓葬当中，4座为圆形石圈、3座为方形封石堆、1座为圆角长方形，另有3座外部结构不明[44]。

Ц. 道尔吉苏荣指出匈奴平民墓葬"以其露出地面以上的封石堆被人

---

① 外部结构，是指墓葬地表建筑，这里主要指匈奴墓葬地表封石堆。
② 哈那，蒙古包内的墙壁结构，起到支撑天窗（套瑙）和包顶杆（乌尼）的作用。一个蒙古包的围墙一般由四个到八个哈那组成。

所识别，封石堆地表形状有方形、圆形和半圆形，中间为内凹，周围有石围。另外，还有无法确认形状的不规则状封石堆。墓葬封石堆中部凹陷是早期被盗掘所致，盗墓者将封石堆中间部分的土和石头向四面抛扔而导致其原状发生了变化。清理覆盖在封石堆上的表土，偶尔也会清晰地看到墓葬外部结构原状的一些特征。从保存较好的墓葬情况看，匈奴平民墓葬墓坑原以土和石块填满，其上以石块堆砌封丘。封石堆的规格各不相同，但形状以方形和圆形为主，其中方形封石堆四角有立石"[45]。这不仅是匈奴墓葬封石堆规模和形状的描述，更是复原其原始形制的一种尝试。

П. Б. 科诺瓦洛夫在查拉姆墓地发掘的 18 座墓葬中，7 座墓葬封石堆为正方形或长方形、5 座为多边形、1 座为四边菱形。而伊里莫瓦墓地中有 5 座墓葬的封石堆为多面形、5 座为不规则形、1 座为方形[46]。虽然墓葬的地表封石堆形状有多种形制，但发掘者建议将其分为四边形（正方形和长方形）和多边形（圆形和椭圆形）两大类型。他进一步指出这里所指的多边形原可能为圆形或椭圆形，在被盗掘过程中其形状发生了变化，但值得注意的是，的确存在多边形封石堆结构较为明显的墓葬。

据 С. С. 米尼亚耶夫报道，德列斯依伊墓地未曾被盗掘且保持原始形制的墓葬中，不见圆形的封石堆。他认为发掘之前多数墓葬封石堆看似圆形并中间凹陷，是因为盗墓者将其中部石头向四方扔弃，后有些石头又填入盗坑而形成的[47]。除此之外，С. С. 米尼亚耶夫还观察到一个有意思的现象，即有些墓葬地表上立有石碑。例如，德列斯图依 M39 和 M45。这些石碑多用长条形石板制成，并立于墓葬北侧，大小相近。其中，M45 封石堆旁所立石碑发掘之前已露出地表之上，立于一块专门修整过的"石台"之上，其下挖一小洞，洞内空无一物。石碑高 165 厘米、宽 30 厘米、厚 15 厘米；M39 石碑顶部呈三角形，其宽面朝东、西两个方向。石碑高 120 厘米、宽 50～70 厘米、厚 15 厘米。石碑底部东侧设一石板制成的"祭台"，其下出土牛骨（肩胛骨等）和非匈奴时期陶器残块。上述 2 座立有石碑的墓葬墓主人均为男性。同时，类似立石碑的现象在其他一些墓葬中也可看到。德列斯图依 M77、M98 封石堆北侧和 M125 封石堆东侧发现与上述石碑相近的石板，发掘者推测这些石板原可能立于墓葬封石堆的一角[48]。

除此之外，С. С. 米尼亚耶夫的报道中还提到墓地被大面积揭露后，在个别墓葬之间发现直径为 8~10 厘米的木柱残留。虽然未能确定这些木柱的布局是否存在特定的规律，但它的发现至少能够说明原墓葬封石堆附近可能立有木杆或存在木质结构的设施[49]。德列斯图依墓地这些石碑的发现反映了其他地区的匈奴墓地（如果进行全面揭露的话）同样有存在类似现象的可能性。

我国学者对匈奴平民墓葬的封石堆亦有诸多描述，例如"圆形、圆圈形、椭圆形、圆形石围式、圆环形"[50]；"有一周石围，看似圆圈"[51]等。另外，还有一些报道中虽未提及具体地点，但记载有方形封石堆的墓葬。如 Ц. 道尔吉苏荣所述"那些用石头堆砌的封堆……其形制有方形和圆形两种，方形封石堆四角有立石"，而这种方形封石堆的墓葬多与"木椁墓"有关[52]。他介绍在诺彦乌拉山呼吉尔特山谷发掘的"安德烈耶夫"墓的形制时提到"该墓非大型墓葬，而是中型墓葬，墓坑不深，前面无墓道，有方形封石堆。这类墓葬被盗掘过程中，盗墓者将其封堆石头和填土向四处抛出，导致形成现在的形状"[53]。据我们掌握的资料，可知这类有方形封石堆墓葬的发现并非少数。从蒙古与韩国联合考古队发掘的莫林陶勒盖 M5 总平面图看，显然该墓封石堆呈矩形，其四边面向四方的正方向[54]（见图6）。另外，如同 Ц. 道尔吉苏荣所描述，该墓封石堆南部两角各立一块长石条[55]。据报道，该联合考古队在呼都根陶勒盖墓地发掘的 M4 和 M5 封石堆亦呈方形。

额金河流域布尔罕陶勒盖匈奴墓葬的地表封石堆看似有圆圈形和椭圆形等形制，但清理表土后发现有不少方形和多边形的外部结构。已绘制平面图的 85 座墓葬当中，35 座墓葬因地表封石堆相连分布，无法确认其原始的形制（包括 M46~54、M57~61、M65~69、M76~79、M81、M82、M84-2、M84-3、M84-4、M86~92）；28 座墓葬有四角向东、南、西、北四个正方向的长方形和正方形封石堆（见图7:1、2，包括 M1、M3~6、M11、M15、M20~23、M25、M28、M29~31、M34、M37~40、M74、M75、M83~85、M89、M95）；22 座墓葬的封石堆呈多边形或不规则状（见图8，包括 M2、M12~14、M18、M27、M29、M32、M33、M35、M36、M41、M42、M56、M63、M64、M70~73、M93、M94）。此外，额金河流域浩勒特斯特努嘎（见图7:3）、浑赫尔阿姆等墓地的墓葬也有四角朝向东、西、南、北方向的正方形封石堆[56]。根据以上资料，可以认为布尔罕陶勒盖及其他匈奴墓地的墓葬封石堆有两种基本形制：第一类，四角朝向东、西、南、北四个正方向

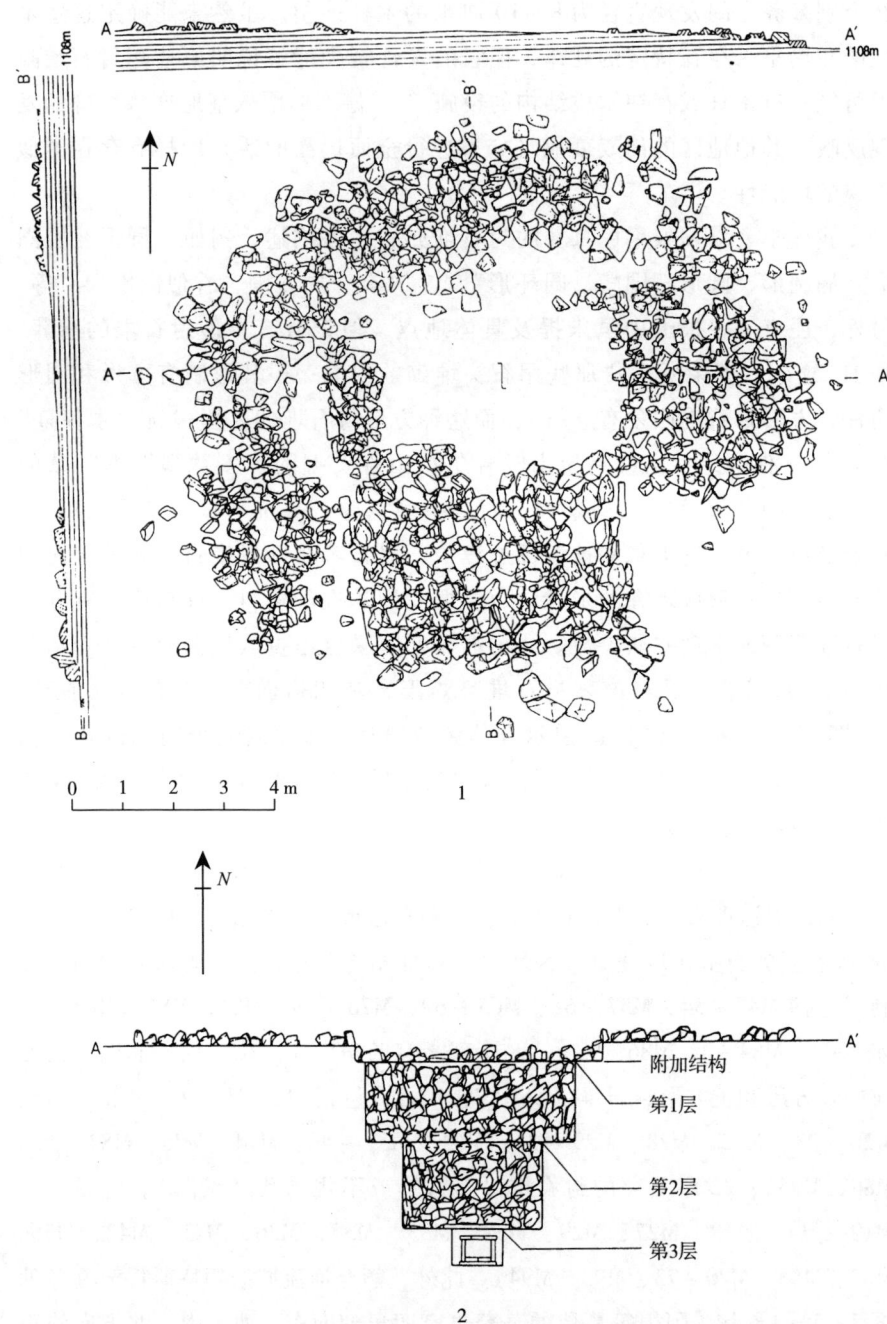

图 6 莫林陶勒盖 M5 封石堆及墓坑结构
1. M5 封石堆；2. 墓坑结构

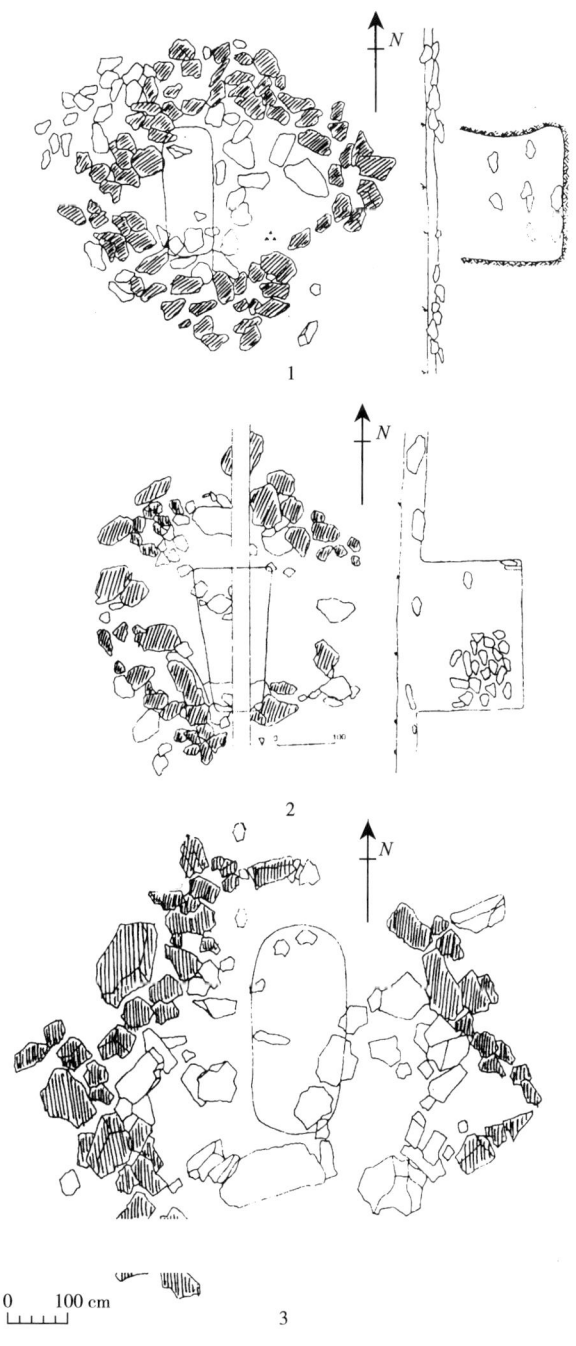

图7 额金河流域匈奴墓葬封石堆
1. 布尔罕陶勒盖 M3；2. 布尔罕陶勒盖 M6；3. 浩勒特斯特努嘎 M12

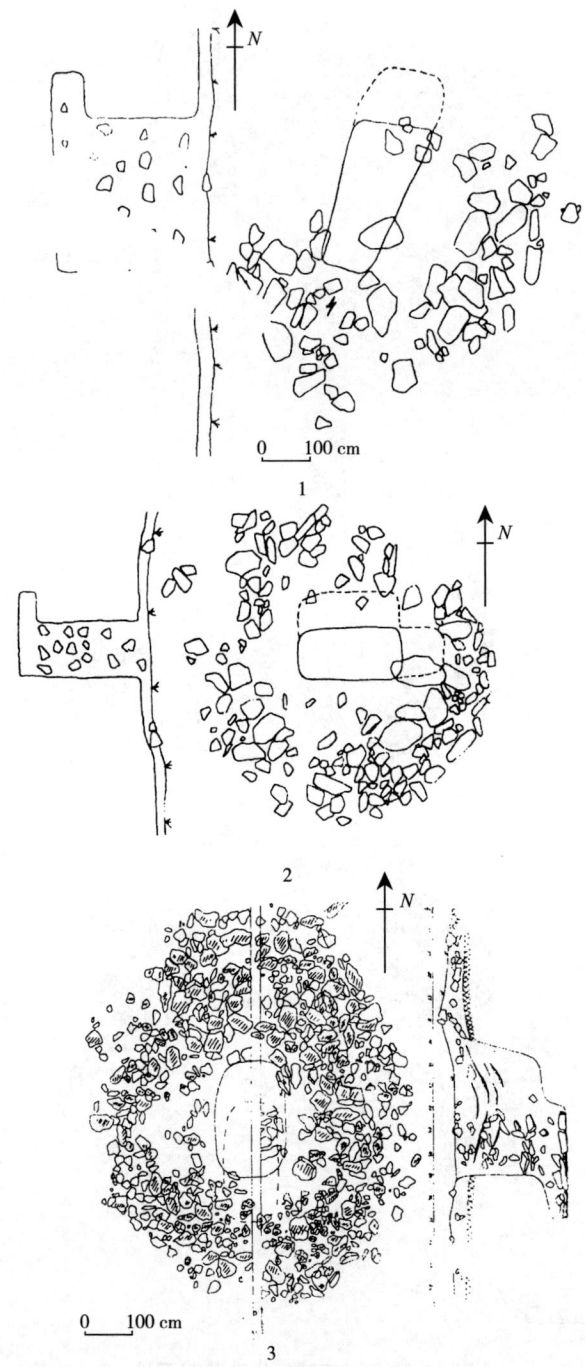

图 8 布尔罕陶勒盖墓地封石堆及墓坑形制
1. 布尔罕陶勒盖 M18；2. 布尔罕陶勒盖 M33；3. 布尔罕陶勒盖 M73

的长方形或正方形封石堆（占所能够辨认外部形制墓葬的56%）；第二类，多边形或被破坏后形成的圆形封石堆（占所能够辨认外部形制墓葬的44%）。这与外贝加尔地区匈奴墓葬封石堆形制各类型所占比例基本接近，所以可以认为这是匈奴墓葬外部结构方面客观存在的总体规律。虽然，上述墓葬由于多数被盗掘而外部结构发生变化，但我们尽可能通过仔细观察现存情况来复原其原始的形制。以布尔罕陶勒盖墓地为例，具有上述两种类型封石堆的匈奴墓葬之间，不存在墓主人年龄、性别及其埋葬方向等方面的差异，故目前尚无法对此做出相关结论。

P. H. 吉斯卡尔根据匈奴墓葬封石堆中心部分的形状将其外部结构分出四个类型，从匈奴墓葬现存地表形制看，这些类型确实是客观存在的。但是，大部分匈奴墓葬在被盗掘的过程中其形制发生了很大变化，若仅依靠观察被盗墓者扰动的地表结构去研究墓葬封石堆的原始形制是不可靠的。因为，尽管一些有方形封石堆的墓葬，其地表结构看似保存完好，但早期均已被盗掘。所以，封石堆中心有石头的墓葬和中心无石头且内凹的墓葬之间并无本质的区别，而这种地表形制的不同可能与每个墓葬在被盗掘时在外部结构上产生不同的变化有关。Ц. 道尔吉苏荣也认为"墓葬封石堆中部凹陷是因早期被盗掘所致，盗墓者将封石堆中间部分的土和石头向四面抛扔而导致其原状发生了变化"[57]。但也有学者持不同观点。Г. 额日格真参加布尔罕陶勒盖墓地发掘时曾指出"匈奴墓葬的封石堆可能原本就中部没有石头"。他认为墓坑内填满土后在地面堆成不高的封土，其周围用石头堆筑成圆圈形。长时间内，中间封土逐渐下沉而变成内凹的形状。他进一步指出用盗墓行为或中部石头下沉来解释匈奴墓葬封石堆中心没有石头的原因是值得商榷的，因为有些从未被扰动过的墓葬封石堆中部也没有石头，且墓坑填土中也无零散的石头[58]。

布尔罕陶勒盖墓地 M37 和 M38 封石堆中部下面发现两个相连的方形围墙，这是匈奴墓葬外部结构方面较为特殊的形制（见图9）。这两座墓葬都有一个封石堆，封石堆中部石头稀少，呈中部内凹的圆形，故发掘之前从地表上看像一座墓葬。但清理表土后经仔细观察发现了用长条石板镶嵌而成的两个相邻的方形石围，其内各有一东西向墓坑。该墓在一个封石堆下设两个墓坑，墓主人头部向东，可以说是匈奴墓葬当中比较独特的形制。另外，在方形封石堆下面有用石板镶嵌而成的方形石围，这一点与青铜时代石板墓的形制有些相似之处。甚至，更引人注意的是

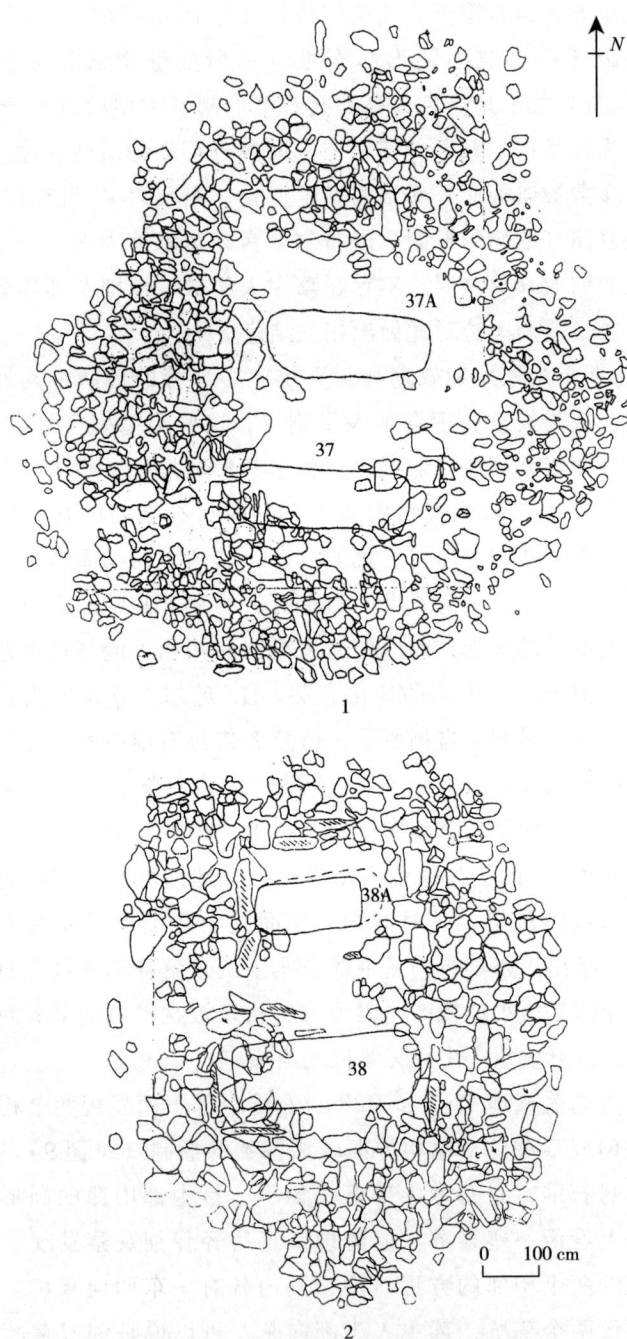

图 9 布尔罕陶勒盖墓地双人葬
1. 布尔罕陶勒盖 M37 与 M37A；2. 布尔罕陶勒 M38 与 M38A

该墓的方向为东向，也和石板墓的方向相同。因为目前发现的这类形制的墓葬数量并不多，所以暂时还不能列为匈奴墓葬的一种类型。但是，随着数量的增多，这类墓葬不仅将为匈奴墓葬形制类型方面增添新的内容，也会对研究青铜时代相关考古学文化与匈奴考古学文化之间的渊源关系提供重要的资料。

匈奴墓葬发现的石碑数量虽然不多，但它的确是匈奴丧葬制度重要的元素之一。这里值得一提的是布尔罕陶勒盖 M27 封石堆前发现的 60 厘米高的立石。当然，不能忽略这块立石在墓葬被盗掘时无意中被置于此处的可能性，但根据其体积远大于墓葬封石堆石头的特点，完全可以认为它是专门立于墓前的石碑。笔者在塔米尔乌兰和硕墓地发掘时，观察到有几座墓葬地表亦立有这类石碑的现象。在努赫特阿姆墓地几座墓葬的东侧几米处看到有 3 块浅黄色花岗岩制成的石碑，从北向南依次编号。其中，1 号碑高 72 厘米、宽 45 厘米、厚 28 厘米；2 号碑高 53 厘米、宽 35 厘米、厚 20 厘米，碑顶部呈三角形；3 号碑高 38 厘米、宽 30 厘米、厚 18 厘米。另外，笔者还在都拉嘎乌拉墓地有些墓葬的东侧或东南侧看到立有石碑的现象，其形制与上述两个墓地的石碑非常相似[59]。因此，墓前所立的石碑，即色日格（Сэргэ）① 是匈奴平民墓葬丧葬制度重要的元素之一。

我们所掌握的具有准确数据的 153 座墓葬，按其封石堆的直径大小可分为：3～5 米、5～8 米及 8 米以上三个等级。其中第一等级的墓葬有 32 座（21%），第二等级的墓葬有 99 座（65%），第三等级的墓葬有 22 座（14%）。从这里我们可以清楚地看到，匈奴墓葬封石堆的平均规格为 5～8 米。

根据墓葬大小不同，其封石堆的厚度在 40～60 厘米，而根据厚度的不同，其封石堆的层数亦不同，一般由 1～4 层石头堆积而成。

巴润海尔罕墓地 M1 封石堆南侧发现有 1.8 米×1.8 米的墓道，这是匈奴平民墓葬较为特殊的外部形制特征[60]。因为这种形制目前尚不见于其他墓葬，所以还不能将其视为匈奴平民墓葬外部形制的一种类型。但是，匈

---

① Сэргэ，音色日格，原指布里亚特蒙古族拴马桩，后其意转化为专指墓葬立的木桩或石碑。

奴贵族墓葬①中常见的墓道在平民墓葬中也有出现，这一点应引起关注，并在今后的工作中加以辨识和深入探索。

二　墓坑

墓坑是连接一个墓葬外部结构和内部结构的中间部分。过去，学者们对匈奴墓葬的墓坑进行了仔细的观察和深入的研究。А. В. 达维多娃发掘的伊沃尔加墓地所有墓葬墓主人均被安置在沙地上挖开的 0.15~2.55 米深的长方形竖穴土坑内。有的墓葬墓坑内靠近棺椁的位置设二层台，其上放置椁顶盖[61]。

П. Б. 科诺瓦洛夫发掘的伊里莫瓦墓地和查拉姆墓地所有墓葬均被盗掘，只留下墓坑底部的石椁部分。根据他的介绍，发掘过程中墓坑和盗坑能够清晰地辨认出来。从墓坑剖面看，规模较小的墓葬墓坑较浅，为竖穴土坑；而规模较大的墓葬墓坑也相对较深，为向内收敛的台阶式土坑[62]。这些墓葬墓坑平面呈长方形，深一般在 1.5~3.5 米，其中多数墓坑深为 2~2.5 米。墓坑的方向、大小与葬具的基本相同，但也有的墓坑与石椁之间留有较大的空隙。墓坑内出土了一定数量的石头，发掘者认为这些可能是原本就放置于墓坑内的，或者是从盗坑进入墓坑内的，总之无法复原其原来的形制。但是，查拉姆墓地发现的一座未被盗掘的墓葬（M54B）墓坑内的填石反映了匈奴墓葬墓坑内石椁顶部原设有用石头铺砌而成的椁顶盖[63]。

德列斯图依墓地的墓坑为圆角长方形，坑壁较挺直平整。墓坑的大小因墓葬地表结构与葬具的规格不同而有所差距，总体上墓坑长度、深度和宽度的比例为 1∶1∶0.5。从保存较好的墓葬来看，墓内安置死者后用墓坑原土（由沙土和黏土组成的原生土）进行回填，而有的墓葬墓口到墓坑内一半深的位置有 5~6 层填石，每层填石中间填土加固。这种墓坑内部填石结构在德列斯图依 M43 未被盗墓者扰动的南半部分保存得相对较好[64]。

据 Ц. 道尔吉苏荣介绍，"清理封石堆后在其下中部出现土石混合而成的长方形痕迹，这就是墓坑的开口部位。清理墓坑时一般出土灰烬、炭屑和腐

---

① 匈奴贵族墓葬，是指蒙古国境内和外贝加尔地区分布的带有长方形墓道的大型墓葬，中国考古学界称为"甲字形墓"。因这类墓葬规模较大、等级较高，外国学者认为其墓主人应是匈奴高等贵族，故称"贵族墓葬"。

朽的木头等遗物，在清理到2.5米深时会发现石质或木质的椁及木棺……普通平民的墓葬墓坑以土和石头填满"[65]。这是他对匈奴墓葬墓坑形制与布局结构方面做出的比较合理和准确的阐述，成为后来学者们描述匈奴墓葬墓坑形制时遵循的典范。

墓坑的深度与该墓封石堆的大小有直接的关系。换言之，封石堆的直径越大，墓坑就越深。

墓坑内有填石层的结构在蒙古国境内多数匈奴墓葬中均可见到。例如，巴嘎嘎扎尔朝鲁M1封石堆下面发现南北向的长方形墓坑，而木棺以上的墓坑内出现用石板平铺而成的八层填石。该墓墓坑头部结构因盗墓者扰动而失去原型，但墓坑足部结构保存完好，可以清晰地看到坑内填石的原始形制[66]。赫列克斯特壕莱M2墓坑内1.8米深处发现6块盖在棺顶山的石板[67]。莫林陶勒盖M5墓坑内填满了石头[68]。呼都根陶勒盖墓地多数墓葬也用大小不同的石块回填了墓坑[69]。匈奴墓葬墓坑内的填石均在被盗掘的过程中遭到了破坏，尤其是因为盗墓者多数从墓主人胸部位置掏挖进入墓室，所以墓坑上半部分的填石结构均未能保存下来。这种现象在布尔罕陶勒盖墓地所有墓葬中均有所体现。如布尔罕陶勒盖M6墓坑40厘米深处出现填石，这些填石层在墓坑南部较为密集，北部却很稀少[70]。显然，这些现象是因盗墓者从墓坑的北部进入墓室导致的。

匈奴墓葬的墓坑多为直壁的竖穴土坑，但也有少数内收的台阶式墓坑。例如，巴润海尔罕M1距木棺10厘米处的墓坑两侧设二层台，上面发现了横放的盖板残留[71]。莫林陶勒盖M5墓坑深为5米，其两侧设三层台阶，木棺顶部的盖板置于最下面的一层台阶上[72]。呼都根陶勒盖M3-1墓坑深为3.5米，距墓口0.7米深处起二层台。该墓地M4-2和M6-4墓坑设有同样的二层台阶①，只是因为这两座墓葬规模较小，其墓坑二层台距墓口只有0.1~0.2米[73]。

有的匈奴墓葬墓坑填土内发现有立石，这是与匈奴墓葬墓坑形制相关的一个特殊现象。这些立石为长条状，一般立于墓坑中部的填土和填石中，与墓坑内的填石有着明显的区别。巴润海尔罕M2墓坑中部立有1.2米高的立石[74]，布尔罕陶勒盖M1墓坑东北部0.35米深处发现高1米、宽

---

① 据文中所述，这类二层台阶距墓口较近，且距葬具较远，不同于巴润海尔罕M1和莫林陶勒盖M5墓坑的二层台，其用途应为放置棺顶盖板。

0.4米的扁平立石[75]。

特布希乌拉 M1 墓坑四壁涂抹青灰色的泥土[76]，这也是匈奴墓葬发现的特殊现象。据目前所发表的材料，其他已发掘的匈奴墓葬中未见类似发现。另外，呼都根陶勒盖 M4-2 墓坑底部铺一层细沙土[77]，同样不见于其他匈奴墓葬。

有的匈奴墓葬墓坑底部发现烧火的痕迹。例如，布尔罕陶勒盖 M5 墓坑北部发现烧火留下的黑色火烧面，清理墓坑填土时也有炭屑出土[78]。同样，M9 墓坑西部出土大量炭屑，并在墓坑北部发现火烧面[79]。M71 墓坑填土内也出土较多炭屑，墓坑东南部坑壁经火烧后呈艳红色[80]。另外，M72 墓坑内出土炭屑，M73 出土炭屑和烧焦的土块等[81]。达尔汗乌拉 M1、M2 和 M4 出土木炭和赭石[82]。除此之外，在布尔罕陶勒盖 M88 坑壁发现 5 厘米宽的镐类工具的痕迹[83]。

三 墓葬内部结构①

墓葬内部结构是指墓坑内专门为埋葬死者而设的石质或木质的葬具（见图10）。我们对匈奴平民墓葬的内部结构进行如下分类：

①石椁，分内有木棺的和内有木椁和木棺的；

②圆木椁，内有木棺；

③木棺；

④无葬具，墓主人置于墓坑内。

这看似与前文所述 Ц. 道尔吉苏荣的分类并无区别，但它最大的特点是充分体现了几种葬具的不同组合方式。除此之外，不能排除类似 A. B. 达维多娃提出的把死者直接置于地面上的特殊埋葬方式。下面对以上墓葬内部结构特点进行详细介绍。

1. 石椁

匈奴平民墓葬常见的葬具之一，一般沿墓坑四壁立砌一周长方形扁平石板，有的墓葬石椁内设木椁或木棺。石板紧贴墓坑坑壁的情况下，石椁上面会有石板顶盖，这一类型的葬具包括三个亚类。

---

① 指葬具，匈奴平民墓葬葬具包括石椁、木椁、木棺和头箱等，也有无葬具的墓葬。

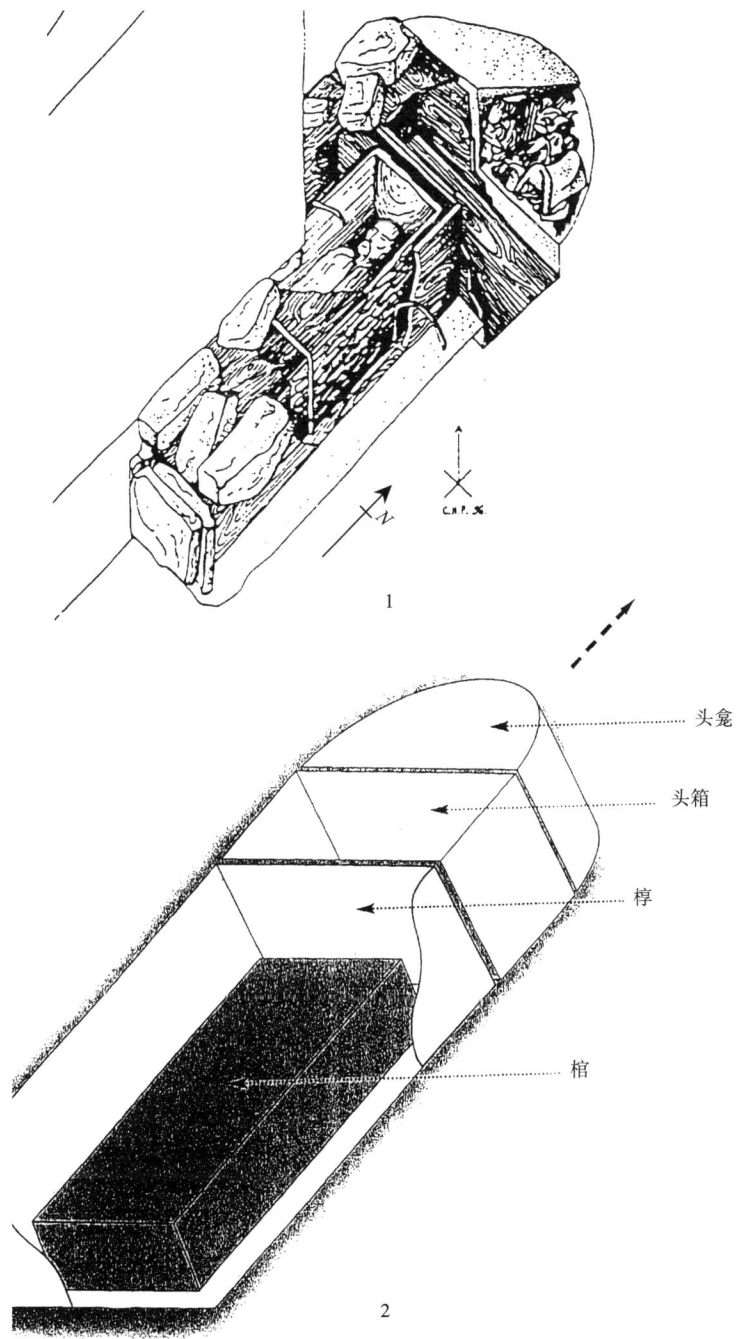

图 10　匈奴墓葬内部结构示意
1. 匈奴墓葬内部结构复原；2. 匈奴墓葬内部结构组成部分示意

(1) 单一的石椁

Ц. 道尔吉苏荣最早报道了这类葬具的匈奴墓葬。1956~1957 年，他在高勒毛都发掘的 26 座墓葬中有 13 座（50%）墓葬是石椁墓。另外，1955 年他在诺彦乌拉发掘的 5 座墓葬也属于这一类型。根据他的描述"这些墓葬距地表 1.5~2.5 米深的墓坑内设用中等规格的石板砌筑的长方形椁室，椁室长 1.8~2.0 米、宽 1.2~1.5 米，高度根据石板高度的不同而各异，一般在 0.2~0.5 米"[84]。根据他的描述，这些墓葬内并无二层木椁或木棺，而只有单一的石椁葬具。

П. Б. 科诺瓦洛夫虽然未把石椁列为葬具的一个类型，但从他绘制的墓葬线图看，德列斯图依、伊里莫瓦和查拉姆等墓地共有 10 座墓葬在木棺的外面设有石椁[85]。

伊沃尔加墓地只有 M149 发现石椁。据发掘者描述，这是一个"用未经加工的石板立砌而成的方形石椁"[86]。

П. Б. 科诺瓦洛夫和 С. С. 米尼亚耶夫等人的发掘资料显示，石椁是德列斯图依墓地重要的葬具类型之一。该墓地的石椁用 5~10 厘米厚的大型石板立筑，头部和足部用一块石板，而两侧用 2~3 块石板连接而成。墓坑坑壁和石椁之间的缝隙内一般会嵌入 1~2 排石块进行加固。多数椁室的石板直接立砌于墓坑底部原生土上，但也有立于墓坑底部平铺的石板之上的例子（德列斯图依 M58）。有的墓葬内体积较大的石板会镶嵌于墓坑底部 20~30 厘米深（德列斯图依 M43）。另外，还有的墓葬石椁上面设有椁顶盖。石椁长 200 厘米、宽 80 厘米、高 40~50 厘米[87]（见图 11）。

根据近年来我国境内匈奴平民墓葬的发掘材料来看，有不少墓葬有单一的石椁或石椁内含木质棺椁。有单一石椁的墓葬包括呼都根陶勒盖 M1，那伊玛陶勒盖 M18，布尔罕陶勒盖 M3（见图 12：1）、M4、M5、M6、M11、M12、M13、M16、M18A、M21、M53、M83A、M84、M84-2、M84-3、M84-4、M91、M92（见图 12：2），赫列克斯特壕莱 M2，莫林陶勒盖 M1、M2 等墓葬。这 23 座（占全部墓葬数量总和①的 13%）墓葬均形制简单、随葬品稀少，而有的则为儿童墓葬。其中，布尔罕陶勒盖 18 座墓葬中 5 座（28%）墓主人为男性、4 座为女性（22%）、9 座（50%）为儿童墓葬。这些墓葬墓主人头部均朝正北方向（附录 2）。

---

① 指本文所研究的 174 座匈奴平民墓葬，并非所有蒙古国境内的匈奴平民墓葬。

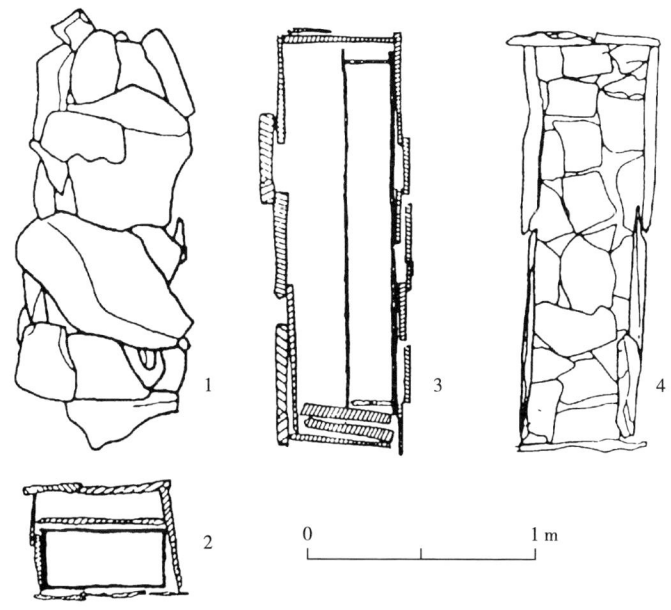

图 11　德列斯图依墓地石椁
1. 石椁顶盖平面；2、3. 石椁剖面；4. 石椁四壁与底面

（2）石椁内置木棺

这类墓葬有呼都根陶勒盖 M4-2，那伊玛陶勒盖 M5、M13、M15，布尔罕陶勒盖 M19、M25、M26、M28、M29B、M30、M37A、M40、M41、M49、M51、M54、M76、M79（见图 15：3）、M88，哈南哈达 M1，浩勒特斯特努嘎 M12（见图 13：1），浑赫尔阿姆 M1（见图 20：3），赫列克斯特壕莱 M5，莫林陶勒盖 M3，昌德曼乌拉 M29 等。同上述第一亚类相比，这 25 座（占全部墓葬数量总和的 14%）墓葬结构较为复杂，且少见儿童墓葬。以布尔罕陶勒盖 15 座墓葬为例，1 座墓主人为少年儿童（7%），1 座墓主人性别不明（7%），4 座墓主人为男性（其中 1 座墓主人与刚三岁儿童合葬，27%），9 座墓主人为女性（其中 1 座墓主人与刚出生婴儿合葬，60%）。这些墓葬墓主人的头向为北向和东向（附录 2），相比单一石椁墓，这类墓葬虽结构较复杂，但随葬品和殉牲稀少，墓主人主要为女性。

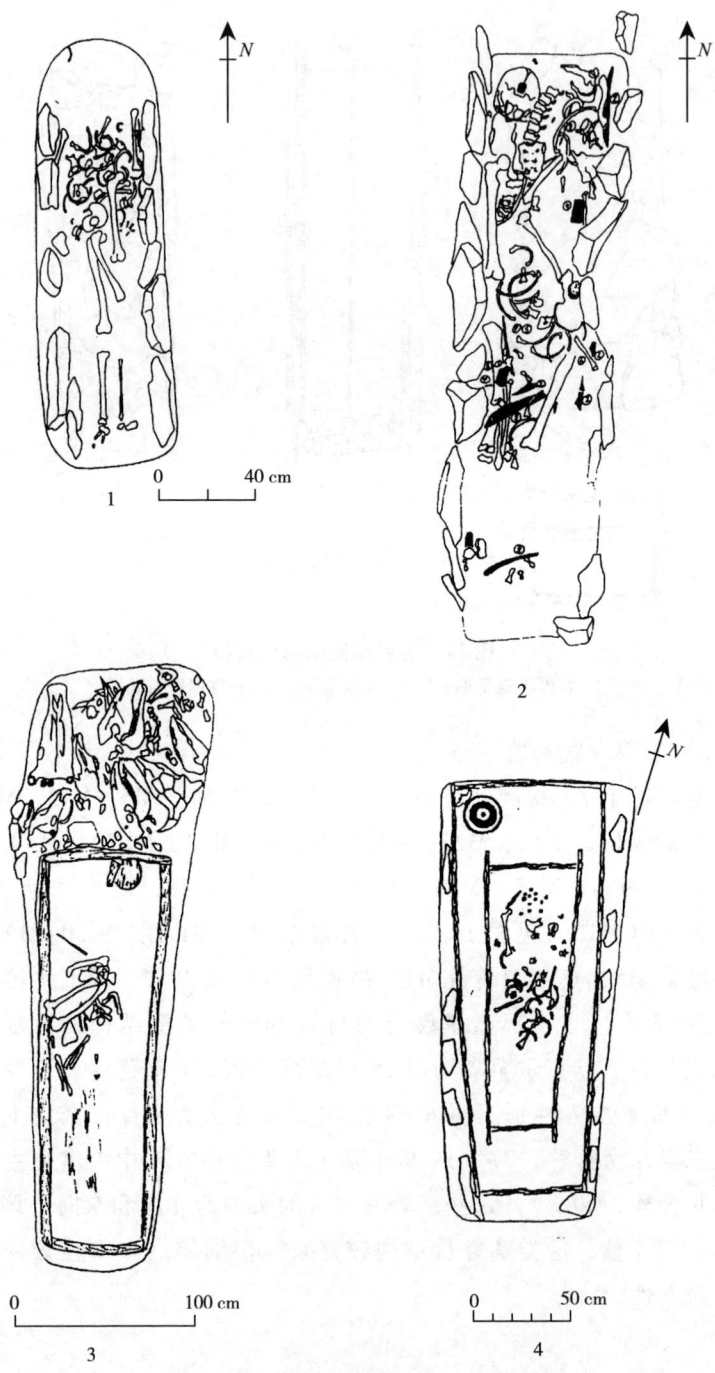

图 12　布尔罕陶勒盖墓地墓葬形制举例
1. 布尔罕陶勒盖 M3；2. 布尔罕陶勒盖 M92；3. 布尔罕陶勒盖 M18；4. 布尔罕陶勒盖 M9

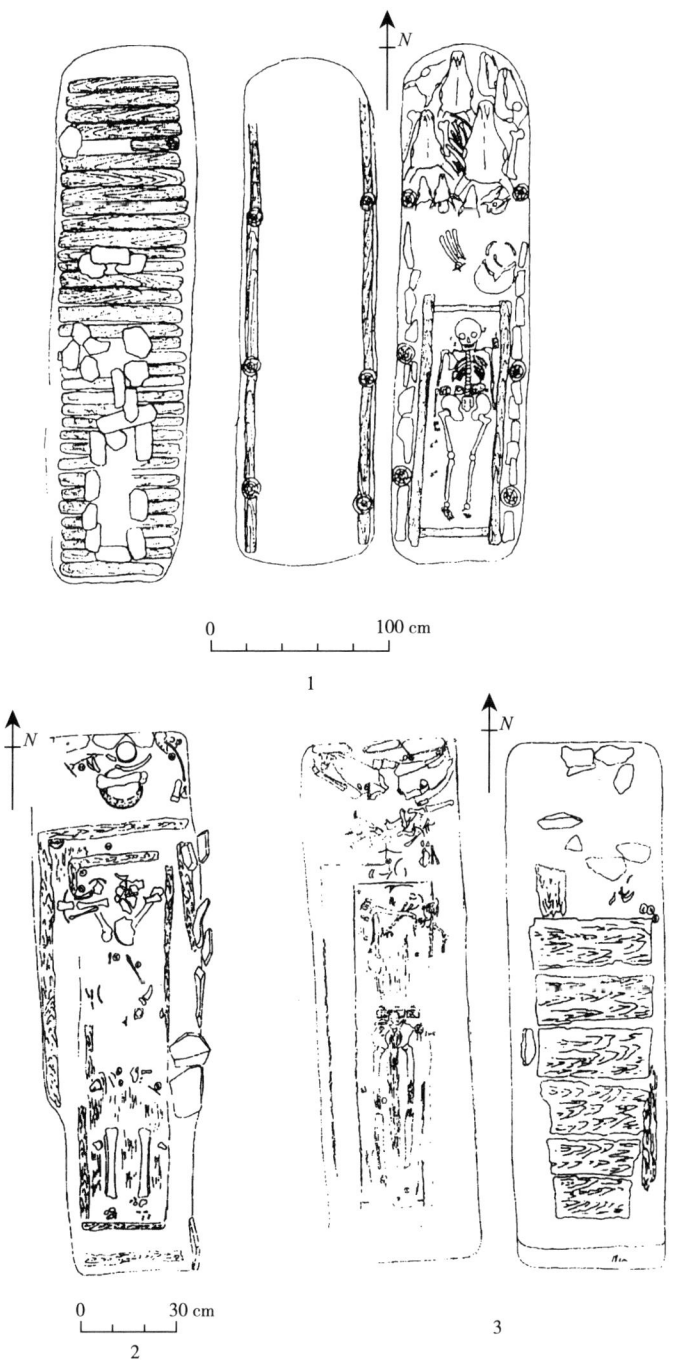

图 13　额金河流域匈奴墓葬葬具形制举例

1. 浩勒特斯特努嘎 M12；2. 布尔罕陶勒盖 M73；3. 布尔罕陶勒盖 M81

(3) 石椁内置木椁和木棺

近年发掘的匈奴墓葬当中只有布尔罕陶勒盖墓地发现这一亚类的墓葬，包括布尔罕陶勒盖 M9（见图 12：4）、M15（见图 15：1）、M20、M27（见图 15：2）、M34、M35、M36、M38、M43、M57、M59（见图 14：2）、M60（见图 14：1）、M63、M73（见图 13：2）、M75、M78、M81（见图 13：3）、M82、M83（见图 15：4）、M86、M87 等。这 21 座（占全部墓葬数量总和的 12%）墓葬结构较为复杂，墓坑较深，随葬品较丰富。这些墓葬当中 2 座墓主人性别不明（10%）、7 座墓主人为男性（33%）、10 座墓主人为女性（其中一座墓主人与儿童合葬，48%）、2 座为儿童墓葬（10%）。墓主人的头向为北向和东向（附录 2）。

综上所述，三个亚类的石椁墓共计 69 座（占全部墓葬数量总和的 40%）。与其他墓葬相比，这些墓葬内部结构相对较复杂，墓坑较深，地表封石堆较大。墓主人头向主要以北向和东向为主。这类墓葬分布范围较为广阔，主要集中在蒙古国中部、北部和西部地区。

2. 木椁

(1) 单一的木椁

木椁是指用 2~4 层圆木搭建的方形葬具，有的木椁用圆木或木板盖顶。前文已提到 Ю. Д. 塔里克-格林采维奇曾发掘这一类结构的墓葬，并首次将其推断为匈奴时期的墓葬。

Ц. 道尔吉苏荣亦将这类葬具称为"木椁"。他发掘的墓葬当中，1 座诺彦乌拉墓地、2 座高勒毛都墓地有这样的葬具。他发表的材料中写到有这种木椁的墓葬一般有方形封石堆，有的封石堆四角有立石，但未列举具体的墓葬。据介绍，这些墓葬封石堆以下 1.5~4.0 米深处有用 1~3 层较粗的圆木搭建的方形木椁，其四角榫卯结合。木椁形制和大小不等，一类为长方形，长 1~3.5 米、宽 0.4~2.0 米；另一类为头宽脚窄的梯形，长 1.75~3.0 米、宽 0.5~1.0 米[88]。

А. В. 达维多娃根据伊沃尔加墓地的资料，提出将用修整过的圆木搭建的葬具命名为"圆木椁"。相对于木棺而言，这些木椁保存较好，这对了解其形制、结构与固定方法等方面提供了可能性。根据有关现象判断，可知木椁应从最底部开始向上逐步搭建，首先墓坑底部平铺椁底板（由若干条木板组成，有的木板之间无缝连接，而有的则相互之间留有缝隙），然后在底板上开始搭建左右两侧长圆木，后再搭建头脚两侧短圆木，并将

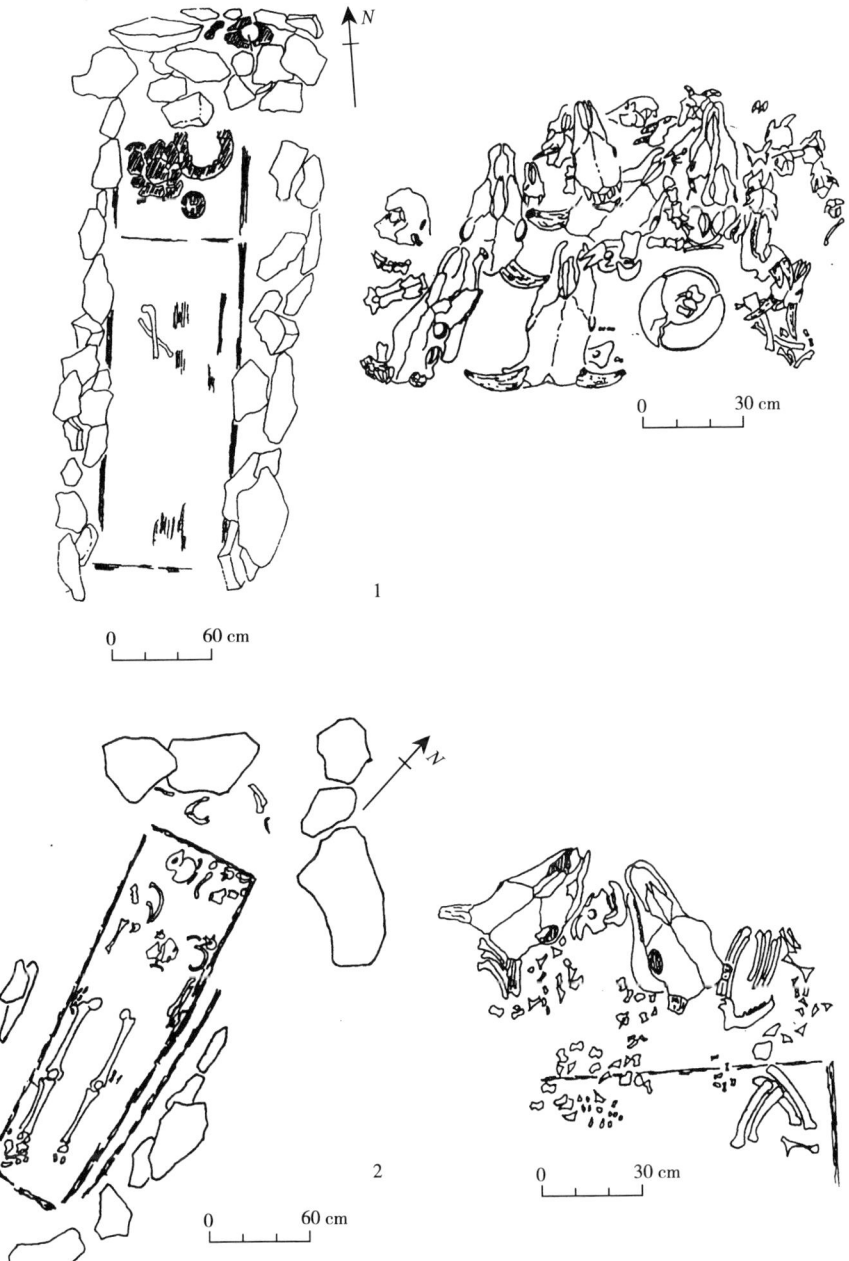

图 14　布尔罕陶勒盖墓地葬式与殉牲
1. 布尔罕陶勒盖 M60；2. 布尔罕陶勒盖 M59

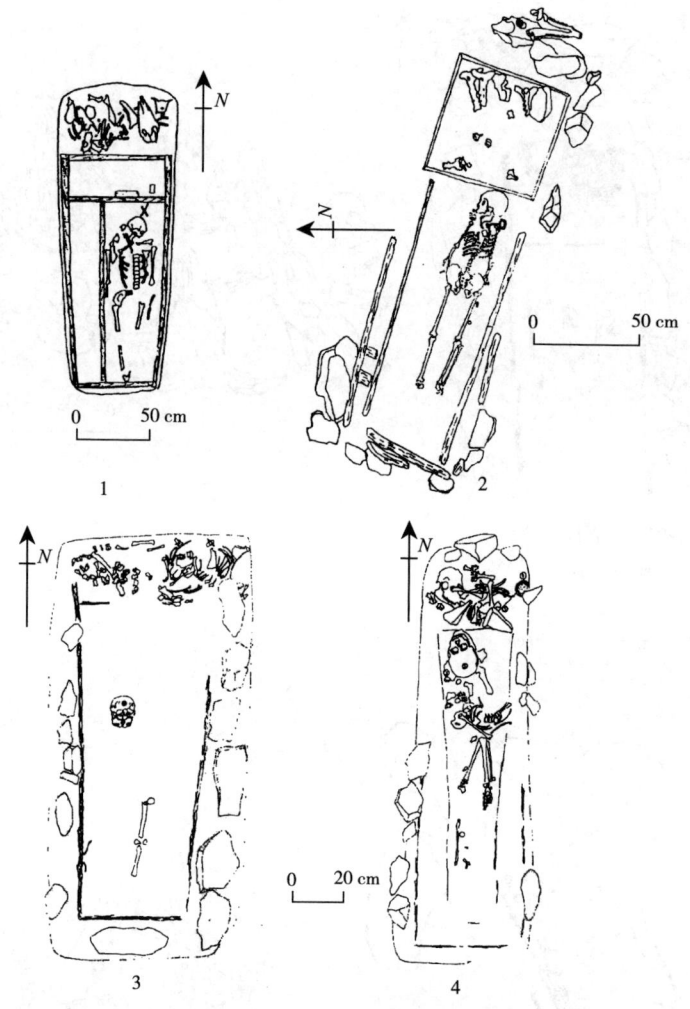

图 15　布尔罕陶勒盖墓地墓葬内部结构
1. 布尔罕陶勒盖 M15；2. 布尔罕陶勒盖 M27；3. 布尔罕陶勒盖 M79；4. 布尔罕陶勒盖 M83

四角以榫卯结合。木椁头部设头箱，其内放置供奉的食物和陶器等随葬物品（例如，伊沃尔加 M120、M158、M183、M185、M190 等）。达维多娃还指出相比木棺而言，木椁内设头箱的现象比较多见。另外，木椁顶部有横放的椁顶盖，主要有两种类型：①椁顶盖置于木椁四壁之上；②置于墓坑二层台上[89]。

从伊里莫瓦墓地和查拉姆墓地资料看，木椁已成为这两个墓地最普遍的葬具，这些墓葬的椁室由2~4层圆木搭建而成。П. Б. 科诺瓦洛夫认为这些木椁可能是在墓坑内组装建造的。他还注意到木椁内壁经过砍削进行平整，长短圆木以榫卯对接，木椁顶部有横放的顶盖。这种顶盖除了单一的木椁外还见于双重棺椁的椁室顶部。椁顶盖被盗墓者所破坏，但可以复原其原始形制。这些椁顶盖应是用相等宽度的木板制成，并横放于木椁边框之上。另外，有的墓葬可见纵向放置在木椁边框上面的椁顶盖。Г. П. 索斯诺夫斯基在伊里莫瓦发掘的 2 座墓葬发现"纵向放置于木椁边框上面的木板盖"。该墓地 M44 在纵向椁顶盖上面放一层横向的木板。П. Б. 科诺瓦洛夫发掘的匈奴墓葬中也曾遇到有两层顶盖的木椁，其中上层盖板为横向，下层盖板为纵向[90]。他还认为 Ю. Д. 塔里克-格林采维奇所描述的木椁底部有底板的说法与实际情况不符，木椁直接立于墓坑底部原生土上，而椁室底部发现的木板应为木棺的底板。另外，木棺的规格一般小于木椁，所以两者之间往往会形成一个空隙，这里一般放置一些随葬物品[91]。

匈奴墓葬中偶尔会出现用较细的圆木搭建的特殊结构的木椁，椁内无棺，用圆木把椁室分为三间，墓主人置于其中间的部分。А. П. 奥克拉德尼科夫和 П. Б. 科诺瓦洛夫在查拉姆墓地的发掘中各发现 1 座有这类结构椁室的墓葬。另外，П. Б. 科诺瓦洛夫在伊里莫瓦墓地发掘的墓葬中有 5 座墓葬有类似形制的木椁[92]。

С. С. 米尼亚耶夫发掘的德列斯图依墓地的墓葬，木椁用直径为 20~25 厘米的圆木搭建，一般为 3~4 层，木椁高 50~70 厘米、长 350 厘米、宽 150 厘米。木椁四角的圆木以榫卯结合，无其他固定的痕迹。墓坑四壁与木椁边框之间的空隙用填石加固。木椁顶部位为由 14~16 块长条木板横向并排形成的椁顶盖，每一块木板的宽度为 18~20 厘米。椁底板也用类似横向或纵向并列平铺的木板制成。木椁边框与顶盖、底板之间未做专门的加固（见图 16）[93]。

匈奴墓葬木质葬具多数腐朽严重，有时仅存少量灰痕，导致无法辨认木椁和木棺。据近年来蒙古国境内匈奴墓葬的发掘资料来看，只有布尔罕陶勒盖 M42 见有单一木椁的葬具。该墓木椁现宽 0.9 米，内葬一名 20 岁以上女性。

（2）木椁内置木椁的双重葬具

这样的双重葬具在匈奴墓葬中较为常见。前文已提到这类葬具的墓葬首先由 Г. П. 索斯诺夫斯基发掘和介绍。С. С. 米尼亚耶夫曾认为这类双重

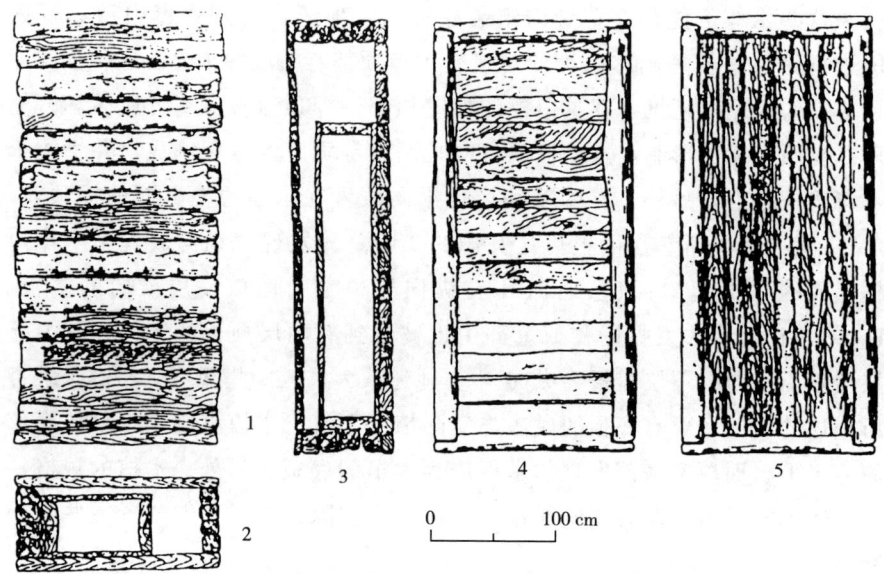

图 16　德列斯图依墓地木棺椁

1. 木椁顶部平面图；2、3. 木棺椁剖面图；4. 有横向木底板的椁；5. 有纵向木底板的椁

葬具的墓葬有着最具复杂的结构[94]。

蒙古国境内匈奴墓葬当中有双重棺椁的主要包括塔米尔乌兰和硕M7，额沃根特 M1，布尔罕陶勒盖 M1、M8、M10、M18、M23、M31、M32A、M37、M39、M64、M65、M66、M67、M70、M71、M72、M77、M85、M95，赫列克斯特壕莱 M4（见图 17），达尔汗乌拉 M2、M4 等。这 24 座墓葬不仅规格较大、形制复杂，而且随葬品也较为丰富。墓主人头向也以东和北向为主。根据人骨鉴定和随葬品特征，可知这些墓葬墓主人中 11 例为男性（46%，其中有 1 例与婴儿合葬，1 例与另一个人合葬），11 例为女性（46%，其中有 1 例与比她年龄小的男性合葬，1 例与新生婴儿合葬），2 例性别不明（2%）。从这里可以看出使用这类葬具的墓葬墓主人以成年人为主，性别方面男性和女性皆有，并且可能用婴儿或异性青年人殉葬。

3. 木棺

这里指的木棺是指置于墓坑内的单一的木板棺葬具。Ц. 道尔吉苏荣曾提出在蒙古国发掘的匈奴墓葬当中还未出现这类只有单一木棺葬具的墓葬[95]。而 Ю. Д. 塔里克－格林采维奇在德列斯图依发掘的 26 座墓葬中有 9

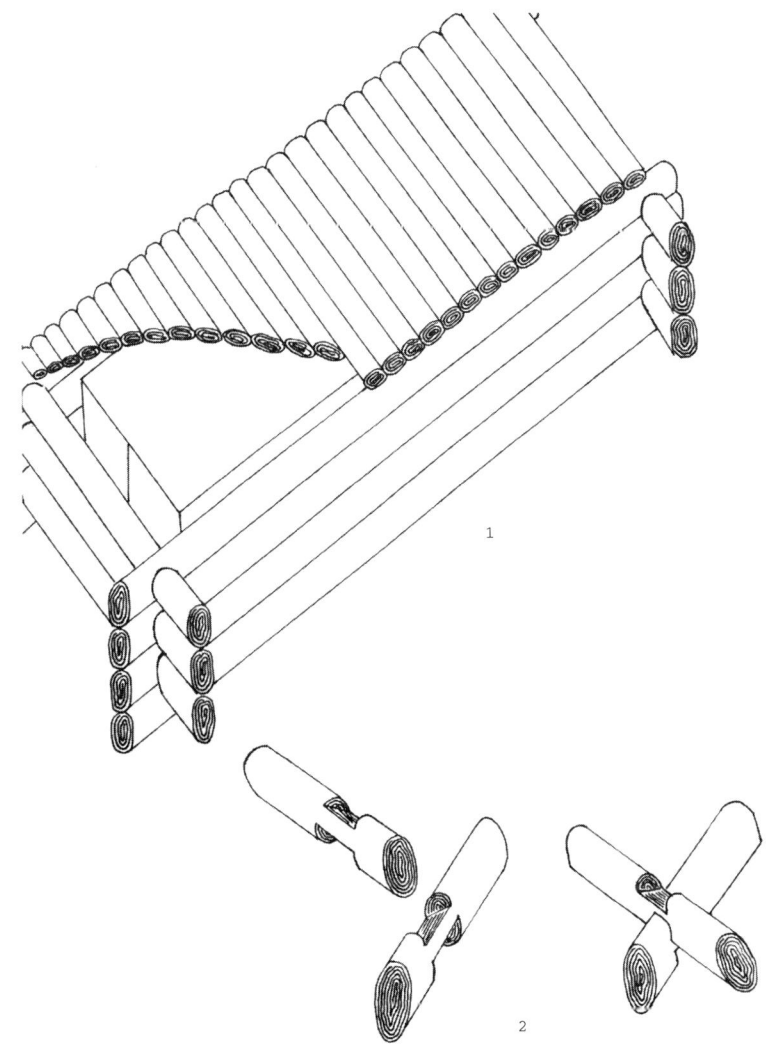

图 17　赫列克斯特壕莱 M4 棺椁复原
1. 木棺椁；2. 木椁四角衔接方式示意

座为木棺墓。这些墓葬一般距封石堆 0.5~1.5 米深时开始出现木棺。根据形制和大小，可将这些木棺分为两种类型：一类为头部和足部等宽的长方形木棺，长 1.75~2.0 米、宽 0.3~0.35 米；另一类为头部和足部不等宽的梯形或圆角方形木棺，长 1.9~3.0 米、头部宽 0.58~1.75 米、足部宽 0.45~1.5 米[96]。发掘者认为这类以木棺为葬具的墓葬年代为 5~6 世纪。

这类只有单一木棺葬具的墓葬发现最多的是在伊沃尔加墓地[97]，该墓地木棺，用薄木板制成，置于墓坑底部，木棺底部和顶盖木板有横向和纵向两类。多数木棺腐朽严重，只留下灰痕，但也可以了解大致的形制。例如，伊沃尔加 M25 和 M138 等墓葬木棺头部空间设有头箱，其内放置殉牲和陶器等遗物[98]。

据 П. Б. 科诺瓦洛夫介绍，匈奴墓葬木棺所用材料一般为普通木材，棺的四壁用单层木板，而木棺底板和顶盖则用 2～3 层木板制成。木棺四壁用榫卯咬合，其中头部和足部短棺板两端设榫，左右两侧长棺板两端设卯。木棺一般置于两个横放的木桩之上。Г. П. 索斯诺夫斯基在查拉姆谷发掘的 2 座墓葬在木棺底部发现了铺垫的松子、松针和枝条。与双重木棺相比，这类单棺葬具的墓葬数量相对较少。据统计，在查拉姆墓地，Г. П. 索斯诺夫斯基发掘的 11 座墓葬中有 1 座为单棺葬，П. Б. 科诺瓦洛夫发掘的 15 座墓葬中有 3 座为单棺葬。此外，П. Б. 科诺瓦洛夫在伊里莫瓦墓地发掘的 18 座墓葬中有 4 座为单棺葬[99]。

С. С. 米尼亚耶夫在德列斯图依墓地发掘时发现了大量有单一木棺葬具的墓葬。他根据木棺组成部分的数量、规格及制作工艺等将这些木棺分为若干类型[100]。他认为木棺的长短与墓主人的年龄有一定的关系。成年人的木棺一般长 200 厘米、宽 50 厘米、高 30～40 厘米，制作木棺用的木板宽 25～30 厘米、厚 4～5 厘米。木棺四壁同样用榫卯结合，其中头部和足部短棺板两端设榫，左右两侧长棺板两端设卯。德列斯图依墓地的木棺包括以下几个类型。

①长方形木棺，底部有 2～3 块木板组成的纵向棺底板，无顶盖板。但根据墓主人尸骨上发现的有机物，可判断木棺上原用毛毡或皮革类覆盖。

②长方形木棺，有顶盖板和底板，盖板有一层横向、双层横纵向等多样形制。另外还有三层盖板。多数情况下，顶盖板和棺底板用燕尾榫加固。

③外有木椁的木棺，这类木棺用 10 厘米厚的木板制成，木棺四壁挡板之间以榫卯结合，有的再用木楔进行加固，棺底板和盖板之间以燕尾榫和暗榫固定（见图 18、图 19），结构最为复杂。另外，盖板和底板木板之间也有用线绳连接的情况。这些墓葬多数木棺直接置于墓坑底部的原生土上。但特殊的例子是，该墓地 M14 木棺底部发现 1～2 个横放的木桩。

据我们已掌握的资料，只有单一木棺的墓葬有索勒碧乌拉 M1；呼都根陶勒盖 M2、M3-1、M6-4；塔米尔乌兰和硕 M6；那伊玛陶勒盖 M7、M12、M14；布尔罕陶勒盖 M29、M32、M33、M33A、M38A、M47、M56、M58、

M61、M68、M74、M93；赫列克斯特壕莱 M1、M3；达尔汗乌拉 M1、M3、M5、M6；巴嘎嘎扎尔朝鲁 M1；特布希乌拉 M1、M2、M3、M7、M8、M16、M20；塔尔巴哈太 M1、M2；莫林陶勒盖 M5；巴润海尔罕 M1、M2；努赫特阿姆 M2；苏勒陶勒盖 M1；都拉嘎乌拉 M66 等。上述墓葬共计 42 座（占全部墓葬数量总和的 24%），可知单一木棺是匈奴墓葬最为常见的内部形制之一。

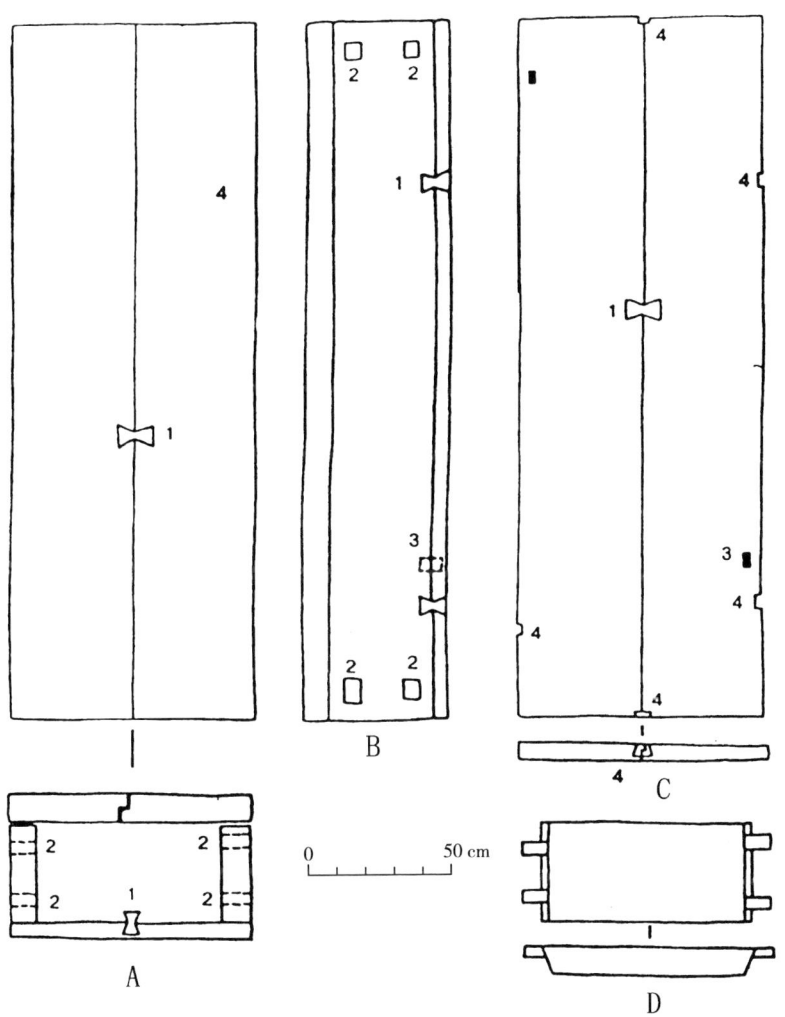

图 18　德列斯图依墓地墓葬木棺结构复原
A. 木棺顶部平面和头部剖面；B. 东侧棺板平面；C. 底板平面和头部剖面；D. 木棺头部内侧平剖面
（细部：1. 亚腰型木楔；2. 卯孔；3. 暗卯孔；4. 亚腰型木楔孔）

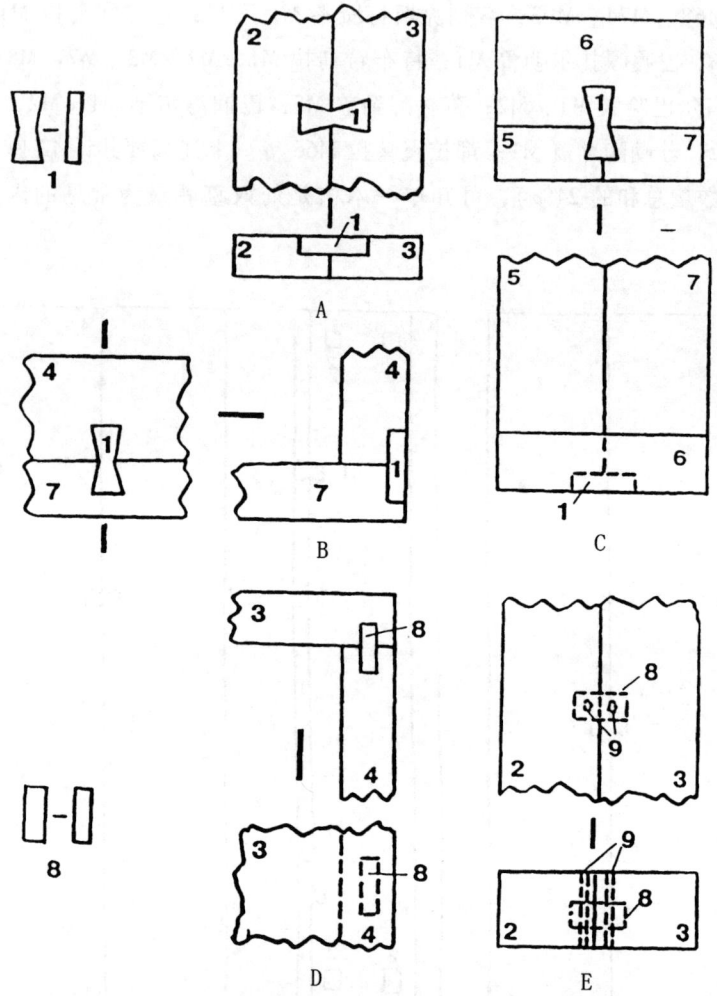

图 19　德列斯图依墓地墓葬棺板衔接方法示意

A. 棺顶盖板的衔接；B. 棺四壁与底板的衔接；C. 棺两端短板与底板的衔接；

D. 棺顶盖与四壁板的衔接；E. 顶盖板、底板之间的衔接

（细部：1. 亚腰型木楔；2、3. 棺顶盖板；4. 侧板；5、7. 底板；6. 头、脚部短板；8. 暗卯孔；9. 木楔）

根据人骨鉴定和随葬品特征，可知这些墓葬墓主人中 14 例为男性（33%，其中有 1 例与儿童合葬，1 例与年轻女性合葬）、13 例为女性（31%）、1 例为儿童（2%）、14 例性别不明（33%）。从这里可以看出使用这类葬具的墓葬墓主人以成年人为主，性别方面男性和女性皆有。从分布范围来看，这些已发现的单棺葬几乎遍布匈奴墓葬分布的所有区域。这类墓葬在殉牲和随葬品数量方面亦不是最丰富的墓葬。

4. 无葬具的墓葬

Ц. 道尔吉苏荣曾将这一类墓葬称为"无石椁、木椁和木棺等任何葬具的墓葬"。他在诺彦乌拉发掘的 5 座和在高勒毛都发掘的 11 座墓葬及 Ю. Д. 塔里克－格林采维奇在外贝加尔发掘的 50 座墓葬等均未发现任何葬具[101]，可见其数量相当可观。

伊沃尔加墓地也发现了少数无任何葬具的墓葬，这些墓葬一般将死者直接埋葬在不深（0.15~0.5 米）的墓坑内，墓主人葬式为仰身直肢。这样的墓葬在伊沃尔加墓地共发现 6 座（占所有伊沃尔加墓地 216 座墓葬的 2.7%）[102]。С. С. 米尼亚耶夫对德列斯图依墓地进行发掘时也发现一座这类墓葬（M51），该墓人骨上面发现一些有机物残留，发掘者推测原墓主人遗骨上用皮革、毛毡或树皮之类物覆盖[103]。

据我们掌握的资料，蒙古国境内发现此类无葬具的墓葬主要有索勒碧乌拉 M2，呼都根陶勒盖 M5 - 3，那伊玛陶勒盖 M6、M9、M16、M19、M20、M21，额沃根特 M2，布尔罕陶勒盖 M7、M14、M31A、M44、M4A、M48、M50、M52、M89、M90，奥尼特 M1，呼新胡特勒 M1，莫林陶勒盖 M4，努赫特阿姆 M23 等。与所属墓地其他墓葬相比，上述 23 座墓葬在殉牲和随葬品方面最为稀少。例如，布尔罕陶勒盖发现的此类墓葬未见任何随葬物品。另外，布尔罕陶勒盖 10 座此类墓葬中的 5 座集中分布在墓地的西北边缘。这些墓葬墓坑深为 0.65~3.0 米，且多数在 2 米以下。其中，1 座墓葬为东向，2 座墓葬为南向，而其余墓葬均为北向。墓主人年龄和性别方面，2 例为男性（占性别明确墓主人 18%），9 例为女性（82%，其中 1 例与一名儿童合葬），另外 12 例性别不明。根据以上数据，我们可以清楚地看到这类墓葬中主要埋葬女性死者。

值得一提的一座特殊的墓葬是布尔罕陶勒盖 M90。该墓位于整个墓地东北部，揭取地表封石堆向下清理时墓坑内未见填石，距地表 1.6 米深处出现人骨。墓主人为一名 30 岁以上女性，其葬式为俯身葬，方向为西南，但头骨却置于墓坑东北的墓主人足部。另外，考古人员在墓主人左腿胫骨附近发现两块相连的颈椎骨，推测其头部被砍下后丢弃在这里。从墓主人尸骨的形态看，凶手可能故意杀害死者后把其头部砍下置于脚部，并将其俯身埋葬。墓主人的埋葬方式与典型匈奴墓葬完全相反，出现这样的埋葬现象可能与当时的特殊礼仪有关[104]。

第三节　葬式与方向

一　葬式

埋葬死者的方式是丧葬制度研究的重要内容之一。埋葬方式的形成并不是随意的和毫无章法的，而是有着深远的文化传统，起着阐明一个考古学文化面貌重要因素的作用。由于墓主人的年龄、性别、身份地位及死亡原因等因素的不同，丧葬方式也存在诸多类型。但总体上，这是整个丧葬制度中相对固定的内容之一。

我们所掌握的174座墓葬人骨（体质人类学）材料中，75座墓葬墓主人性别不明，37座为男性，45座为女性，13座为儿童，3座为男女合葬墓。

伊沃尔加墓地216座墓葬中发现244具人骨，其中195具为成年人，49具为儿童。189座墓葬为单人葬，占绝大多数，26座为二人葬或三人葬（其中18座为成年人和儿童合葬，8座为成年人合葬）。所有双人合葬墓当中，合葬的两个墓主人尸骨均不在原位，这可能与盗墓行为有关。例如，M136为一座儿童墓，但在墓坑内发现了两个成年人个体的骨骼碎块[105]。从以上资料看，墓主人葬式均为仰身直肢，双臂直放于身体两侧。但有一个例外是，M173墓主人为一名成年女性，葬式为侧身屈肢，身体向东北倾斜，右手叠放于胸前，右手肱骨置于胸部，尺骨、掌骨和指骨等散落在骶骨附近。双腿膝盖并拢，右腿胫骨横放在左腿之上[106]。这种特殊的葬式在伊沃尔加墓地中较为罕见，而在其他墓地也从未出现。

除此之外，该墓地有的墓葬墓主人手臂和腿部骨骼的位置存在一些怪异的现象：

——左腿置于右腿上，右手掌骨和指骨位于骶骨上（M3）；

——右手掌骨在骶骨下面，左手掌骨却在骶骨上面（M88）；

——左手掌骨在骶骨下面，右手掌骨却在骶骨上面（M119）；

——双手掌骨均在骶骨下面（M100）；

——右手臂置于骶、盆骨之上，左手却沿身体伸直（M187）等。

这些特殊葬式的形成原因尚不明确，但可以肯定的是这与墓主人性别没有直接联系[107]。

据 П. Б. 科诺瓦洛夫分析，虽然多数墓葬因被盗掘而使墓主人尸骨失去原位形态，但一部分骨骼仍在原位上，所以墓主人的葬式与方向并不难确定。这里手臂和腿部骨骼保持原位的较为多见，偶尔还会遇到脊骨保持着原位形态，而多数情况下不见墓主人头骨。科诺瓦洛夫主持发掘的墓葬葬式多为仰身直肢，双臂沿身体两侧平放，个别情况下还有双手放在腹部或腰部[108]。和伊沃尔加墓地相同的是，伊里莫瓦与查拉姆墓地丧葬形式与墓主人年龄和性别不存在任何关系。

德列斯图依墓地未被盗掘的墓葬可见墓主人侧身直肢的葬式。一些被盗掘却局部人骨保持原位的墓葬中仍能看到上述葬式，但是，该类墓地中也存在一些较为特殊的情况。例如，德列斯图依 M129 墓主人为一名女性，其葬式为左面侧卧、双腿卷曲置于胸前，而掌骨位于墓主人鼻前，指骨却被压在头骨下面。墓主人腿骨附近发现了铁环和皮带残块，故推测墓主人下葬时双手可能被束缚着[109]。一些被盗掘的墓葬内，存在部分人骨部位遗失或混杂的现象，主要包括：

①无跖骨（M102、M117、M122）；
②跖骨远离人骨主体部分（M106、M107、M109）；
③无趾骨（M120）；
④跖骨分散混乱（M112、M114）；
⑤跖骨破碎（M120）；
⑥无胫骨（M117）；
⑦左右手腕骨相互混杂（M88）；
⑧右肱骨与右尺骨关节骨相互混杂（M122）；
⑨颈骨位于盆骨附近（M87、M126）；
⑩肋骨与掌骨、腕骨相互混杂（M87）；
⑪右肱骨和左盆骨骨折（M126）等。

另外，M44 墓主人头骨发现由锐器打击所形成的菱形穿孔。上述发现特殊葬式现象的墓葬，墓主人包括各年龄阶段的男性和女性[110]。可以理解为这些现象有的可能与墓主人受暴力手段死亡有关，而有的可能是后来受啮齿类动物扰动所造成的。

蒙古国学者自 Ц. 道尔吉苏荣一开始就注意到匈奴平民墓葬中有一种"侧身直肢"的丧葬形式[111]。本书所涉及的匈奴墓葬材料中这种"典型"葬式占主导地位。但应该注意也包含一些比较特殊的埋葬方式。

①布尔罕陶勒盖 M6，在 200 厘米深的墓坑内埋葬两个人（一男一女），右侧墓主人左腿盘放在右腿上，右手沿身体方向伸直，而左手骨骼

却因盗墓行为散落在墓坑填土中。左边的墓主人侧身，其臀部略跨过右侧墓主人胯部，右手置于腹部[112]（见图20：1）。

②布尔罕陶勒盖M90，墓主人为一名女性，葬式为俯身葬，而墓主人头部被割断置于脚部（见图20：2）。

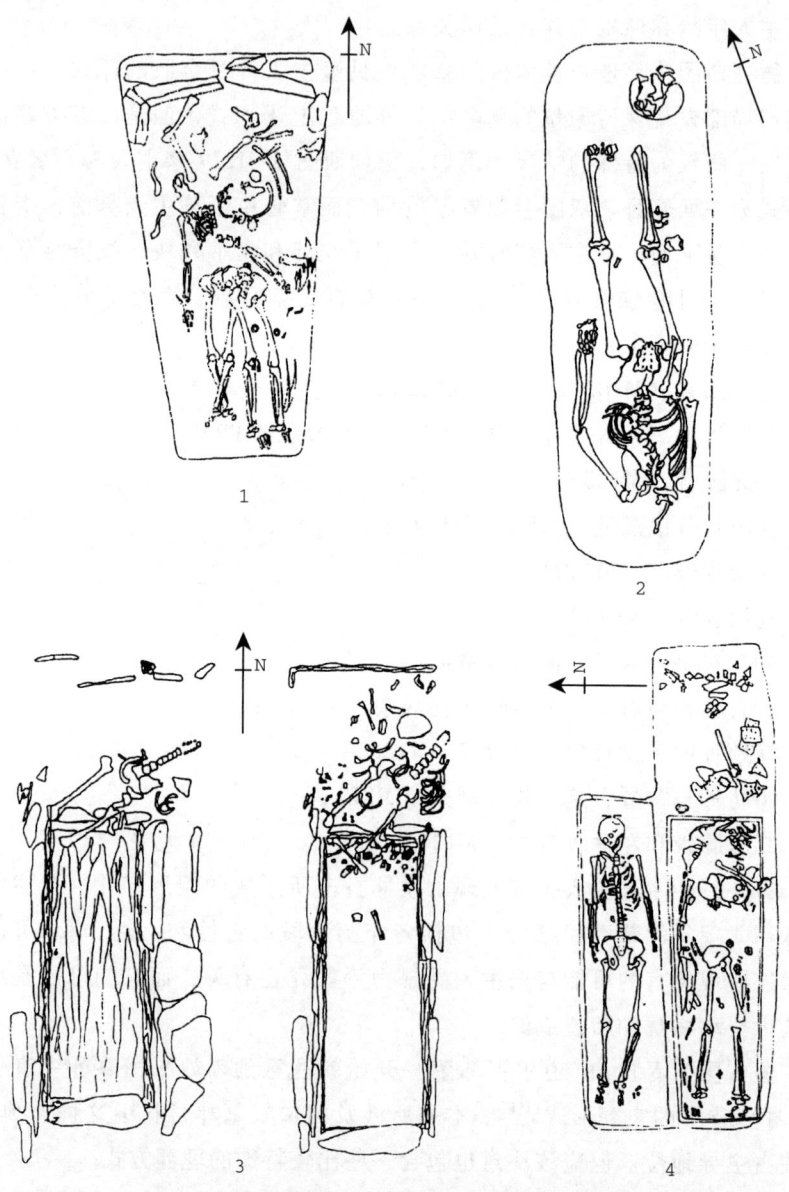

图20　额金河流域匈奴墓葬内部结构与葬式

1. 布尔罕陶勒盖M6；2. 布尔罕陶勒盖M90；3. 浑赫尔阿姆M1；4. 布尔罕陶勒盖M33

③莫林陶勒盖 M4，距封石堆下 260 厘米深处发现人骨，头朝北，左侧斜卧，双腿略曲[113]。根据该墓出土随葬品和牲畜骨骼等现象，可知墓主人可能为一名高龄女性。

④努赫特阿姆 M12，墓主人置于木板棺内，侧卧葬，双手放在腹部上，双腿平直[114]。

匈奴墓葬绝大多数为单人葬，但也有少数墓葬内发现两具或两具以上人骨的例子。但这里只有一具是真正墓主人，其他的均为因某种原因混杂进来的局部骨骼。值得注意的是，我们在这里所指的一个墓葬内发现多具人骨的情况和后面要讨论的双人或多人合葬墓是两个不同的概念。

本书所涉及的 174 座匈奴平民墓葬当中，布尔罕陶勒盖墓地有 12 座，莫林陶勒盖墓地有 1 座，两处墓地的平民墓葬占 174 座墓葬数量的 7%，墓葬内发现两具人骨。根据开展体质人类学研究相对好的布尔罕陶勒盖墓地数据来看，在所有 103 座墓葬当中有 12 座墓葬发现两具人骨，占整个墓地的 12%。无疑，以上数据表明这是一个值得关注的问题。下面让我们将这些案例一一列出，加以说明。

①布尔罕陶勒盖 M18，有圆木椁、木板棺和头箱（见图 12∶3）。在棺内发现一具 30 多岁男性和一具刚出生婴儿的骨骼，并在墓葬封石堆下面南部发现一座陪葬墓，墓主人为 1~2 岁儿童。

②布尔罕陶勒盖 M47，有木板棺，棺内发现一具 30~35 岁男性尸骨和一具不到 1 岁婴儿的尸骨。

③布尔罕陶勒盖 M48，无葬具，墓坑内发现一具 30 岁以上女性尸骨和一具 15~19 岁青年男性尸骨。

④布尔罕陶勒盖 M49，有石椁、木板棺，棺内发现一具 30 岁以上女性尸骨和一具刚出生婴儿尸骨。

⑤布尔罕陶勒盖 M54，有石椁、木板棺和头箱，棺内发现一具 25~30 岁男性尸骨和 3 岁儿童头骨和下颌骨。

⑥布尔罕陶勒盖 M59，有石椁、木椁、木棺和头箱，棺内发现一具 30 岁以上女性尸骨和一具 6 个月婴儿骨骼，而该婴儿其他骨骼在 M65 中也有出土。

⑦布尔罕陶勒盖 M65，有木椁、木板棺和头箱，棺内发现一具 30 岁以上男性尸骨和一具 6 个月的婴儿左脚骨骼。该婴儿右脚骨骼发现于旁邻的 M59 内。

⑧布尔罕陶勒盖 M67，有木椁和木棺，棺内发现一具 30 岁以上女性尸骨和一具 20~25 岁的男性下颌骨。

⑨布尔罕陶勒盖 M69，无葬具，只有头箱，出土一具 30 岁以上的男性尸骨和一具 2 岁左右儿童尸骨。

⑩布尔罕陶勒盖 M70，有木椁、木棺和头箱，棺内出土一具 60 岁以上男性尸骨和一具 30~40 岁人的尸骨。

⑪布尔罕陶勒盖 M83，有石椁、木椁和木棺（见图 15∶4），棺内发现一具 10 岁左右儿童和几个月大婴儿的骨骼，该墓北侧 1 米远处的 M83A 也发现 2~3 岁儿童尸骨。

⑫布尔罕陶勒盖 M85，有木椁和木棺，出土一具 30 岁以上女性尸骨和一具刚出生婴儿头骨，而不见女性墓主人头骨。

⑬莫林陶勒盖 M5，有木板棺，内发现一具 40 岁以上男性尸骨和一具 30 岁左右女性的尸骨。

在以上例子当中，有 4 座墓葬内发现两具成年人尸骨，1 座墓葬内发现两具儿童尸骨，其余 8 座墓均为成年人和儿童骨骼共出。成年人包括 7 名男性和 6 名女性。

德列斯图依墓地所有未被盗掘的墓葬均发现单人葬，而有些被盗掘的墓葬内出土了两具人骨。该墓地 M39、M77 和 M96 等出土成年男性和女性尸骨，而 M42 出土了成年女性和儿童尸骨。

从目前的研究水平来看，我们还无法确定这些现象是特殊的丧葬习俗还是一个墓葬中偶然混杂进来其他人骨的结构。但有一点可以明确的是，当时在儿童中存在着较高的死亡率。正如一些学者推测的那样，当时可能盛行二次葬习俗，有的儿童尸骨是在这个过程中被混进去的。但是，新生婴儿尸骨的出土使上述推测显得缺乏依据，这里还不无存在正如 A. B. 达维多娃推测的那样，是在盗墓的过程中被混杂进来的可能。

与丧葬方式有关的另一现象是，墓主人头部和足部下面的垫石，这种现象发现于都拉嘎乌拉墓地 M66 内[115]。类似的丧葬习俗也可见于青铜时代的石板墓文化当中[116]。

二 方向

墓葬内摆放墓主人的方向与该考古学文化人群丧葬习俗、宗教信仰、文化传统及环境条件等方面有着密切的关系。如果把丧葬制度看作一个包含各种因素的综合体,那么死者去往另一世界的方向是最主要的内容之一。

Ю. Д. 塔里克-格林采维奇、Г. П. 索斯诺夫斯、П. Б. 科诺瓦洛夫等人在伊里莫瓦墓地发掘的 59 座墓葬当中,墓主人头部朝北的有 30 座(50.8%),朝东北的有 24 座(41%),朝西北的有 1 座(2%),朝南的有 4 座(7%)。查拉姆墓地发掘的 20 座墓葬当中,墓主人头部朝北的有 10 座(50%),朝东北的有 9 座(45%),朝西北的有 1 座(5%)[117]。综合来看,两处墓地共 79 座墓葬当中,墓主人头向朝北的有 40 座(51%),朝东北的有 33 座(42%),朝西北的有 2 座(3%),朝南的有 4 座(5%)。所以,可以看出匈奴墓葬墓主人头部最常见的方向是正北,其次为东北[118]。

伊沃尔加墓地墓主人头向同样以正北和东北为主。数量上北向的墓葬占绝对优势,而其中多数为北略偏东向的墓葬。另外,该墓地发现 3 座墓主人头部朝南(东南或西南)的墓葬。从墓地总平面图上看,墓葬的方向与其在墓地中的位置没有任何联系。该墓地未见方向统一的墓葬组合[119]。

德列斯图依墓地墓主人头部方向以北向居多,少见北偏东的墓葬。这里有 2 座墓葬墓主人头向为西北,这是该墓地比较特殊的例子[120]。

Д. 策文道尔吉发掘的呼都根陶勒盖、索勒碧乌拉和那伊玛陶勒盖等墓地 15 座墓葬当中,10 座墓葬的墓主人头向已无法确认,有 3 座墓葬墓主人头向为东北,另有 2 座墓葬为西北。发掘者提出匈奴墓葬墓主人头向以北向为主,但也有少数墓葬的墓主人头向为东北或西北[121]。

综上所述,可知除伊沃尔加墓地外,多数匈奴平民墓地墓主人头向为正北、北偏东和北偏西三个基本方向。但从近年来在蒙古国地区的考古发掘资料来看,匈奴墓葬墓主人头向问题呈现出不同的特征。

从本书涉及的 22 处墓地材料看,有 9 处墓地墓主人头向以北向为主,同时也包括除西向以外的其他所有方向。这里能够辨认墓主人头向的 166 座墓葬当中,北向的有 97 座(58%),东北向的有 15 座(9%),西北向的有 21 座(13%),南向的有 3 座(2%),东(包括东南)向的有 30 座(18%)。这些方向大体可分为北向(含北偏东和北偏西,80%)、东和东南向(18%)、南向(2%)三大方向(见图 21)。从以上统计数据看,北向是匈奴平民墓葬墓主人头部主要方向,而东向在匈奴墓葬中亦占有较高的地位。

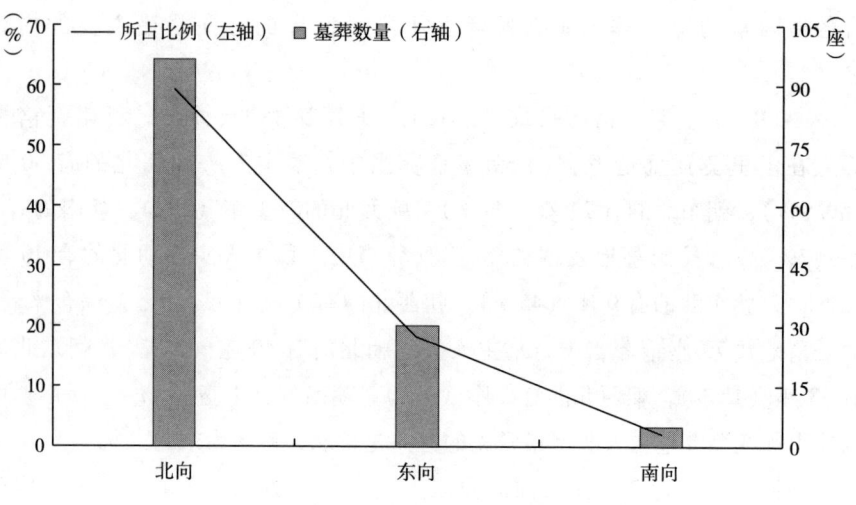

图 21　匈奴墓葬墓主人埋葬方向统计

第四节　儿童墓葬

匈奴平民墓葬当中偶尔会遇到为数不多的儿童墓葬。与成年人墓葬相比，这些儿童墓葬在丧葬习俗方面当然存在一定区别。如前所述，在当时匈奴社会里儿童死亡率之高是无可置疑的。尽管，现存史料中找不到关于匈奴儿童高死亡率方面的记载，但我们可以通过参照相同生存条件下的其他族群，尤其是 19 世纪末之前蒙古人的死亡情况，做出以上推断。

但是，就所有匈奴平民墓地而言，儿童墓葬的数量也并不算很多。这主要可能存在以下几个方面的原因：一是，考古人员并未对绝大多数匈奴墓地进行全面发掘，而是挑选了一些可能未被盗掘的墓葬，所以遗漏掉了一些地表结构不引人注意或无地表结构的儿童墓葬；二是，发掘方法不完善，导致未能确认封石堆之下或主墓旁侧的儿童墓葬；三是，人们不会像对成年人那样为死去的儿童修建坟墓，而是像后期的蒙古人一样按照特殊的习俗进行下葬；四是，出土人骨标本未经专业体质人类学专家仔细研究，而是考古人员通过简单目测来鉴定，导致失去了准确的信息等。

伊沃尔加墓地共发现 23 座儿童墓葬，占该墓地所有墓葬的 11%[122]，其中，墓主人头部向北的有 15 座，向东的有 6 座，向西的有 4 座，方向不明的有 26 座[123]。А. В. 达维多娃认为见于匈奴成年人墓葬中的等级和财富差距在儿童墓葬中也有所体现[124]。

德列斯图依墓地发掘的 130 座墓葬中有 17 座是儿童墓葬[125]。根据米尼亚耶夫介绍，这些墓葬是分布在较大的主墓葬周围的陪葬墓，墓主人可能均为向主墓墓主人（多数为男性）献祭而被故意杀害的儿童。这些儿童墓葬多数地表不见任何石头结构，除个别小块骨骼外，墓内几乎不见随葬物品和殉牲现象（见图 22：4）。

在此之前，蒙古国考古学者们只报道了两座儿童墓葬。

① Д. 策文道尔吉发掘的塔尔巴哈太 M1。该墓位于墓地东部偏中区域，分布在大小两座墓葬的西侧，地表为少量石块组成的圆圈形石堆，石堆中心为空，直径 3.6 米。墓坑约 1.98 米深处发现一具木板制成的棺，长 1.28 米、头部宽 0.4 米、足部宽 0.28 米、高 0.24 米，木棺内埋葬 6~7 岁儿童，头部朝北，仰身直肢。虽然该墓被盗掘或扰动，但墓主人左腿胫骨紧贴着木棺右壁，可能是其原位形态。墓内只出土一只小马驹的脊椎和蹄骨。该墓封石堆连接着另一座直径为 6 米的较大墓葬，墓内发现一名 60 多岁男性人骨。从出土的随葬品和殉牲看，该墓墓主人有着较高的身份地位[126]。

②蒙古与韩国联合考古队发掘的呼都根陶勒盖 M4。该墓在清理 M1 地表封石堆的过程中被发现，紧靠 M1 西北角，其封石堆规格为 2.5 米×1.5 米，墓坑为长方形，西北—东南向。墓坑 1.1 米深处出现石板墓顶盖，其下发现木棺，棺内出土 7 岁左右儿童尸骨。在木棺西侧特制的空间内出土了陶器和家畜的肩胛、股骨和肋骨等，在棺内南侧发现小铜刀和 2 枚玻璃珠[127]。

额金河流域布尔罕陶勒盖墓地 103 座墓葬中共发现 118 具人骨，其中 20 具为儿童（17%）。这个比例与伊沃尔加墓地的情况相近。这些儿童骨骼中，8 具在成年人墓葬发现，1 具出自另一个儿童墓葬中，而其余 11 具均出自独立的墓葬中。下面就对这些独立儿童墓葬的丧葬习俗方面进行简要叙述。

①M16：位于墓地东部，紧靠 M15 南侧。封石堆规格 3.4 米×3.9 米，墓坑深 1.6 米，墓坑内发现长 1.6 米、宽 0.4 米的石椁，内葬一名儿童。石椁头部外侧立石板隔开成一头箱，内出土马的趾骨等小块骨骼，除一件较扁平的铁器外，未发现其他随葬品（见图 22：2）。

②M18A：发现于 M18 封石堆下西南角，墓坑深 1.3 米，墓坑内发现长 1.05 米、宽 0.4 米的石椁，石椁内埋葬 2 岁儿童。石椁的头部外侧发现

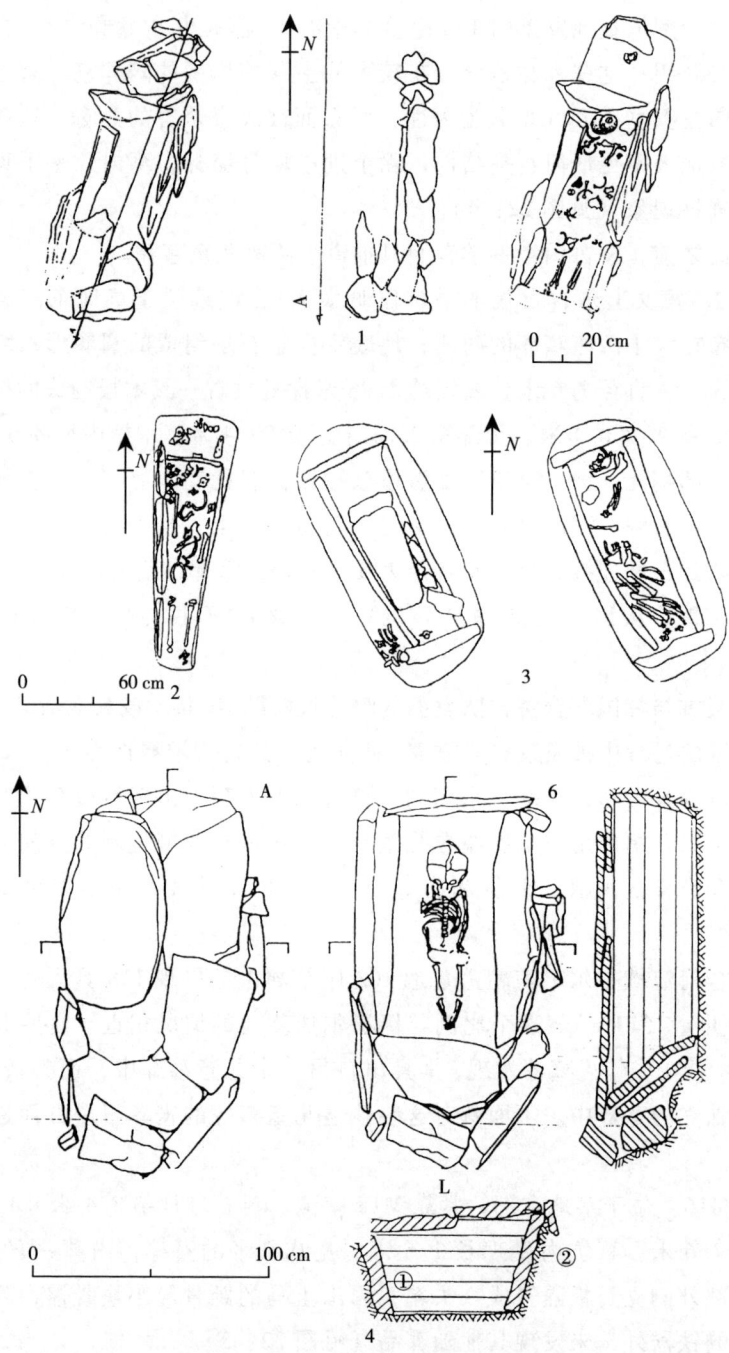

图 22　匈奴儿童墓葬
1. 布尔罕陶勒盖 M84；2. 布尔罕陶勒盖 M16；3. 布尔罕陶勒盖 M83A；4. 德列斯图依 M53

一只羊头和一件内装羊肋骨的陶器，不见其他遗物。

③M21：紧邻M20西侧。封石堆直径5米，墓坑内1.63米深处发现头部向北的长方形石椁，长1.4米、宽0.7米，石椁内埋葬着6~7岁儿童。墓内出土陶器、小石头串珠、铁器残块等遗物。

④M23：位于M22东侧3米处。封石堆直径4米，在墓坑1.12米深处发现长方形石椁，椁长1.4米、宽0.38米，椁内发现11岁儿童尸骨，无殉牲和随葬品。

⑤M35：紧邻M36东侧。封石堆直径6米，3米深处发现从外到内由石椁、木椁和木棺组成的三层葬具，内葬8~9岁的儿童。墓内出土4个马蹄、尾椎骨、牛胸骨、骨弓弭、骨筷子、银白色铜镜及铁带铐等遗物。

⑥M83A：位于M83封石堆北侧1米处。墓坑内0.3米深处置一石椁，长0.52米、宽0.26米，内葬一名2~3岁儿童，出土大型家畜下颌、脊椎及肋骨，未发现其他遗物（见图22：3）。

⑦M84：位于M85东南。由少量石块组成的封石堆，略呈方形，边长5.2米。墓坑0.6米深处发现石板制成的椁，内葬一名10岁左右的儿童。石椁内出土铁器残片、骨弓弭、铁箭镞，石椁头部外侧发现兽骨和铁刀等遗物（见图22：1）。

⑧M84-2：位于M84西南，由几块石头构成的封石堆，呈不规则状。墓坑0.5米处发现石椁，已损坏，长0.7米，内葬一名1个月左右的婴儿。无殉牲和随葬物品。

⑨M84-3：位于M84-2西南。墓坑内0.5米深处置一石椁，长0.95米、宽0.4米，内葬一名2~3岁儿童，出土少量陶片。

⑩M84-4：位于M84东南，墓坑深45厘米，坑底平铺一层石板，石板上置石椁，长0.78米、宽0.28米，内葬一名1岁儿童，石椁顶部发现陶器和牛头骨。

⑪M91：位于M86西北。封石堆直径6米，墓坑0.93米深处发现以石板制成的椁，内葬一名5~9岁儿童，无殉牲和随葬品。

⑫M83：位于M91西南。封石堆直径7米，墓坑深1.55米、长2.4米、宽0.8米，墓坑内置由石椁、木椁和木棺组合的葬具，棺内葬10岁左右的儿童，头部向北，同时伴出几个月大婴儿尸骨。墓内出土牛头、羊脊椎骨和骨筷子、陶器等遗物。

上述儿童墓葬可分为两种类型。第一类包括M16、M18A、M21、M23、

M35、M83A、M84、M84-2、M84-3、M84-4 等墓葬。这些儿童墓葬均位于成年人墓葬的封石堆之下或与其相连分布，故可称为陪葬墓。这些墓葬多数被盗掘或扰乱，墓主人尸骨相互混杂或遗失，不见明显使用暴力手段杀害的痕迹，但是有理由认为这些儿童可能是按照特殊的礼仪被陪葬的。总之，简单的墓葬结构（封石堆小、墓坑浅、只有石椁葬具）、少见的殉牲（只有牛头和羊骨）及少量的随葬品（陶器、铁刀、弓弭、石珠）等特点充分反映了这些儿童墓主人贫寒的身份地位。也许，他们生前可能属于社会最低阶层或其他被统治的部族成员。与第二类儿童墓葬相比，这种墓主身份特点尤为显著。第二类包括 M84 和 M83。从墓地布局来看，这两座墓葬具有明显的独立性。而墓主人虽为儿童，但其墓葬形制、殉牲及随葬品等方面呈现出与成年人墓葬相同的丧葬习俗特征。其中，M83 本身附带 1 座陪葬墓，足见其墓主人所属社会阶层和身份地位的不同一般。

第五节　双人合葬墓

虽然，匈奴平民墓葬以单人葬为多数，但也有少数双人合葬墓。这种合葬墓包括两种基本类型：①一个封石堆下有两个独立的墓坑，把死者分别埋葬。②在一个墓坑内并列放置两个墓主人。双人合葬墓虽不多见，但在匈奴丧葬制度中占据着重要地位，故下面列举几个类型加以说明。

一是就蒙古和外贝加尔地区匈奴墓地而言，一个封石堆下有两个独立的墓坑，把死者分别放在这两个墓坑内的双人葬类型只见于布尔罕陶勒盖墓地[128]。

①M31 和 M31A：位于墓地南部，封石堆直径 6.5 米，封石堆下有两个东西向的竖穴墓坑，南侧的编号为 M31，北侧的编号为 M31A。丧葬习俗详情如表 2-1 所示。

表 2-1　布尔罕陶勒盖 M31、M31A 丧葬习俗情况登记

墓号	规格（厘米×厘米）	形　制	人骨年龄、性别	殉牲	随葬品
M31	250×100	圆木椁、木板棺	25~30 岁男性	牛头	石串珠、骨筷、骨弓弭、铁环、铁箭镞、日月形铁饰件
M31A	170×75	无	20~30 岁男性	无	铁器残块

②M32 和 M32A：位于墓地南部。封石堆直径 7.5 米。封石堆下有两个东西向的竖穴墓坑，南侧的编号为 M32，北侧的编号为 M32A。丧葬习俗详情如表 2-2 所示。

表 2-2 布尔罕陶勒盖 M32、M32A 丧葬习俗情况登记

墓号	规格（厘米×厘米）	形 制	人骨年龄、性别	殉 牲	随葬品
M32	340×100	木板棺	15~19岁（女性？）	3头牛，1根牛犊脊椎骨、羊尾椎骨、牛头	鹿角、桦树皮器、铁器残片、陶片、骨筷子、兽骨
M32A	280×110	圆木椁、木板棺	20~25岁男性	牛头、下颌骨、4个蹄子、脊椎、尾椎、4根肋骨、羊尾椎骨	铁器残块、弓弭、铁箭镞、骨筷子、木碗残片

③M37 和 M37A：位于墓地南部。封石堆直径 14 米。封石堆下有两个东西向的竖穴墓坑，南侧的编号为 M37，北侧的编号为 M37A（见图9：1）。丧葬习俗详情如表 2-3 所示。

表 2-3 布尔罕陶勒盖 M37、M37A 丧葬习俗情况登记

墓号	规格（厘米×厘米）	形 制	人骨年龄、性别	殉 牲	随葬品
M37	285×120	圆木椁、木板棺	30岁以上男性	羊尾椎、牛头、马头、尾椎和软骨	弓弭、铁器遗留
M37A	280×110	石椁、木板棺	30岁以上女性	2个马头、1个牛头和3块鹿尾椎	铁箭镞、铁马衔、骨筷子

④M38 和 M38A：位于墓地南部。封石堆直径 11.5 米。封石堆下有两个东西向的竖穴墓坑，南侧的编号为 M38，北侧的编号为 M38A（见图9：2）。丧葬习俗详情如表 2-4 所示。

表 2-4 布尔罕陶勒盖 M38、M38A 丧葬习俗情况登记

墓号	规格（厘米×厘米）	形 制	人骨年龄、性别	殉 牲	随葬品
M38	400×140	石椁、圆木椁、木板棺	30岁以上男性	脊椎骨、大型家畜软骨、肋骨	2件陶器、2件弓弭、铁器残片、一双骨筷、一双节约
M38A	240×120	木板棺材和头龛	30岁以上女性	牛头和牛骨	铁器残片、2件穿孔石器、桦树皮器、骨筷

从以上表格数据可以看出一个封石堆下设两个墓坑的双人合葬墓，在丧葬习俗方面的一些共同特征：①这类合葬墓均位于墓地南部，而且相互比较接近。②这些墓墓主人头部均朝东向。③这类合葬墓墓主人一般为成年男性和女性。④男性墓主人一般位于南侧，即左侧，女性墓主人位于北侧，即右侧。⑤封石堆的规模大于匈奴平民墓葬的平均尺寸，这是因为封土堆下挖两个墓坑所导致。⑥墓坑的规模亦大于匈奴平民墓葬的平均尺寸，且男性墓葬的墓坑偏大于女性墓葬墓坑。⑦殉牲的数量多，部位的种类亦较为丰富，而一般情况下，合葬墓中一个墓葬内的殉牲数量较多于另一个墓葬。⑧随葬品的数量亦比较丰富，且同样一个墓葬内的数量多于另一个墓葬。

上述四个材料中，三座男性墓主人的墓葬随葬品比较丰富，墓葬结构比较复杂，因此可以认为这些合葬墓中女性墓是男性墓的陪葬墓。反之，M32和M32A中男性墓可能是女性墓的陪葬墓。总之，这类双人合葬墓是反映匈奴祭祀文化的一个很重要的资料。匈奴人不仅用儿童殉葬，同时也存在殉葬女性等习俗。

二是在一个墓坑内并列放置两个墓主人的合葬墓，见于那伊玛陶勒盖M11及布尔罕陶勒盖M6、M33和M33A。

①那伊玛陶勒盖M11：位于墓地东北角。封石堆直径14米，封石堆下墓坑内5米深处置一木椁，两个墓主人并列放置于木椁内，头朝西南。丧葬习俗详情如表2-5所示。

表2-5 那伊玛陶勒盖M11丧葬习俗情况登记

墓号	规格 （厘米×厘米）	形制	人骨性别	殉牲	随葬品
M11	260×140	圆木椁	男性和女性	羊肋骨、脊椎骨、肩胛骨、胯骨、牛肋骨	铁马衔、铁器残片、漆器残片

②布尔罕陶勒盖M6：位于墓地西部。有直径5米的石封丘。封石堆下墓坑内2米深处置一石椁，两个墓主人（一男一女）并列放置于石椁内，头朝正北。右侧墓主人左腿盘于右腿之上，右臂沿身体方向伸直，而左臂骨骼可能由于盗墓行为散落在墓坑填土中。左侧墓主人向左侧身，其臀部略跨过右侧墓主人腰胯部，右手置于胸前。丧葬习俗详情如表2-6所示。

表2-6 布尔罕陶勒盖M6丧葬习俗情况登记

墓号	规格 （厘米×厘米）	形 制	人骨性别	殉 牲	随葬品
M6	250×130	石椁	男性和女性	牛脊椎骨、肋骨	狍角器、狍角环、弓弭、铁箭镞、骨箭镞、铁环

③布尔罕陶勒盖M33和M33A：位于墓地南部。封石堆直径4.8米。封石堆下2米深处发现东西向墓坑（M33）（见图20：4），墓坑北壁有一向外挖开的偏洞式墓坑（M33A）。丧葬习俗详情如表2-7所示。

表2-7 布尔罕陶勒盖M33和M33A丧葬习俗情况登记

墓号	规格 （厘米×厘米）	形 制	人骨年龄、性别	殉 牲	随葬品
M33	280×75	木棺、头箱	40~45岁男性	大型家畜骨、肋骨、肢骨	带扣、串珠、骨角器3件、骨弓弭、勺子头的筷子、铁器残片、铁箭镞
M33A	190×50	木板棺材	30~40岁女性	无	漆耳杯铜柄、银白色铜镜残片

这是双人合葬墓的一种特殊类型。特别是作为陪葬墓的M33A尤为引人关注。该墓未发现殉牲的骨骼，而出土的一些随葬品也是外来文化遗物。其中，半月形铜耳椭圆形漆耳杯是在蒙古和中国北方地区匈奴墓里经常发现的源自南方①的遗物[129]。银白色的铜镜也是从汉地引进的物品。该墓女性墓主人的尸骨未经扰动，保存完好，但其舌根骨同殉牲的动物骨骼共出自M33祭祀箱内。这说明可能在该女性墓主人生前或死后割下其舌头，并放置在特定的位置，用于特殊的礼仪。这也是反映匈奴社会中流行陪葬或殉葬这一特殊丧葬习俗的有力证据。

注 释

[1] Данилов С. В., Михайлова Н. К. 1996 - Хунну в Бурятии. Карта археологических памятников хунну в Бурятии. У. - У., 1996.

---

① 这里"南方"指的是中国。

С. В. Даниловъ、Н. К. Михаиловъ：《布里亚特地区匈奴》，《布里亚特地区匈奴考古遗存的地图》，乌兰乌德，1996。

[2] Шульга П. И. 1991 - К вопросу о планировке могильников скифского времени на Алтае. - Скифо - Сибирский мир. Кемерово, 1991, с. 41 - 44.

П. И. 舒勒尕：《阿尔泰地区斯基泰墓葬的内部结构》，《斯基泰 - 西伯利亚世界》，克麦罗沃，1991，第 41~44 页。

[3] Талько - Грынцевич Ю. Д. 1898 - Суджинское доисторическое кладбище в Ильмовой Пади. - Труды Троицкосавского отделения Русского Географического Общества. 1898. т. I, вып. 2.

Ю. Д. 塔里克 - 格林采维奇：《伊里莫瓦山口苏吉地区史前墓地》，《俄罗斯地理协会特罗伊蒋克分支工作报告》第 1 卷第 2 册，1898。

[4] Миняев С. С. 1998 - Дырестуйский могильник. СПб., 1998.

С. С. 米尼亚耶夫：《德列斯图依墓地》，圣彼得堡，1998。

[5] Миняев С. С. 1998 - Дырестуйский могильник. СПб., 1998.

С. С. 米尼亚耶夫：《德列斯图依墓地》，圣彼得堡，1998，第 14 页。

[6] Шульга П. И. 1991 - К вопросу о планировке могильников скифского времени на Алтае. - Скифо - Сибирский мир. Кемерово, 1991, с. 41 - 44.

П. И. 舒勒尕：《阿尔泰地区斯基泰墓葬的内部结构》，《斯基泰 - 西伯利亚世界》，克麦罗沃，1991，第 41~44 页。

[7] Миняев С. С. 1998 - Дырестуйский могильник. СПб., 1998.

С. С. 米尼亚耶夫：《德列斯图依墓地》，圣彼得堡，1998，第 48、53、60 页。

[8] Миняев С. С. 1998 - Дырестуйский могильник. СПб., 1998.

С. С. 米尼亚耶夫：《德列斯图依墓地》，圣彼得堡，1998，第 48、60 页。

[9] Миняев С. С. 1998 - Дырестуйский могильник. СПб., 1998.

С. С. 米尼亚耶夫：《德列斯图依墓地》，圣彼得堡，1998，第 60 页。

[10] Миняев С. С. 1998 - Дырестуйский могильник. СПб., 1998.

С. С. 米尼亚耶夫：《德列斯图依墓地》，圣彼得堡，1998，第 69 页。

[11] Миняев С. С. 1998 - Дырестуйский могильник. СПб., 1998.

С. С. 米尼亚耶夫：《德列斯图依墓地》，圣彼得堡，1998，第 70 页。

[12] Коновалов П. Б. Хунну в Забайкалье (погребальные памятники). Улан - Удэ, 1976.

П. Б. 科诺瓦洛夫：《外贝加尔地区匈奴（墓葬遗存）》，乌兰乌德，1976。

[13] Миняев С. С. 1998 - Дырестуйский могильник. СПб., 1998.

С. С. 米尼亚耶夫：《德列斯图依墓地》，圣彼得堡，1998，第 70 页。

[14] Миняев С. С. 1998 - Дырестуйский могильник. СПб., 1998.

С. С.米尼亚耶夫：《德列斯图依墓地》，圣彼得堡，1998，第 71 页。

[15] Таскин. В. С. Материалы по истории Сюнну. (По китайским источникам). Автореф. дисс. к. и. н. М., ИНА. 1968. с. 40.

В. С. 塔什金：《匈奴历史资料》，莫斯科，1968，第 40 页。

[16] Миняев С. С. 1998 – Дырестуйский могильник. СПб., 1998.

С. С. 米尼亚耶夫：《德列斯图依墓地》，圣彼得堡，1998，第 71 页。

[17] Давыдова А. В. Иволгинский археологический комплекс. Иволгинский могильник. Том 2. – Археологические памятники сюнну. Вып. 2. СПб., 1996. с. 9.

А. В. 达维多娃：《伊沃尔加考古研究·伊沃尔加墓地 – 2》，《匈奴考古遗存》第 2 辑，圣彼得堡，1996，第 9 页。

[18] Keiser – Tracqui et al, 2003 – Christine Keiser – Tracqui, Eric Crubezy & Bertrand Ludes. Nuclear and Mitochondrial DNA Analysis of a 2000 – Year – Old Necropolis in the Egyin Gol Valley of Mongolia. – in. American Journal of Human Genetics. 73, 2003.

Ch. 克伊斯尔、E. 克鲁贝兹、B. 卢德思：《距今 2000 年蒙古国额金河谷墓地前核基因和线粒体 DNA 分析》，《美国人类遗传学杂志》，73，2003。

[19] Коновалов П. Б. Хунну в Забайкалье (погребальные памятники). Улан – Удэ, 1976.

П. Б. 科诺瓦洛夫：《外贝加尔地区匈奴（墓葬遗存)》，乌兰乌德，1976，第 150 页。

[20] Талько – Грынцевич Ю. Д. Древние аборигены Забайкалья в сравнении с современными инородцами. – Труды Троицкосавского отделения Русского Географического Общества. 1905, т. YIII, вып. 1. с. 68

Ю. Д. 塔里克 – 格林采维奇：《外贝加尔地区古代人群与现代人群的比较研究》，《俄罗斯地理协会特洛伊蒋克分支工作报告》第 8 卷第 1 册，1905，第 68 页。

[21] Сосновский Г. П. Дэрестуйский могильник. – Проблемы истории докапиталистических обществ. 1935, №1 – 2. с. 68

Г. П. 索斯诺夫斯基：《德列斯图依墓葬》，《资本主义以前的社会历史研究》，1935，第 1 ~ 2 页。

[22] Доржсрэн Ц. 1961 – Умард Хнн (эртний судлалын шинжилгээ). – SA. Tom. I, Fasc. 5, УБ., 1961. T. 14.

Ц. 道尔吉苏荣：《北匈奴（考古学研究)》，《考古研究》1961 年第 1 期，乌兰巴托，第 14 页。

[23] Доржсрэн Ц. 1961 – Умард Хнн (эртний судлалын шинжилгээ). – SA. Tom. I, Fasc. 5, УБ., 1961. T. 14.

Ц. 道尔吉苏荣：《北匈奴（考古学研究)》，《考古研究》1961 年第 1 期，乌兰巴托, 第 14~18 页。

[24] Коновалов П. Б. Хунну в Забайкалье (погребальные памятники). Улан - Удэ, 1976.

П. Б. 科诺瓦洛夫：《外贝加尔地区匈奴（墓葬遗存）》，乌兰乌德，1976，第 151 页。

[25] Коновалов П. Б. Хунну в Забайкалье (погребальные памятники). Улан - Удэ, 1976.

П. Б. 科诺瓦洛夫：《外贝加尔地区匈奴（墓葬遗存）》，乌兰乌德，1976，第 150 页。

[26] Коновалов П. Б. Хунну в Забайкалье (погребальные памятники). Улан - Удэ, 1976.

П. Б. 科诺瓦洛夫：《外贝加尔地区匈奴（墓葬遗存）》，乌兰乌德，1976，第 10~14 页。

[27] Коновалов П. Б. Хунну в Забайкалье (погребальные памятники). Улан - Удэ, 1976.

П. Б. 科诺瓦洛夫：《外贝加尔地区匈奴（墓葬遗存）》，乌兰乌德，1976，第 10 页。

[28] Миняев С. С. 1998 - Дырестуйский могильник. СПб., 1998.

С. С. 米尼亚耶夫：《德列斯图依墓地》，圣彼得堡，1998。

[29] Миняев С. С. 1998 - Дырестуйский могильник. СПб., 1998.

С. С. 米尼亚耶夫：《德列斯图依墓地》，圣彼得堡，1998，第 16 页。

[30] Миняев С. С. 1998 - Дырестуйский могильник. СПб., 1998.

С. С. 米尼亚耶夫：《德列斯图依墓地》，圣彼得堡，1998，第 16 页。

[31] Миняев С. С. 1998 - Дырестуйский могильник. СПб., 1998.

С. С. 米尼亚耶夫：《德列斯图依墓地》，圣彼得堡，1998，第 22~24 页。

[32] a. Цэвээндорж Д. 1987 - Хннгийн археологи. - Монголын археологи. SA. Tom. XII, УБ., 1987, т. 58 - 81.

Д. 策文道尔吉：《匈奴考古》，《考古研究》1987 年第 12 期，乌兰巴托，第 58~81 页。

b. Цэвээндорж Д. 1989 - Хиргист хоолой, Оньтолтын хнн булш. - SH. Tom. XXIII, Fasc. 8, УБ., 1989, т. 59 - 81.

Д. 策文道尔吉：《赫列克斯特壕莱、乌尼陶勒特匈奴墓葬》，《历史研究》1989 年第 23 期，乌兰巴托，第 59~81 页。

c. Цэвээндорж Д., Эрдели И. 1990 - Худгийн толгой, Солби уул, Наймаа толгойн хнн булш. - SH. Tom. XXIV, Fasc. 11, УБ., 1990, т. 105 - 129.

Д. 策文道尔吉、И. 额勒德耶利：《呼都根陶勒盖、索勒碧乌拉与那伊玛陶勒盖匈奴墓地》，《历史研究》1990 年第 24 期，乌兰巴托，第 105 ~ 129 页。

d. Цэвээндорж Д. 2000 – Бага газрын чулуу, Тарвагатай, Хшийн хтл, Баруун Хайрханы хнн булш. – SA. Tom. XX, Fasc. 5, УБ., 2000, т. 35 – 60.

Д. 策文道尔吉：《巴嘎嘎扎尔朝鲁、塔尔巴哈太、呼新胡特勒、巴润海尔罕匈奴墓地》，《考古研究》2000 年第 20 期，乌兰巴托，第 35 ~ 60 页。

[33] Giscard P. – H. Pratiques funeraires des Xiongnu. Travaux de la Mission Archeologiques Francaise en Mongolie realises durant les campagnes de 1998 et 1999 dans la necropole xiongnu d'Egiin Gol. EURASIAT, 2001. pp. 23 – 66.

P. H. 吉斯卡尔：《匈奴的葬仪：蒙古与法国考古队 1998 ~ 1999 年在额金河匈奴墓地进行的考察报告》，《欧亚研究》，2001，第 22 ~ 66 页。

[34] Giscard P. – H. Pratiques funeraires des Xiongnu. Travaux de la Mission Archeologiques Francaise en Mongolie realises durant les campagnes de 1998 et 1999 dans la necropole xiongnu d'Egiin Gol. EURASIAT, 2001. pp. 23 – 66.

P. H. 吉斯卡尔：《匈奴的葬仪：蒙古与法国考古队 1998 ~ 1999 年在额金河匈奴墓地进行的考察报告》，《欧亚研究》，2001，第 23 页。

[35] Giscard P. – H. Pratiques funeraires des Xiongnu. Travaux de la Mission Archeologiques Francaise en Mongolie realises durant les campagnes de 1998 et 1999 dans la necropole xiongnu d'Egiin Gol. EURASIAT, 2001. pp. 23 – 66.

P. H. 吉斯卡尔：《匈奴的葬仪：蒙古与法国考古队 1998 ~ 1999 年在额金河匈奴墓地进行的考察报告》，《欧亚研究》，2001，第 42 ~ 66 页。

[36] Трбат Ц., Амартвшин Ч., Эрдэнэбат У. 2003 – Эгийн голын сав нутаг дахь архео-логийн дурсгалууд. УБ., 2003.

Ц. 图尔巴特、Ч. 阿玛尔图布新、У. 额尔顿巴特：《额金河流域考古学文化遗存》，乌兰巴托，2003。

[37] Трбат Ц., Амартвшин Ч., Эрдэнэбат У. 2003 – Эгийн голын сав нутаг дахь архео-логийн дурсгалууд. УБ., 2003.

Ц. 图尔巴特、Ч. 阿玛尔图布新、У. 额尔顿巴特：《额金河流域考古学文化遗存》，乌兰巴托，2003，第 100 页。

[38] Шульга П. И. 1991 – К вопросу о планировке могильников скифского времени на Алтае. – Скифо – Сибирский мир. Кемерово, 1991, с. 42.

П. И. 舒勒尕：《阿尔泰地区斯基泰墓葬的内部结构》，《斯基泰 – 西伯利亚世界》，克麦罗沃，1991，第 42 页。

[39] Шульга П. И. 1991 – К вопросу о планировке могильников скифского времени на Алтае. – Скифо – Сибирский мир. Кемерово, 1991, с. 42.

П. И. Шульгэ：《阿尔泰地区斯基泰墓葬的内部结构》，《斯基泰－西伯利亚世界》，克麦罗沃，1991，第42页。

[40] Давыдова А. В. Иволгинский археологический комплекс. Иволгинский могильник. Том 2. – Археологические памятники сюнну. Вып. 2. СПб．，1996，с. 6.

А. В. 达维多娃：《伊沃尔加考古研究·伊沃尔加墓地－2》，《匈奴考古遗存》第2辑，圣彼得堡，1996，第6页。

[41] Миняев С. С. 1998 – Дырестуйский могильник. СПб．，1998.

С. С. 米尼亚耶夫：《德列斯图依墓地》，圣彼得堡，1998，第14页。

[42] У Энь，1990 – Лунь сюнну каогу яньцзючжундэ цзигэ вэньти. – Каогу шюэбао. 1990，№4，т. 409 – 437.

乌恩：《论匈奴考古研究中的几个问题》，《考古学报》1990年第4期，第88页。

[43] a. Талько – Грынцевич Ю. Д. 1898 – Суджинское доисторическое кладбище в Ильмовой Пади. – Труды Троицкосавского отделения Русского Географического Общества. 1898，т. I，вып. 2.

Ю. Д. 塔里克－格林采维奇：《伊里莫瓦山口苏吉地区史前墓地》，《俄罗斯地理协会特罗伊蒋克分支工作报告》第1卷第2册，1898，第43页。

b. Талько – Грынцевич Ю. Д. Древние аборигены Забайкалья в сравнении с современными инородцами. – Труды Троицкосавского отделения Русского Географического Общества. 1905，т. YIII，вып. 1. с. 9.

Ю. Д. 塔里克－格林采维奇：《外贝加尔地区古代人群与现代人群的比较研究》，《俄罗斯地理协会特洛伊蒋克分支工作报告》第8卷第1册，1905，第9页。

[44] Коновалов П. Б. Хунну в Забайкалье（погребальные памятники）. Улан－Удэ，1976.

П. Б. 科诺瓦洛夫：《外贝加尔地区匈奴（墓葬遗存）》，乌兰乌德，1976，第151页。

[45] Доржсрэн Ц. 1961 – Умард Хнн（эртний судлалын шинжилгээ）. – SA. Tom. I，Fasc. 5，УБ．，1961，T. 14.

Ц. 道尔吉苏荣：《北匈奴（考古学研究）》，《考古研究》1961年第1期，乌兰巴托，第14页。

[46] Коновалов П. Б. Хунну в Забайкалье（погребальные памятники）. Улан－Удэ，1976.

П. Б. 科诺瓦洛夫：《外贝加尔地区匈奴（墓葬遗存）》，乌兰乌德，1976，第152页。

[47] Миняев С. С. 1998 – Дырестуйский могильник. СПб．，1998.

С. С. 米尼亚耶夫：《德列斯图依墓地》，圣彼得堡，1998，第16页。

[48] Миняев С. С. 1998 – Дырестуйский могильник. СПб., 1998.
С. С. 米尼亚耶夫：《德列斯图依墓地》，圣彼得堡，1998，第 17~19 页。

[49] Миняев С. С. 1998 – Дырестуйский могильник. СПб., 1998.
С. С. 米尼亚耶夫：《德列斯图依墓地》，圣彼得堡，1998，第 19 页。

[50] a. Цэвээндорж Д. 1987 – Хннгийн археологи. – Монголын археологи. SA. Tom. XII, УБ., 1987, т. 58 – 81.
Д. 策文道尔吉：《匈奴考古》，《考古研究》1987 年第 12 期，乌兰巴托，第 58~81 页。

b. Цэвээндорж Д. 1989 – Хиргист хоолой, Оньтолтын хнн булш. – SH. Tom. XXIII, Fasc. 8, УБ., 1989, т. 59 – 81.
Д. 策文道尔吉：《赫列克斯特壕莱、乌尼陶勒特匈奴墓葬》，《历史研究》1989 年第 23 期，乌兰巴托，第 59~81 页。

c. Цэвээндорж Д., Эрдели И. 1990 – Худгийн толгой, Солби уул, Наймаа толгойн хнн булш. – SH. Tom. XXIV, Fasc. 11, УБ., 1990, т. 105 – 129.
Д. 策文道尔吉、И. 额尔德耶利：《呼都根陶勒盖、索勒碧乌拉与那伊玛陶勒盖匈奴墓地》，《历史研究》1990 年第 24 期，乌兰巴托，第 105~129 页。

d. Цэвээндорж Д. 2000 – Бага газрын чулуу, Тарвагатай, Хшийн хтл, Баруун Хайрханы хнн булш. – SA. Tom. XX, Fasc. 5, УБ., 2000, т. 35 – 60.
Д. 策文道尔吉：《巴嘎嘎扎尔朝鲁、塔尔巴哈太、呼新胡特勒、巴润海尔罕匈奴墓地》，《考古研究》2000 年第 20 期，乌兰巴托，第 35~60 页。

[51] Трбат Ц., Амартвшин Ч., Эрдэнэбат У. 2003 – Эгийн голын сав нутаг дахь археологийн дурсгалууд. УБ., 2003.
Ц. 图尔巴特、Ч. 阿玛尔图布新、У. 额尔顿巴特：《额金河流域考古学文化遗存》，乌兰巴托，2003。

[52] Доржсрэн Ц. 1961 – Умард Хнн (эртний судлалын шинжилгээ). – SA. Tom. I, Fasc. 5, УБ., 1961, T. 14 – 15.
Ц. 道尔吉苏荣：《北匈奴（考古学研究）》，《考古研究》1961 年第 1 期，乌兰巴托，第 14~15 页。

[53] Доржсрэн Ц. 1961 – Умард Хнн (эртний судлалын шинжилгээ). – SA. Tom. I, Fasc. 5, УБ., 1961, T. 37.
Ц. 道尔吉苏荣：《北匈奴（考古学研究）》，《考古研究》1961 年第 1 期，乌兰巴托，第 37 页。

[54] Солонгосын ндэсний Музей, Монголын ндэсний Тхийн Музей, ШУА – ийн Тхийн Хрээлэн, Монголын Морин толгой хнгийн ейийн булш. – Монгол – Солонгосын хамтарсан эрдэм шинжилгээний судалгааны тайлан II. 2001.

蒙古国国家博物馆、韩国国立中央博物馆、蒙古国科学院考古研究所编《蒙古国莫林陶勒盖匈奴墓地：蒙韩联合研究报告2》，首尔，2001，第174页。

[55] Юнь Хёнвонь, 2003 - Морин толгойн хнн булшны судалгаа. - Монгол - Солонгосын эрдэм шинжилгээний анхдугаар симпозиумын илтгэлийн эмхэтгэл. МТМ, ШУА – ийн АХ, СМ, 2003.

尹形元：《莫林陶勒盖匈奴墓研究》，蒙古国国家博物馆、韩国国立中央博物馆、蒙古国科学院考古研究所编《首届蒙韩联合学术研讨会论文集》，首尔，2003，第121页。

[56] Трбат Ц., Амартвшин Ч., Эрдэнэбат У. 2003 - Эгийн голын сав нутаг дахь археологийн дурсгалууд. УБ., 2003.

Ц. 图尔巴特、Ч. 阿玛尔图布新、У. 额尔顿巴特：《额金河流域考古学文化遗存》，乌兰巴托，2003。

[57] Доржсрэн Ц. 1961 - Умард Хнн（эртний судлалын шинжилгээ）. - SA. Tom. I, Fasc. 5, УБ., 1961. T. 45.

Ц. 道尔吉苏荣：《北匈奴（考古学研究）》，《考古研究》1961年第1期，乌兰巴托，第45页。

[58] Рэгзэн Г. 2003 - Худгийн толгойд малтсан хнн булш. - Монгол - Солонгосын эрдэм шинжилгээний анхдугаар симпозиумын илтгэлийн эмхэтгэл. Монголын ндэсний Тхийн Музей, ШУА – ийн Археологийн Хрээлэн, Солонгосын ндэсний Музей, 2003.

Г. 额日格真：《呼都根陶勒盖发掘的匈奴墓葬》，蒙古国国家博物馆、韩国国立中央博物馆、蒙古国科学院考古研究所编《首届蒙韩联合学术研讨会论文集》，首尔，2003，第159页。

[59] Трбат Ц. 2000 - "Сэргэ" - эртний ндэлчдийн оршуулгын дурсгалын нэгэн чухал элемент. - SA. Tom. XII, Fasc. 14, УБ., 2000.

Ц. 图尔巴特：《"色日格"——古代游牧民族丧葬制度重要因素》，《考古研究》2000年第22期，乌兰巴托，第292页。

[60] Цэвээндорж Д. 2000 - Бага газрын чулуу, Тарвагатай, Хшийн хтл, Баруун Хайрханы хнн булш. - SA. Tom. XX, Fasc. 5, УБ., 2000, т. 35 - 60.

Д. 策文道尔吉：《巴嘎扎尔朝鲁、塔尔巴哈太、呼新胡特勒、巴润海尔罕匈奴墓地》，《考古研究》2000年第20期，乌兰巴托，第41页。

[61] Давыдова А. В. Иволгинский археологический комплекс. Иволгинский могильник. Том 2. - Археологические памятники сюнну. Вып. 2. СПб., 1996. с. 10.

А. В. 达维多娃：《伊沃尔加考古研究·伊沃尔加墓地 - 2》，《匈奴考古遗存》第2辑，圣彼得堡，1996，第10页。

[62] Коновалов П. Б. Хунну в Забайкалье (погребальные памятники). Улан - Удэ, 1976.

П. Б. 科诺瓦洛夫：《外贝加尔地区匈奴（墓葬遗存）》，乌兰乌德，1976，第155页。

[63] Коновалов П. Б. Хунну в Забайкалье (погребальные памятники). Улан - Удэ, 1976.

П. Б. 科诺瓦洛夫：《外贝加尔地区匈奴（墓葬遗存）》，乌兰乌德，1976，第155页。

[64] Миняев С. С. 1998 - Дырестуйский могильник. СПб., 1998.

С. С. 米尼亚耶夫：《德列斯图依墓地》，圣彼得堡，1998，第19页。

[65] Доржсрэн Ц. 1961 - Умард Хнн (эртний судлалын шинжилгээ). - SA. Tom. I, Fasc. 5, УБ., 1961. T. 14.

Ц. 道尔吉苏荣：《北匈奴（考古学研究）》，《考古研究》1961年第1期，乌兰巴托，第14页。

[66] Цэвээндорж Д. 2000 - Бага газрын чулуу, Тарвагатай, Хшийн хтл, Баруун Хайрханы хнн булш. - SA. Tom. XX, Fasc. 5, УБ., 2000, т. 37.

Д. 策文道尔吉：《巴嘎嘎扎尔朝鲁、塔尔巴哈太、呼新胡特勒、巴润海尔罕匈奴墓地》，《考古研究》2000年第20期，乌兰巴托，第37页。

[67] Цэвээндорж Д. 1989 - Хиргист хоолой, Оньтолтын хнн булш. - SH. Tom. XXIII, Fasc. 8, УБ., 1989, т. 59 - 81.

Д. 策文道尔吉：《赫列克斯特壕莱、乌尼陶勒特匈奴墓葬》，《历史研究》1989年第23期，乌兰巴托，第81页。

[68] Юнь Хёнвонь, 2003 - Морин толгойн хнн булшны судалгаа. - Монгол - Солонгосын эрдэм шинжилгээний анхдугаар симпозиумын илтгэлийн эмхэтгэл. МТМ, ШУА - ийн АХ, СМ, 2003.

尹形元：《莫林陶勒盖匈奴墓研究》，蒙古国国家博物馆、韩国国立中央博物馆、蒙古国科学院考古研究所编《首届蒙韩联合学术研讨会论文集》，首尔，2003，第121页。

[69] Трбат Ц. 2000 - "Сэргэ" - эртний ндэлчдийн оршуулгын дурсгалын нэгэн чухал элемент. - SA. Tom. XII, Fasc. 14, УБ., 2000.

Ц. 图尔巴特：《"色日格"——古代游牧民族丧葬制度重要因素》，《考古研究》2000年第22期，乌兰巴托，第158页。

[70] Трбат Ц., Амартвшин Ч., Эрдэнэбат У. 2003 - Эгийн голын сав нутаг дахь археологийн дурсгалууд. УБ., 2003.

Ц. 图尔巴特、Ч. 阿玛尔图布新、У. 额尔顿巴特：《额金河流域考古学文化遗存》，乌兰巴托，2003，第56页。

[71] Цэвээндорж Д. 2000 – Бага газрын чулуу, Тарвагатай, Хшийн хтл, Баруун Хайрханы хнн булш. – SA. Tom. XX, Fasc. 5, УБ. , 2000, т. 56.

Д. 策文道尔吉：《巴嘎嘎扎尔朝鲁、塔尔巴哈太、呼新胡特勒、巴润海尔罕匈奴墓地》，《考古研究》2000年第20期，乌兰巴托，第56页。

[72] Юнь Хёнвонь, 2003 – Морин толгойн хнн булшны судалгаа. – Монгол – Солонгосын эрдэм шинжилгээний анхдугаар симпозиумын илтгэлийн эмхэтгэл. MTM, ШУА – ийн АХ, СМ, 2003.

尹形元：《莫林陶勒盖匈奴墓研究》，蒙古国家博物馆、韩国国立中央博物馆、蒙古国科学院考古研究所编《首届蒙韩联合学术研讨会论文集》，首尔，2003，第122页。

[73] Трбат Ц. 2000 – "Сэргэ" – эртний ндэлчдийн оршуулгын дурсгалын нэгэн чухал элемент. – SA. Tom. XII, Fasc. 14, УБ. , 2000.

Ц. 图尔巴特：《"色日格"——古代游牧民族丧葬制度重要因素》，《考古研究》2000年第22期，乌兰巴托，第158页。

[74] Цэвээндорж Д. 2000 – Бага газрын чулуу, Тарвагатай, Хшийн хтл, Баруун Хайрханы хнн булш. – SA. Tom. XX, Fasc. 5, УБ. , 2000, т. 35 – 60.

Д. 策文道尔吉：《巴嘎嘎扎尔朝鲁、塔尔巴哈太、呼新胡特勒、巴润海尔罕匈奴墓地》，《考古研究》2000年第20期，乌兰巴托，第44页。

[75] Трбат Ц. , Амартвшин Ч. , Эрдэнэбат У. 2003 – Эгийн голын сав нутаг дахь археологийн дурсгалууд. УБ. , 2003.

Ц. 图尔巴特、Ч. 阿玛尔图布新、У. 额尔顿巴特：《额金河流域考古学文化遗存》，乌兰巴托，2003，第54页。

[76] Цэвээндорж Д. 1987 – Хннгийн археологи. – Монголын археологи. SA. Tom. XII, УБ. , 1987, т. 62.

Д. 策文道尔吉：《匈奴考古》，《考古研究》1987年第12期，乌兰巴托，第62页。

[77] Трбат Ц. 2000 – "Сэргэ" – эртний ндэлчдийн оршуулгын дурсгалын нэгэн чухал элемент. – SA. Tom. XII, Fasc. 14, УБ. , 2000.

Ц. 图尔巴特：《"色日格"——古代游牧民族丧葬制度重要因素》，《考古研究》2000年第22期，乌兰巴托，第158页。

[78] Трбат Ц. , Амартвшин Ч. , Эрдэнэбат У. 2003 – Эгийн голын сав нутаг дахь археологийн дурсгалууд. УБ. , 2003.

Ц. 图尔巴特、Ч. 阿玛尔图布新、У. 额尔顿巴特：《额金河流域考古学文化遗存》，乌兰巴托，2003，第56页。

[79] Трбат Ц. , Амартвшин Ч. , Эрдэнэбат У. 2003 – Эгийн голын сав нутаг дахь архео-

логийн дурсгалууд. УБ. , 2003.

Ц. 图尔巴特、Ч. 阿玛尔图布新、У. 额尔顿巴特:《额金河流域考古学文化遗存》,乌兰巴托,2003,第 58 页。

[80] Трбат Ц. , Амартвшин Ч. , Эрдэнэбат У. 2003 – Эгийн голын сав нутаг дахь археологийн дурсгалууд. УБ. , 2003.

Ц. 图尔巴特、Ч. 阿玛尔图布新、У. 额尔顿巴特:《额金河流域考古学文化遗存》,乌兰巴托,2003,第 86 页。

[81] Трбат Ц. , Амартвшин Ч. , Эрдэнэбат У. 2003 – Эгийн голын сав нутаг дахь археологийн дурсгалууд. УБ. , 2003.

Ц. 图尔巴特、Ч. 阿玛尔图布新、У. 额尔顿巴特:《额金河流域考古学文化遗存》,乌兰巴托,2003,第 87 页。

[82] Гришин Ю. С. 1978 – Раскопки хуннских погребени у горы Дархан. – Археология, этнография Монголии. Новосибирск, 1978, с. 95 – 100.

Ю. С. 格里什:《达尔汗山匈奴墓葬的考古发掘》,《蒙古的考古学与民族学》,新西伯利亚,1978,第 95~100 页。

[83] Трбат Ц. , Амартвшин Ч. , Эрдэнэбат У. 2003 – Эгийн голын сав нутаг дахь археологийн дурсгалууд. УБ. , 2003.

Ц. 图尔巴特、Ч. 阿玛尔图布新、У. 额尔顿巴特:《额金河流域考古学文化遗存》,乌兰巴托,2003,第 95 页。

[84] Доржсрэн Ц. 1961 – Умард Хнн (эртний судлалын шинжилгээ) . – SA. Tom. I, Fasc. 5, УБ. , 1961. T. 14 – 15.

Ц. 道尔吉苏荣:《北匈奴(考古学研究)》,《考古研究》1961 年第 1 期,乌兰巴托,第 14~15 页。

[85] Коновалов П. Б. Хунну в Забайкалье (погребальные памятники) . Улан – Удэ, 1976.

П. Б. 科诺瓦洛夫:《外贝加尔地区匈奴(墓葬遗存)》,乌兰乌德,1976。

[86] Давыдова А. В. Иволгинский археологический комплекс. Иволгинский могильник. Том 2. – Археологические памятники сюнну. Вып. 2. СПб. , 1996. с. 12.

А. В. 达维多娃:《伊沃尔加考古研究·伊沃尔加墓地 - 2》,《匈奴考古遗存》第 2 辑,圣彼得堡,1996,第 12 页。

[87] Миняев С. С. 1998 – Дырестуйский могильник. СПб. , 1998.

С. С. 米尼亚耶夫:《德列斯图依墓地》,圣彼得堡,1998,第 22 页。

[88] Доржсрэн Ц. 1961 – Умард Хнн (эртний судлалын шинжилгээ) . – SA. Tom. I, Fasc. 5, УБ. , 1961. T. 15.

Ц. 道尔吉苏荣:《北匈奴(考古学研究)》,《考古研究》1961 年第 1 期,乌兰巴托，第 15 页。

[89] Давыдова А. В. Иволгинский археологический комплекс. Иволгинский могильник. Том 2. – Археологические памятники сюнну. Вып. 2. СПб．, 1996. с. 11 – 12.

А. В. 达维多娃：《伊沃尔加考古研究·伊沃尔加墓地－2》，《匈奴考古遗存》第 2 辑, 圣彼得堡, 1996, 第 11~12 页。

[90] Коновалов П. Б. Хунну в Забайкалье（погребальные памятники）. Улан－Удэ, 1976.

П. Б. 科诺瓦洛夫：《外贝加尔地区匈奴（墓葬遗存）》，乌兰乌德，1976，第 156 页。

[91] Коновалов П. Б. Хунну в Забайкалье（погребальные памятники）. Улан－Удэ, 1976.

П. Б. 科诺瓦洛夫：《外贝加尔地区匈奴（墓葬遗存）》，乌兰乌德，1976，第 156 页。

[92] Коновалов П. Б. Хунну в Забайкалье（погребальные памятники）. Улан－Удэ, 1976.

П. Б. 科诺瓦洛夫：《外贝加尔地区匈奴（墓葬遗存）》，乌兰乌德，1976，第 157 页。

[93] Миняев С. С. 1998 – Дырестуйский могильник. СПб．, 1998.

С. С. 米尼亚耶夫：《德列斯图依墓地》，圣彼得堡，1998，第 22 页。

[94] Миняев С. С. 1998 – Дырестуйский могильник. СПб．, 1998.

С. С. 米尼亚耶夫：《德列斯图依墓地》，圣彼得堡，1998，第 22 页。

[95] Доржсрэн Ц. 1961 – Умард Хнн（эртний судлалын шинжилгээ）. – SA. Tom. I, Fasc. 5, УБ．, 1961. Т. 16.

Ц. 道尔吉苏荣：《北匈奴（考古学研究）》，《考古研究》1961 年第 1 期，乌兰巴托，第 16 页。

[96] Доржсрэн Ц. 1961 – Умард Хнн（эртний судлалын шинжилгээ）. – SA. Tom. I, Fasc. 5, УБ．, 1961. Т. 16.

Ц. 道尔吉苏荣：《北匈奴（考古学研究）》，《考古研究》1961 年第 1 期，乌兰巴托，第 16 页。

[97] Давыдова А. В. Иволгинский археологический комплекс. Иволгинский могильник. Том 2. – Археологические памятники сюнну. Вып. 2. СПб．, 1996. с. 2.

А. В. 达维多娃：《伊沃尔加考古研究·伊沃尔加墓地－2》，《匈奴考古遗存》第 2 辑, 圣彼得堡, 1996, 第 2 页。

[98] Давыдова А. В. Иволгинский археологический комплекс. Иволгинский могильник. Том 2. – Археологические памятники сюнну. Вып. 11. СПб．, 1996. с. 11.

А. В. давыдова：《伊沃尔加考古研究·伊尔加墓地-2》，《匈奴考古遗存》第 2 辑，圣彼得堡，1996，第 11 页。

[99] Коновалов П. Б. Хунну в Забайкалье（погребальные памятники）. Улан - Удэ, 1976.

П. Б. 科诺瓦洛夫：《外贝加尔地区匈奴（墓葬遗存）》，乌兰乌德，1976，第 156 页。

[100] Миняев С. С. 1998 - Дырестуйский могильник. СПб. , 1998.

С. С. 米尼亚耶夫：《德列斯图依墓地》，圣彼得堡，1998，第 19~22 页。

[101] Доржсрэн Ц. 1961 - Умард Хнн（эртний судлалын шинжилгээ）. - SA. Tom. I, Fasc. 5, УБ. , 1961. T. 18.

Ц. 道尔吉苏荣：《北匈奴（考古学研究）》，《考古研究》1961 年第 1 期，乌兰巴托，第 18 页。

[102] Давыдова А. В. Иволгинский археологический комплекс. Иволгинский могильник. Том 2. - Археологические памятники сюнну. Вып. 2. СПб. , 1996. с. 12.

А. В. 达维多娃：《伊沃尔加考古研究·伊沃尔加墓地-2》，《匈奴考古遗存》第 2 辑，圣彼得堡，1996，第 12 页。

[103] Миняев С. С. 1998 - Дырестуйский могильник. СПб. , 1998.

С. С. 米尼亚耶夫：《德列斯图依墓地》，圣彼得堡，1998，第 24 页。

[104] Трбат Ц. , Амартвшин Ч. , Эрдэнэбат У. 2003 - Эгийн голын сав нутаг дахь археологийн дурсгалууд. УБ. , 2003.

Ц. 图尔巴特、Ч. 阿玛尔图布新、У. 额尔顿巴特：《额金河流域考古学文化遗存》，乌兰巴托，2003，第 95 页。

[105] Давыдова А. В. Иволгинский археологический комплекс. Иволгинский могильник. Том 2. - Археологические памятники сюнну. Вып. 2. СПб. , 1996. с. 9.

А. В. 达维多娃：《伊沃尔加考古研究·伊沃尔加墓地-2》，《匈奴考古遗存》第 2 辑，圣彼得堡，1996，第 9 页。

[106] Давыдова А. В. Иволгинский археологический комплекс. Иволгинский могильник. Том 2. - Археологические памятники сюнну. Вып. 2. СПб. , 1996. с. 14.

А. В. 达维多娃：《伊沃尔加考古研究·伊沃尔加墓地-2》，《匈奴考古遗存》第 2 辑，圣彼得堡，1996，第 14 页。

[107] Давыдова А. В. Иволгинский археологический комплекс. Иволгинский могильник. Том 2. - Археологические памятники сюнну. Вып. 2. СПб. , 1996. с. 14.

А. В. 达维多娃：《伊沃尔加考古研究·伊沃尔加墓地-2》，《匈奴考古遗存》第 2 辑，圣彼得堡，1996，第 14 页。

[108] Коновалов П. Б. Хунну в Забайкалье（погребальные памятники）. Улан - Удэ,

1976.

П. Б. 科诺瓦洛夫：《外贝加尔地区匈奴（墓葬遗存）》，乌兰乌德，1976，第158页。

[109] Миняев С. С. 1998 – Дырестуйский могильник. СПб. , 1998.

С. С. 米尼亚耶夫：《德列斯图依墓地》，圣彼得堡，1998，第41页。

[110] Миняев С. С. 1998 – Дырестуйский могильник. СПб. , 1998.

С. С. 米尼亚耶夫：《德列斯图依墓地》，圣彼得堡，1998，第41页。

[111] Доржсрэн Ц. 1961 – Умард Хнн（эртний судлалын шинжилгээ）. – SA. Tom. I, Fasc. 5, УБ. , 1961. т. 14 – 16.

Ц. 道尔吉苏荣：《北匈奴（考古学研究）》，《考古研究》1961年第1期，乌兰巴托，第14~16页。

[112] Трбат Ц. , Амартвшин Ч. , Эрдэнэбат У. 2003 – Эгийн голын сав нутаг дахь археологийн дурсгалууд. УБ. , 2003.

Ц. 图尔巴特、Ч. 阿玛尔图布新、У. 额尔顿巴特：《额金河流域考古学文化遗存》，乌兰巴托，2003，第56页。

[113] Цэвээндорж Д. 1990a – Морин толгойн булшнаас олдсон хэл хуур. – Шинжлэх Ухааны Академийн Мэдээ, 1990, №3, т. 72 – 80.

Д. 策文道尔吉：《莫林陶勒盖墓葬发现的口弦琴》，《科学院通讯》1990年第3期，第72~80页。

[114] Цэвээндорж Д. 1987 – Хннгийн археологи. – Монголын археологи. SA. Tom. XII, УБ. , 1987, т. 66.

Д. 策文道尔吉：《匈奴考古》，《考古研究》1987年第12期，乌兰巴托，第66页。

[115] Баяр Д. 1976 – Дуулга уулын нэгэн булш. – SA. Tom. VII, Fasc. 6, УБ. , 1976.

Д. 巴雅尔：《都拉嘎乌拉山发现的一座墓葬》，《考古研究》1976年第7期，乌兰巴托，第61页。

[116] Наваан Д. 1975 – Дорнод Монголын хрлийн е. УБ. , 1975.

Д. 那旺：《东蒙古青铜时代》，乌兰巴托，1975，第132~133页。

[117] a. Талько - Грынцевич Ю. Д. 1898, 1900, 1900a – Материалы к палеоэтнологии Забайкалья. – Труды Троицкосавского отделения Русского Географического Общества. 1898, т. I, 1900, вып. 1; т. III, вып. 2 – 3; 1900, т. IY, вып. 2.

Ю. Д. 塔里克-格林采维奇：《外贝加尔地区古代民族学材料》，《俄罗斯地理协会特洛伊茨克分支工作报告》第1卷第1期，1898；第3卷第2~3期，1900；第4卷第2期，1900。

b. Коновалов П. Б. Хунну в Забайкалье（погребальные памятники）. Улан -

Удэ, 1976.

П. Б. 科诺瓦洛夫：《外贝加尔地区匈奴（墓葬遗存）》，乌兰乌德，1976，第159页。

[118] Коновалов П. Б. Хунну в Забайкалье (погребальные памятники). Улан - Удэ, 1976.

П. Б. 科诺瓦洛夫：《外贝加尔地区匈奴（墓葬遗存）》，乌兰乌德，1976，第158页。

[119] Давыдова А. В. Иволгинский археологический комплекс. Иволгинский могильник. Том 2. - Археологические памятники сюнну. Вып. 2. СПб., 1996. с. 10.

А. В. 达维多娃：《伊沃尔加考古研究·伊沃尔加墓地 - 2》，《匈奴考古遗存》第2辑，圣彼得堡，1996，第10页。

[120] Миняев С. С. 1998 - Дырестуйский могильник. СПб., 1998.

С. С. 米尼亚耶夫：《德列斯图依墓地》，圣彼得堡，1998，第41页。

[121] Цэвээндорж Д., Эрдели И. 1990 - Худгийн толгой, Солби уул, Наймаа толгойн хнн булш. - SH. Tom. XXIV, Fasc. 11, УБ., 1990, т. 114.

Д. 策文道尔吉、И. 额尔德耶利：《呼都根陶勒盖、索勒碧乌拉与那伊玛陶勒盖匈奴墓地》，《历史研究》1990年第24期，乌兰巴托，第114页。

[122] Давыдова А. В. Иволгинский археологический комплекс. Иволгинский могильник. Том 2. - Археологические памятники сюнну. Вып. 2. СПб., 1996. с. 9.

А. В. 达维多娃：《伊沃尔加考古研究·伊沃尔加墓地 - 2》，《匈奴考古遗存》第2辑，圣彼得堡，1996，第9页。

[123] Давыдова А. В. Иволгинский археологический комплекс. Иволгинский могильник. Том 2. - Археологические памятники сюнну. Вып. 2. СПб., 1996. с. 14.

А. В. 达维多娃：《伊沃尔加考古研究·伊沃尔加墓地 - 2》，《匈奴考古遗存》第2辑，圣彼得堡，1996，第14页。

[124] Давыдова А. В. Иволгинский археологический комплекс. Иволгинский могильник. Том 2. - Археологические памятники сюнну. Вып. 2. СПб., 1996. с. 40.

А. В. 达维多娃：《伊沃尔加考古研究·伊沃尔加墓地 - 2》，《匈奴考古遗存》第2辑，圣彼得堡，1996，第40页。

[125] Миняев С. С. 1998 - Дырестуйский могильник. СПб., 1998.

С. С. 米尼亚耶夫：《德列斯图依墓地》，圣彼得堡，1998，第104~106页。

[126] Цэвээндорж Д. 2000 - Бага газрын чулуу, Тарвагатай, Хшийн хтл, Баруун Хайрханы хнн булш. - SA. Tom. XX, Fasc. 5, УБ., 2000, т. 39 - 40.

Д. 策文道尔吉：《巴嘎嘎扎尔朝鲁、塔尔巴哈太、呼新胡特勒、巴润海尔罕匈奴墓地》，《考古研究》2000年第20期，乌兰巴托，第39~40页。

[127] Трбат Ц. 2000 – "Сэргэ" – эртний ндэлчдийн оршуулгын дурсгалын нэгэн чухал элемент. – SA. Tom. XII, Fasc. 14, УБ., 2000.

Ц. 图尔巴特：《"色日格"——古代游牧民族丧葬制度重要因素》，《考古研究》2000年第22期，乌兰巴托，第156页。

[128] a. Giscard P. – H. Pratiques funeraires des Xiongnu. Travaux de la Mission Archeologiques Francaise en Mongolie realises durant les campagnes de 1998 et 1999 dans la necropole xiongnu d'Egiin Gol. EURASIAT, 2001. pp. 23 – 66.

P. H. 吉斯卡尔：《匈奴的葬仪：蒙古与法国考古队1998～1999年在额金河匈奴墓地进行的考察报告》，《欧亚研究》，2001，第22～66页。

b. Трбат Ц., Амартвшин Ч., Эрдэнэбат У. 2003 – Эгийн голын сав нутаг дахь археологийн дурсгалууд. УБ., 2003.

Ц. 图尔巴特、Ч. 阿玛尔图布新、У. 额尔顿巴特：《额金河流域考古学文化遗存》，乌兰巴托，2003。

[129] Эрдэнэбаатар Д. 2000 – Хннгийн археологийн судалгаа. – SA. Tom. XX, Fasc. 6, УБ., 2000, т. 61 – 93.

Д. 额尔顿巴特尔：《匈奴考古研究》，《考古研究》2000年第29期，乌兰巴托，第61～93页。

第三章 随葬品与殉牲

第一节 随葬品

我们研究随葬品的主要目的不在于其制作技术和形制特征的变化，而是研究它们在丧葬习俗中的地位。因此，有必要确认墓主人性别、年龄和墓葬结构各元素与随葬品之间的关系及随葬品在墓葬内的方位等方面的问题。

我们认为随葬品与日常生活用具不同，它是根据特定习俗而选择的，具有一定象征意义、宗教信仰和礼仪含义的器物。虽然随葬品不能充分代表某历史时期人们日常所使用的器物，但这些器物的组合能够在一定程度上反映当时人们的生业模式、周边环境与影响、文化水平以及宗教信仰等诸多方面。以一座墓葬为例，其随葬品是由墓主人的社会地位、民族源流、财产状况等方面所决定的。匈奴平民墓葬中的随葬品可分武器装备、车马具、服饰、容器、炊具及宗教礼制用具等几大类。

一 武器装备

武器装备包括远程攻击性武器、近程攻击性武器和防身器物三类。

1. 远程攻击性武器

匈奴墓葬出土远程攻击性武器包括弓和箭镞。

（1）弓

匈奴人使用的弓是由骨弭发力的细弦弓。墓葬中随葬的弓，只保留下来了骨质和角质弓弭，木质弓身和皮质弓弦未能保存。骨弓弭是匈奴墓出土数量最多的器物之一，本研究所涉及的174座墓葬的部分墓葬中出土了一定数量的弓弭（见表3-1）。

表3-1 出土骨弓弭的匈奴墓葬墓主人性别与殉牲情况

序号	遗存名	性别、年龄	动物骨骼
1	呼都根陶勒盖 M1	?	牛、羊
2	呼都根陶勒盖 M3	?	-
3	那伊玛陶勒盖 M6	?	大型家畜
4	那伊玛陶勒盖 M19	?	牛
5	布尔罕陶勒盖 M3	?	-
6	布尔罕陶勒盖 M5	男	牛
7	布尔罕陶勒盖 M6	男、女[①]	牛
8	布尔罕陶勒盖 M7	男	大型家畜腿骨、马
9	布尔罕陶勒盖 M10	男	马
10	布尔罕陶勒盖 M12	男	大型家畜肩胛、腿骨
11	布尔罕陶勒盖 M15	男	山羊、马
12	布尔罕陶勒盖 M17	男	牛、羊
13	布尔罕陶勒盖 M18	男	马、牛
14	布尔罕陶勒盖 M28	男	马、牛
15	布尔罕陶勒盖 M29B	男	小型家畜拐骨、距骨
16	布尔罕陶勒盖 M31	男	牛
17	布尔罕陶勒盖 M32A	男	牛、羊
18	布尔罕陶勒盖 M33	男	大型家畜
19	布尔罕陶勒盖 M34	男	大型、小型家畜
20	布尔罕陶勒盖 M36	8~9岁	马、牛
21	布尔罕陶勒盖 M37	男	马、牛、羊、山羊
22	布尔罕陶勒盖 M38	男	大型家畜
23	布尔罕陶勒盖 M46	男	马
24	布尔罕陶勒盖 M48	女、15~19岁	牛
25	布尔罕陶勒盖 M50	女	马、牛
26	布尔罕陶勒盖 M52	女	马
27	布尔罕陶勒盖 M53	男	马、牛
28	布尔罕陶勒盖 M54	男	马、牛
29	布尔罕陶勒盖 M57	男	小型家畜
30	布尔罕陶勒盖 M65	男	大型家畜
31	布尔罕陶勒盖 M69	男	马、牛、羊、山羊

续表

序号	遗存名	性别、年龄	动物骨骼
32	布尔罕陶勒盖 M70	男	马
33	布尔罕陶勒盖 M78	女、15~19岁	马、小型家畜
34	布尔罕陶勒盖 M81	男	马、牛、山羊
35	布尔罕陶勒盖 M84	10岁	小型家畜
36	布尔罕陶勒盖 M92	女	-
37	布尔罕陶勒盖 M95	男	马
38	哈南哈达 M1	男	马
39	浑赫尔阿姆 M1	男	羊、山羊
40	赫列克斯特壕莱 M1	?	家畜骨
41	赫列克斯特壕莱 M3	?	家畜骨
42	赫列克斯特壕莱 M4	?	羊
43	巴嘎嘎扎尔朝鲁 M1	?	马、羊骨
44	特布希乌拉 M1	?	马、羊骨
45	特布希乌拉 M2	?	马、小型家畜
46	特布希乌拉 M3	?	-
47	特布希乌拉 M7	?	马、牛、羊、山羊
48	特布希乌拉 M16	?	-
49	塔尔巴哈太 M2	男	马
50	和硕胡特勒 M1	?	马、小型家畜
51	昌德曼乌拉 M29	?	-
52	巴润海尔罕 M1	?	-
53	苏勒陶勒盖 M1	?	羊、山羊

译者注：此处指男女合葬墓。

表3-1里统计的53座墓葬（已统计174座墓葬中的30%）基本涵盖蒙古地区分布的所有匈奴墓地。其中27座男性墓葬中出土了弓弭，占能够确定墓主人性别的35座中的77.14%。同时，5座女性墓葬中出土弓弭，占14.29%。布尔罕陶勒盖 M48除女性个体外还有1座个体性别不明，可能为男性。此外2座小孩墓葬中也出土弓弭，占5.71%，1座合葬墓中出土弓弭，占2.86%，遗憾的是还有18座墓葬的性别未能确定。我们曾尝试通过殉牲来确定墓主的性别，但未达到目的。随葬弓的墓葬中墓主人性别、年龄明确的有35座，77.14%为男性，14.29%为女性，5.71%为青少年。从这一数据看，匈奴人一般在男性墓葬中随葬弓，极个别的女性和儿童墓葬中也随葬弓。

(2) 箭镞

根据材质可分为铁、骨和青铜等，以制作样式多样为特点。匈奴平民墓葬中随葬有 1~10 种不同的箭镞，是出土数量最多的器物之一。这些箭镞与墓主人的年龄和性别之间存在着一定的关联（见表 3-2）。

表 3-2 匈奴墓葬出土箭镞与墓主人性别情况

序号	遗存的名称	人骨性别	序号	遗存的名称	人骨性别
1	呼都根陶勒盖 M3	?	2	那伊玛陶勒盖 M6	?
3	布尔罕陶勒盖 M3	?	4	布尔罕陶勒盖 M5	男
5	布尔罕陶勒盖 M6	男、女	6	布尔罕陶勒盖 M7	男
7	布尔罕陶勒盖 M10	男	8	布尔罕陶勒盖 M15	男
9	布尔罕陶勒盖 M17	男	10	布尔罕陶勒盖 M22	男
11	布尔罕陶勒盖 M29	男	12	布尔罕陶勒盖 M29B	男
13	布尔罕陶勒盖 M31	男	14	布尔罕陶勒盖 M32A	男
15	布尔罕陶勒盖 M33	男	16	布尔罕陶勒盖 M34	男
17	布尔罕陶勒盖 M37A	女	18	布尔罕陶勒盖 M40	男
19	布尔罕陶勒盖 M46	男	20	布尔罕陶勒盖 M47	男
21	布尔罕陶勒盖 M50	男	22	布尔罕陶勒盖 M52	男
23	布尔罕陶勒盖 M53	男	24	布尔罕陶勒盖 M54	男
25	布尔罕陶勒盖 M57	男	26	布尔罕陶勒盖 M64	?
27	布尔罕陶勒盖 M65	男	28	布尔罕陶勒盖 M66	男
29	布尔罕陶勒盖 M69	男	30	布尔罕陶勒盖 M72	女
31	布尔罕陶勒盖 M73	?	32	布尔罕陶勒盖 M76	女
33	布尔罕陶勒盖 M81	男	34	布尔罕陶勒盖 M84	儿童
35	哈南哈达 M1	男	36	赫列克斯特壕莱 M5	?
37	巴嘎嘎扎尔朝鲁 M1	?	38	特布希乌拉 M2	?
39	特布希乌拉 M7	?	40	塔尔巴哈太 M2	男
41	昌德曼乌拉 M29	?	42	巴润海尔罕 M1	?
43	努赫特阿姆 M2	?	44	苏勒陶勒盖 M1	?

已统计的 174 座墓葬中有 44 座（25%）出土箭镞，其中 26 座为男性，3 座为女性，1 座为儿童，1 座为男女合葬，其余的 13 座无法确定性别与年龄。墓主人性别明确的 31 座墓葬中，男性占 84%，女性占 10%，儿童占 3%，男女合葬占 3%。从随葬箭镞的情况来看，男性使用此类兵器随葬的数量比弓的数量多 10%。可以认为箭镞是男性墓葬典型的随葬物品。H. H. 克拉丁在他的《外贝加尔匈奴墓葬的分类》一文中指出 12 组女性墓

葬中有 7 组随葬箭镞。因此，他认为这一现象可能与当时群体性冲突频繁并且女性也积极参与群体性冲突有关[1]。

2. 近程攻击性武器

目前为止，此类武器仅有剑。根据出土情况来看，我们知道的只有巴润海尔罕 M1 出土的 1 把剑。除此之外，外贝加尔、科布多省等地区发掘的匈奴墓葬中也有出土的剑的报道。总之，剑并没有广泛随葬于墓葬中，这可能与剑本身的用途有关。

3. 防身器物

目前已出土的随葬品中，防身器物只有铠甲薄片。据已掌握的资料来看，只在高勒毛都 32 号匈奴平民墓中出土了 7 件树叶状铜铠甲薄残片。

二 马具

匈奴马具主要包括马笼套和马鞍。

1. 马笼套

马笼套又可分为马衔、马镳、饰品、马衔圈、马铃铛等五个部件。匈奴作为逐水草而居的游牧民族，在他们的生活中，马起着举足轻重的作用。因此，马具上突显出高度成熟的工艺特点，如：从目前考古发掘情况看，最早的马鞍为诺彦乌拉 M6 出土的木质马鞍，这是马鞍的基本雏形。另外，尽管对于都拉嘎乌拉发现却又丢失的马镫存在分歧，但不可否认，当时马鞍已出现。

（1）马衔

匈奴人的马衔主要为铁质，但布尔罕陶勒盖 M19 中出土了骨质马衔。为说明马衔和墓主人的关系，特制作表 3-3 进行梳理（见表 3-3）。

（2）马镳

匈奴人的马镳分为铁质和角质两种。铁质马镳较长，有两个穿孔，角质马镳也有两孔，顶部为较尖的獠牙状。一般情况下马镳与马衔共出，但也有单独出现的情况。

174 座墓葬中 21 座墓葬（12%）有出土铁质和骨质马衔，其中 7 座为男性墓葬（33.33%），3 座为女性墓葬（14.29%），1 座合葬墓（4.76%），10 座墓性别不详（47.62%）。因此，可以得出马衔主要随葬于男性墓内。有趣的是，未随葬马骨的 7 座和不知是否有随葬马骨的 5 座中的 4 座均出土有马衔。由此可知，马衔和马骨不一定共出。共计 11 座（6%）墓葬中出土马镳，其中 7 座为角质（3 座为双角马镳），1 座骨质马镳，3 座为铁质马镳。

而上述11座墓葬的9座中马镳与马衔共出，其中3座为铁马镳，5座为角质马镳，1座为骨马镳。由此可见，匈奴时期铁角马镳的使用较为普遍。

表3-3 匈奴墓葬出土马衔与墓主人的关系

序名	遗存名称	人骨性别	动物骨	马衔	马镳
1	呼都根陶勒盖 M1	?	牛、羊骨	×	-
2	呼都根陶勒盖 M3	?	-	×	铁
3	那伊玛陶勒盖 M5	?	大型家畜骨	×	-
4	那伊玛陶勒盖 M6	?	大型家畜骨	×	双角
5	那伊玛陶勒盖 M7	?	-	×	-
6	那伊玛陶勒盖 M11	男、女	羊、牛骨	×	-
7	那伊玛陶勒盖 M13	?	-	×	角
8	布尔罕陶勒盖 M17	男	牛、羊骨	×	角
9	布尔罕陶勒盖 M18	男	马、牛、小型家畜骨	×	-
10	布尔罕陶勒盖 M19	女	马、山羊骨	骨	-
11	布尔罕陶勒盖 M34	男	大型、小型家畜骨	×	-
12	布尔罕陶勒盖 M37	女	马、牛、羊、山羊骨	×	-
13	布尔罕陶勒盖 M38	男	大型家畜骨	-	双角
14	布尔罕陶勒盖 M52	女	马骨	-	双角
15	布尔罕陶勒盖 M53	男	马骨	×	角
16	布尔罕陶勒盖 M54	男	马、牛骨	×	角
17	布尔罕陶勒盖 M65	男	大型家畜骨	×	-
18	布尔罕陶勒盖 M72	女	马骨	×	-
19	布尔罕陶勒盖 M73	?	马骨	×	铁
20	布尔罕陶勒盖 M81	男	马、牛、山羊骨	×	-
21	巴嘎嘎扎尔朝鲁 M1	?	马、羊骨	×	铁
22	呼新胡特勒 M1	?	马、小型家畜骨	×	-
23	苏勒陶勒盖 M1	?	羊、山羊骨	×	骨

译者注：此处"×"指有出土，下同。

（3）饰品

这类器物相对较少。布尔罕陶勒盖 M10 头箱①中的马头骨附近出土有

---

① 匈奴平民墓中墓室内棺具头顶部一般有祭祀动物头骨或安放随葬器物的方形位置类似小箱，考古学上称为头箱。

三层塔形鎏金小铜饰 6 件，这种小型饰品从匈奴地区传播到了中国汉地。虽然这座墓葬未发现马衔和马镳，但与铜饰同出的有悬挂在后鞧上的铃铛。

（4）马衔圈

匈奴墓人骨附近、祭祀箱或殉牲区域中多出土各种形状的铁环。根据其形制和尺寸，我们虽然无法一一对应它们的具体用途，但可以确定它们是用于马笼套皮革衔接部位的。

（5）铃铛

我们所掌握的资料中有 2 件系挂在马鞴带上加以装饰的铜铃。一件出自呼都根陶勒盖 M3，另一件出自布尔罕陶勒盖 M10，形制与汉代铜铃相似，可能来自南方。

2. 马鞍

可分为马鞍和带扣两种。

（1）马鞍

虽然我们所掌握的墓葬遗物资料中没有马鞍，但诺彦乌拉 M6 中出土的木质马鞍可证明匈奴人当时使用木质马鞍[2]。

（2）带扣

匈奴墓葬中出土各种形制和规格的骨质和铁质带扣。但这些带扣是属于人腰带还是马肚带却很难辨认。呼都根陶勒盖 M1 出土带扣 2 件。

三　服　饰

可分为带饰、首饰和靴子三种。

1. 带具

在游牧民族使用腰带的传统形成过程中，匈奴人起到了非常重要的作用。与只有金属带扣和泡钉的青铜时代简易腰带相比，匈奴时期的腰带制作工艺更加精细，样式更加多样化。到中世纪，这一工艺传统越来越完善和成熟。

本书所涉及的墓葬中出土的带具类遗物数量亦相对较少。我们将出土的腰带具和其他装饰品进行了统计，以便进一步分析这些带具和装饰品主要适用于何种人群（见表 3-4）。

2. 装饰品

匈奴平民墓葬中经常出土各种玻璃、石和琥珀等质地的串珠及戒指、耳环等装饰品。

表 3-4 匈奴墓葬出土带扣与装饰品统计

序号	遗存名	人骨信息	腰带扣	饰品
1	呼都根陶勒盖 M6-4	?	-	玻璃珠
2	塔米尔乌兰和硕 M6	?	-	蓝宝石、琥珀珠
3	那伊玛陶勒盖 M5	?	铁带扣	琥珀饰
4	那伊玛陶勒盖 M6	?	铁带扣	-
5	那伊玛陶勒盖 M12	?	-	蓝色玻璃珠
6	那伊玛陶勒盖 M13	?	铁带扣	-
7	那伊玛陶勒盖 M20	?	-	黑灰、白灰色玻璃珠,金耳环
8	布尔罕陶勒盖 M1	?	-	绿松石珠
9	布尔罕陶勒盖 M3	?	铁线	-
10	布尔罕陶勒盖 M7	男	铁带扣	-
11	布尔罕陶勒盖 M8	女	-	铜戒指
12	布尔罕陶勒盖 M9	女	-	珠子
13	布尔罕陶勒盖 M11	女	-	珠子、铜饰
14	布尔罕陶勒盖 M15	男	铁带扣	-
15	布尔罕陶勒盖 M20	女	-	石珠
16	布尔罕陶勒盖 M25	?	-	珠子
17	布尔罕陶勒盖 M27	男	金带饰	-
18	布尔罕陶勒盖 M29	男	铁带扣	弓镶嵌物
19	布尔罕陶勒盖 M31	男	-	石珠
20	布尔罕陶勒盖 M33	男	骨带扣、铁带扣	珠子
21	布尔罕陶勒盖 M34	男	铜带饰、铁带扣	-
22	布尔罕陶勒盖 M36	儿童	铁带扣	-
23	布尔罕陶勒盖 M40	男	铁带扣	-
24	布尔罕陶勒盖 M42	女	-	绿松石镶嵌物、珠子
25	布尔罕陶勒盖 M46	男	骨带扣	-
26	布尔罕陶勒盖 M46A	女	-	金薄片
27	布尔罕陶勒盖 M52	女	铁带扣	-
28	布尔罕陶勒盖 M58	男	铁带扣	琥珀珠子
29	布尔罕陶勒盖 M61	男	-	珠子、粉色饰品
30	布尔罕陶勒盖 M63	女	-	琥珀饰品

续表

序号	遗存名	人骨信息	腰带扣	饰品
31	布尔罕陶勒盖 M64	?	铁带扣	-
32	布尔罕陶勒盖 M65	男	-	粉色饰品
33	布尔罕陶勒盖 M66	男	-	粉色珠子
34	布尔罕陶勒盖 M69	男	铁带扣	-
35	布尔罕陶勒盖 M72	女	铁带扣	-
36	布尔罕陶勒盖 M73	青年	铁带扣	-
37	布尔罕陶勒盖 M95	男	铁带扣	石珠
38	浩勒特斯特努嘎 M12	女	铁带扣	金耳环
39	浑赫尔阿姆 M1	男	铁带扣	-
40	赫列克斯特壕莱 M1	?	-	琥珀饰品
41	赫列克斯特壕莱 M4	?	木质带扣、带饰	-
42	达尔汗乌拉 M1	?	-	绿松石、珍珠、玉石饰品
43	达尔汗乌拉 M4	?	带扣舌	-
44	巴嘎嘎扎尔朝鲁 M1	?	铜带扣	-
45	特布希乌拉 M1	?	铁带扣	金饰品、蓝宝石、琥珀珠
46	特布希乌拉 M4	?	-	粉红色珠
47	特布希乌拉 M8	?	木质带扣	-
48	呼新胡特勒 M1	?	铁带扣	-
49	莫林陶勒盖 M1	男	铁带扣	-
50	莫林陶勒盖 M3	女	-	玻璃饰品
51	巴润海尔罕 M1	?	铁带扣	玻璃珠
52	苏勒陶勒盖 M1	?	铁带扣、带扣铜舌	-

以上统计的52座墓葬中发现各种质地的腰带各部位部件的有30座（占本书所涉174座墓葬的17.2%），各类首饰的有29座（占16.7%）。可以看出，这是一个相当高的比例，它证明匈奴人常用腰带和首饰随葬。而盗墓者通常也是以盗取墓中的金银首饰为首要目的，在猖獗的盗墓背景下，配饰品的出土比例还如此之高确实是不可多得的。上述墓葬中13座男性墓出土带扣（占性出土带扣或带饰的30座墓葬中的43.3%），3座女性墓葬（占10%），2座分别为儿童或青年人的墓葬（占6.67%），还有12座性别不明（40%）。可以看出，这类器物主要见于男性墓中，只有极个别身份地位较高的女性才可随葬腰带。这可能因为腰带是反映匈奴部落文

化特征的，富有宗教和习俗内涵的，较为尊贵的物品。

出土装饰品的墓葬中 8 座为男性、9 座为女性、12 座为性别不明。这点可以证实匈奴人在随葬装饰品的习俗中是不分性别的。

3. 靴子

诺彦乌拉墓地出土的靴子展示了匈奴人所穿戴的靴子的样式[3]，而平民墓葬中很少出土这类靴子。Д.策文道尔吉先生认为巴嘎嘎扎尔朝鲁 M1 出土的铜泡饰和尖头饰等遗物是靴子上起加固和装饰作用的器物[4]。

四 容器与炊具类

主要包括陶器、金属鍑、木质盛具、桦树皮器、漆器、骨筷形器物、刀七类。

1. 陶器

匈奴平民墓葬中陶器出土数量较多，种类也丰富。在对布尔罕陶勒盖墓地出土的 41 件陶器所做的研究显示，匈奴人不论年龄和性别均随葬陶器[5]。

2. 金属鍑

可分为铜鍑和铁鍑两种，匈奴平民墓葬中出土这类器物较多。赫列克斯特壕莱 M5、布尔罕陶勒盖 M63 和 M95、特布希乌拉 M7 等出土铜鍑的耳部；苏勒陶勒盖 M1 出土铜鍑残片。这些金属鍑一般出土于放置祭祀品或殉牲的位置，并与一些兽骨共出。在鍑中盛有动物骨骼的情况也时而出现。布尔罕陶勒盖 M73 出土一件铁质鍑，竖立式耳、圈足底座，外部特征与铜鍑完全相同。

3. 木质盛具

因木质盛具易腐蚀，所以匈奴墓葬中出土极少。蒙古地区的平民墓葬中出土过几件木质盛具，主要包括特布希乌拉 M8 出土的带有四只蹄形腿的椭圆形木盘、赫列克斯特壕莱 M4 出土的双耳木盘、莫林陶勒盖 M5 中出土的木质盛具残片、布尔罕陶勒盖 M28 和 M32 出土的形状无法确定的木碗残片等。

4. 桦树皮器

匈奴人的生活中桦树皮器具的使用比较广泛，较多出土于杭爱地区①墓葬。这些桦树皮器除了用来盛各类奶制食品外，还可能起着存放女性首饰的

---

① 杭爱地区是指以杭爱省为中心，包括扎布汗省、巴彦洪戈尔省北部、前杭爱省北部及布尔干省西南部等广大地区。

作用。为辨别使用这类器物的人群的性别，我们将其与漆器和骨制筷子进行了统计。据统计，这三类器物出土于 17 座男性墓葬、26 座女性墓葬（包括 1 座合葬墓）、2 座儿童墓葬以及 23 座性别不明的墓葬中。出土桦树皮器的 21 座墓葬中（12%），男性墓 2 座（占 9.52%），女性墓 12 座（57.14%），1 座合葬墓（4.76%），剩余 6 座性别不明（28.57%）。据此可知桦树皮器较多地随葬于女性墓内（见表 3-5）。

表 3-5　匈奴墓葬出土桦树皮器、漆器及骨筷（发簪）统计

序号	遗存名称	人骨信息	桦树皮器	漆器	骨筷（簪）
1	呼都根陶勒盖 M1	?	-	碗	-
2	呼都根陶勒盖 M3	?	-	碗	-
3	塔米尔乌兰和硕 M6	?	-	×	烟斗形簪
4	塔米尔乌兰和硕 M7	?	-	×	-
5	那伊玛陶勒盖 M7	?	-	×	-
6	那伊玛陶勒盖 M11	?	-	×	-
7	那伊玛陶勒盖 M20	?	-	×	-
8	额沃根特 M2	?	-	碗	-
9	布尔罕陶勒盖 M1	?	×	×	×
10	布尔罕陶勒盖 M5	男	-	-	勺形骨簪
11	布尔罕陶勒盖 M7	男	-	-	×
12	布尔罕陶勒盖 M8	女	×	×	-
13	布尔罕陶勒盖 M9	女	-	大	-
14	布尔罕陶勒盖 M11	女	-	-	勺形骨簪
15	布尔罕陶勒盖 M13	女	-	-	勺形骨簪
16	布尔罕陶勒盖 M15	男	×	-	骨筷一双
17	布尔罕陶勒盖 M18	男	-	×	骨筷一双
18	布尔罕陶勒盖 M25	?	×	-	×
19	布尔罕陶勒盖 M26	女	-	×	-
20	布尔罕陶勒盖 M27	男	-	-	勺、烟斗形簪
21	布尔罕陶勒盖 M28	男	-	×	骨筷一双
22	布尔罕陶勒盖 M29	男	-	-	×
23	布尔罕陶勒盖 M30	?	-	-	骨筷一双
24	布尔罕陶勒盖 M31	男	-	-	骨筷一双
25	布尔罕陶勒盖 M32	女	×	-	骨筷一双
26	布尔罕陶勒盖 M32A	男	-	-	×

续表

序号	遗存名称	人骨信息	桦树皮器	漆器	骨筷（簪）
27	布尔罕陶勒盖 M33	男	-	-	勺形骨簪
28	布尔罕陶勒盖 M33A	女	-	铜碗把手	-
29	布尔罕陶勒盖 M34	男	×	-	×
30	布尔罕陶勒盖 M35	女	×	碗	-
31	布尔罕陶勒盖 M36	儿童	-	-	×
32	布尔罕陶勒盖 M37A	女	-	-	勺形头簪
33	布尔罕陶勒盖 M38	男	-	-	骨筷一双
34	布尔罕陶勒盖 M38A	女	×	-	骨筷一双
35	布尔罕陶勒盖 M39	女	-	-	×
36	布尔罕陶勒盖 M41	?	-	-	×
37	布尔罕陶勒盖 M42	女	-	-	骨筷一双
38	布尔罕陶勒盖 M49	女	×	-	×
39	布尔罕陶勒盖 M51	女	×	×	骨筷一双
40	布尔罕陶勒盖 M59	女	-	×	-
41	布尔罕陶勒盖 M61	男	-	-	×
42	布尔罕陶勒盖 M63	女	-	-	骨筷一双
43	布尔罕陶勒盖 M65	男	-	-	烟斗形头骨簪
44	布尔罕陶勒盖 M68	女	×	×	-
45	布尔罕陶勒盖 M70	男	-	-	骨筷一双、烟斗形头骨簪
46	布尔罕陶勒盖 M71	女	×	×	-
47	布尔罕陶勒盖 M72	女	×	-	骨筷一双
48	布尔罕陶勒盖 M75	?	-	-	×
49	布尔罕陶勒盖 M76	女	×	-	骨筷一双
50	布尔罕陶勒盖 M77	女	×	-	-
51	布尔罕陶勒盖 M78	女	-	-	骨筷一双
52	布尔罕陶勒盖 M79	女	×	-	骨筷一双
53	布尔罕陶勒盖 M81	男	-	-	-
54	布尔罕陶勒盖 M83	儿童	-	-	×
55	布尔罕陶勒盖 M86	女	-	-	骨筷一双
56	布尔罕陶勒盖 M88	男	-	-	骨筷一双
57	浩勒特斯特努嘎 M12	女	-	-	×
58	赫列克斯特壕莱 M4	?	×	-	-

续表

序号	遗存名称	人骨信息	桦树皮器	漆器	骨筷（簪）
59	达尔汗乌拉 M1	?	×	-	-
60	达尔汗乌拉 M3	?	×	-	-
61	达尔汗乌拉 M4	?	-	×	-
62	巴嘎嘎扎尔朝鲁 M1	?	-	×	-
63	特布希乌拉 M20	?	-	碗	-
64	乌尼陶勒特 M1	?	-	×	-
65	莫林陶勒盖 M5	女、男	×	-	×
66	巴润海尔罕 M1	?	-	×	-
67	巴润海尔罕 M2	?	×	×	-
68	苏勒陶勒盖 M1	?	-	×	-

5. 漆器

漆耳杯是匈奴墓葬中出土数量较多的器物之一。推测主要从汉地购买，由此可见，当时匈奴和汉人之间的贸易交流范围可能比我们想象的更加宽泛。共计 28 座墓葬中出土有漆器，其中 2 座为男性（占性别明确墓葬的 18%），9 座为女性（82%），17 座性别不明。这些漆器基本为耳杯、大盘子以及碗的残片等，从统计的数据看，这些器物大多随葬于女性墓。

6. 骨筷形器物

类似于骨筷的器物，匈奴墓葬中出土数量较多的随葬品之一。它有两种用途：其中筷身较直、成对出土的可能为餐具（即筷子），一般与陶器一起或置于陶器上方出土；而勺形或烟斗形骨质器物，常单独出土，可能为发簪。

根据筷子形器物的剖面可分为圆形和方形骨筷，共计 35 座墓葬出土骨筷形器物，其中 13 座为男性墓（占 37.14%），14 座为女性墓葬（40%），1 座为合葬墓（2.86%），2 座为儿童墓（5.71%），5 座性别不明（14.29%）。

有 4 座墓出土烟斗形器物，其中 3 座为男性墓，1 座性别不明（女?），6 座墓出土了勺形器物，其中 3 座为男性墓，3 座为女性墓。根据这些数据可判断，骨筷或簪不分性别随葬于墓中，换句话说，此类器物不能作为辨别墓主性别的遗物。

7. 刀

匈奴墓葬中会出土几种不同形制的铁刀，但目前还未进行详细的研究

（见表3-6）。

表3-6 匈奴墓葬出土铁刀情况

序号	遗存名称	人骨信息	刀
1	呼都根陶勒盖 M1	?	骨柄刀一对
2	呼都根陶勒盖 M3-1	?	一对铁刀
3	呼都根陶勒盖 M4-2	?	铁刀柄
4	呼都根陶勒盖 M6-4	?	小铁刀
5	那伊玛陶勒盖 M13	?	铁刀残片
6	那伊玛陶勒盖 M20	?	铁刀残片
7	布尔罕陶勒盖 M2	?	铁刀
8	布尔罕陶勒盖 M7	男	刀残片
9	布尔罕陶勒盖 M9	女	铁刀
10	布尔罕陶勒盖 M28	男	铁刀残片
11	布尔罕陶勒盖 M52	女	铁刀
12	布尔罕陶勒盖 M56	女	铁刀残片
13	布尔罕陶勒盖 M60	女	铁刀残片
14	布尔罕陶勒盖 M73	?	铁刀
15	布尔罕陶勒盖 M74	?	铁刀
16	布尔罕陶勒盖 M84	儿童	铁刀
17	布尔罕陶勒盖 M95	男	铁刀残片
18	赫列克斯特壕莱 M1	?	环首铁刀残片
19	特布希乌拉 M7	?	铁刀
20	塔尔巴哈太 M2	男	铁刀残片
21	莫林陶勒盖 M1	男	环首铁刀残片
22	莫林陶勒盖 M2	女	铁刀残片
23	昌德曼乌拉 M61	?	铁刀残片
24	巴润海尔罕 M1	?	木鞘铁刀
25	努赫特阿姆 M12	?	铁刀
26	苏勒陶勒盖 M1	?	铁刀2件

上述统计表显示，共计26座墓葬出土各类形制的铁刀。其中15座墓葬性别不明，剩余11座墓葬中5座为男性墓，5座为女性墓，1座为儿童墓。因此推测，匈奴人在随葬刀具方面不分年龄和性别。

五 宗教礼仪器皿

这类器物可分为铜镜、日月形饰件和花形泡钉三类。这些器物不仅是日常用具，还蕴含着宗教习俗方面的寓意，所以在丧葬习俗的研究中起到重要作用。这里可能只有铜镜具有实际用途，另外两种是专为死者所做的器皿。

1. 铜镜

由于特殊的生死观念，匈奴人丧葬制度中产生了毁镜的习俗。而呼都根陶勒盖 M2 和塔米尔乌兰和硕 M6 出土了完整的铜镜。据已掌握的资料，共有 15 座墓葬中出土了被毁坏的铜镜，包括那伊玛陶勒盖 M20，额沃根特 M2，布尔罕陶勒盖 M1、M17、M19、M33A、M34、M36、M39、M71、M75、M93，特布希乌拉 M7、M8，莫林陶勒盖 M5 等。其中 6 座铜镜墓葬墓主人性别不明，2 座为男性墓葬（占性别明确的 22%），6 座为女性墓葬（67%），1 座为儿童墓葬（11%）。很明确的是，铜镜多随葬于女性墓中。

2. 日月形饰件

我们所谓的日月形饰件最初是在布尔罕陶勒盖墓地墓葬中大量出土，引起了考古学者的注意。该饰件为一面中部有凸钉的圆形和新月形薄片，一般钉在木棺头部位置，这是匈奴人信仰或崇拜太阳和月亮的标志之一。Ц. 道尔吉苏荣先生最早提出了此器物与信仰有关的看法。他详细描述道："两座墓葬内木椁的北壁上钉着日、月形的金薄片……匈奴人同时信仰太阳和月亮。匈奴人会在木棺北壁的死者头部位置钉有太阳和新月形金饰。"[6]

3. 花形泡饰

花形泡钉，钉帽为四瓣花朵形。这些花形泡钉钉在棺壁上用来固定棺壁上的丝绸等纺织品。但这些花形泡钉不仅有固定纺织品的作用，还可能蕴含着四个方向的寓意。如中原汉地墓葬中也出土这种铁泡饰，所以这一习俗可能从南方传入匈奴。根据墓主人的身份地位可用金、铜、铁、桦树皮等不同质地来制作各种花形饰件。本研究中只涉及用铁和桦树皮做的花形饰件。

综上所述，可知较常见的出土遗物与墓主人的性别和年龄之间存在着一定的关联（见表 3-7）。表 3-7 显示，男性墓葬主要随葬弓箭、马衔、马镳、腰带,而女性墓葬中主要随葬桦树皮器、漆器、铜镜等遗物。首饰品、骨筷和刀等遗物以相近的比例随葬在不同性别的墓葬中。

表 3-7 匈奴墓葬常见的随葬品与墓主人年龄、性别的关系

单位:%

随葬品种类	成年男性	成年女性	儿童
弓	77	17	6
箭镞	87	10	3
马衔、马镳	73	27	-
腰带	74	16	10
首饰品	47	53	-
漆器	18	82	-
骨筷	43	50	7
桦树皮器	13	87	-
刀	45	45	10
铜镜	22	67	11

第二节 殉牲

在匈奴人生死观念中,人在去世之后会到另一个世界,享受与在世一样的生活,所以他们会适当地陪葬相应的家畜。墓葬中殉葬的家畜骨骼大部分是能够代表整个家畜种类,并能够跟随主人去另一个世界的,但这是埋葬和祭祀时所参与人群的食用剩余并且包括死者去另一世界的路上所"食用"肉的剩余部分。殉牲的不同可以显示死者社会地位、年龄及性别的不同[7]。匈奴平民墓葬中的动物骨骼主要出土于墓室的祭祀区和陪葬区(箱)。

Ю. Д. 塔里克-格林采维奇在伊里莫瓦墓地发掘的 33 座墓葬中出土 47 块动物骨骼,其中 7 座墓葬中出土 13 块羊骨,12 座墓葬出土 19 块牛骨,5 座墓葬中出土 8 块山羊骨,1 座墓葬中出土 1 块野马骨(хулан),2 座墓葬中出土 2 块鹿骨,1 座墓葬中出土禽类,3 座墓葬中出土 2 块狗骨骼[8]。Г. П. 索斯诺夫斯基发掘的 11 座墓葬中的 3 座出土有 2 块动物骨骼[9]。П. Б. 科诺瓦洛夫在伊里莫瓦和查拉姆墓地发掘的 24 座墓葬中出土 31 块牛骨、72 块山羊骨、3 块羊骨、7 块马骨、4 块野马骨、1 块羚羊骨和

6块狗骨骸[10]。他仔细观察了随葬在伊里莫瓦M45棺椁上的3块牛骨（可能带着皮的牛骨），认为这是专为墓主陪葬的能够代表完整殉牲的骨骸[11]。同时，他根据伊里莫瓦M52的一些现象，明确了除专门放置殉牲的殉牲区（箱）之外，在葬具内的祭祀区也放置部分殉牲的事实[12]。

本书所涉及的174座墓葬中170座墓出土动物骨骸。换言之，匈奴人不管年龄和性别，几乎都会给死者殉葬动物。这些动物骨骸主要有绵羊骨27块、山羊骨20块、马骨48块、牛骨52块，还包括一些无法确认的骨骸。一般一座匈奴墓葬中出土1~29只动物骨骸[13]。我们统计了能够确定动物类型的147座墓葬材料，并分析了这些殉牲与墓主人性别和年龄之间的关系（如表3-8所示）。因此次统计的目的不在于确定殉牲的数量，所以我们对一座墓葬出土的同一类动物骨骸未做叠加统计。

表3-8 匈奴墓葬殉牲种类统计

单位：块

墓葬类别	总数	羊	山羊	马	牛
男性墓	35	7%~15%	8%~17%	19%~41%	12%~26%
女性墓	39	4%~10%	7%~18%	9%~22%	20%~50%
儿童与青少年墓	23	2%~13%	1%~7%	6%~40%	6%~40%
性别不明确的墓	73	14%~30%	4%~10%	14%~30%	14%~30%
		27	20	48	52

据表格统计数据，35座男性墓葬中出土马的骨骸较多，最多占41%，牛骨最多占26%，而在39座女性墓葬中出土了40种动物的骨骸，相比男性墓较少。其中绵羊和山羊的比例相同，但马和牛的比例却相反。男性墓中随葬的马最多占41%、女性墓中最多占22%，而牛最多占男性墓葬的26%和女性墓的50%。据此，我们得知马较多随葬于男性墓中，而牛较多随葬于女性墓葬。23座儿童和青年墓中只出土了15种动物骨骸，其中马和牛最多各占40%。性别不明的73墓中出土46种动物骨骸，其中羊、马和牛最多各占30%。

目前还无法确定匈奴墓葬中出土的这些动物骨骸是墓主人生前财产，还是埋葬墓主人的亲属供奉的家畜。布尔罕陶勒盖墓地出土的殉牲中有9具完整的动物骨骸[14]，即M77、M87出土的山羊和M78、M79、M81、M82、M83、M85、M88中出土的绵羊骨等（包括带皮的羊骨骸）。

另外，有些墓葬中有随葬动物皮革和某个部位骨骼的情况，骨骼主要有头骨、下颌、肋骨、尾椎骨、蹄骨等（见图14）。这些骨骼可能是代表完整动物被随葬到墓葬中。古动物学的研究结果显示，在布尔罕陶勒盖墓地出土了牛、马、山羊、羊的皮革残片，其数量分别为46、24、39和6块[15]。因为这些动物的皮革在丧葬文化中占一定的位置，因此埋葬者将其折叠整齐后放入墓室内，有时还会遇到将皮革与动物蹄子和尾椎骨一起整齐摆放成一排的现象。因此，我们认为，这些骨骼和皮革是匈奴人根据特定葬俗，从埋葬墓主人时所宰杀的动物骨骼和皮革中选取某部位来代替被杀的完整动物而随葬于棺内，剩余的肉被参与葬礼的亲属所食用。

这些殉牲的骨骼也有一定的排列顺序。如动物头骨放置在头箱深处，方向与墓主方向保持一致，其下放置肋骨，有时颈椎骨紧接肋骨，蹄骨一般放在头骨的前后等。这些局部骨骼代表着整体，我们猜测其寓意为这些家畜是与死者一起去另一个世界的，因为骨骼的摆放位置与一个动物各部位的位置基本一致。

除上述殉牲区的骨骼之外，在祭祀区内还会出土一定数量的动物骨骼，主要有大型家畜（Бод）和小型家畜（Бог）的脊椎骨、肩胛骨、下肢骨和肋骨等，也是供奉死者的祭祀品。

墓葬被盗时有些动物骨骼会混入人骨里。除此之外，极个别的墓葬中发现以较为特殊的方式摆放动物骨骼的现象。如布尔罕陶勒盖 M85 的木椁外两侧随葬了小型动物和大型动物肋骨、盆骨、下肢骨和脊椎骨等[16]。特布希乌拉 M7 木棺外侧随葬 18 个动物头骨和其他骨骼[17]，其中马头骨 1 个、牛头骨 1 个、绵羊和山羊头骨 16 个等。Д. 策文道尔吉特别观察到这些动物头骨大部分有角，并把它记录了下来。

第三节　殉狗

匈奴墓葬中出土数量较多的动物之一是狗。狗作为一种人类饲养的动物，虽然没有像其他家畜那样的经济效益，但由于它在家庭中的地位和对主人的忠诚程度，自古就有把狗与主人殉葬在一起的习俗。所以，跟现实生活一样，主人去另一个世界时狗依然是会跟随主人和保护主人的家畜。不仅如此，如同汉文献中所记载的乌桓人的丧葬习俗那样，狗是为去往另一世界的主人引路而被殉葬到墓中[18]。蒙古国考古学家 Ц. 道尔吉苏荣写道，"……

除此之外，有 2 座墓葬中出土狗的骨骼，这可能不是因食用供品被随葬，而是与某种信仰有关"[19]，这表明殉葬狗的习俗包含着特殊寓意。

外贝加尔地区经发掘的匈奴墓葬中也出土了不少狗骨。即 Ю. Д. 塔里克－格林采维奇在伊里莫瓦墓地发掘的 3 座和 П. Б. 科诺瓦洛夫发掘的 6 座墓[20]。除此之外，С. С. 米尼亚耶夫在德列斯图依墓地发掘的第三组墓葬[21]中分别出土了 1 具狗骨（图 5）。有些狗骨被安放在墓室内木棺头部外侧专门制作的石箱内[22]，而有些狗骨出自墓葬之间专门挖的殉葬坑内[23]。

我们所掌握的资料中也遇到几例出土部分或完整狗骨的现象。

①布尔罕陶勒盖 M46，墓主人为一名男性，在祭祀区内出土了狗骨[24]。

②布尔罕陶勒盖 M60，墓主人为女性，在 220 厘米深处的墓坑东南部填石之下出土完整的狗骨，狗的头部方向与墓主人埋葬方向一致[25]。

③布尔罕陶勒盖 M69，墓主人为男性，该墓发掘过程中，在深约 1 米处的墓坑中出土狗崽下颌骨和脚趾骨残片[26]。

④特布希乌拉 M4，墓主性别不明，在 140 厘米深处的墓坑北部，同人骨伴随出土了 1 个狗头骨[27]。

⑤特布希乌拉 M7，墓主性别不明，墓坑 150 厘米深处出土两块狗肩胛骨，与人骨和动物骨一起出土[28]。

⑥莫林陶勒盖 M5，30 岁左右女性和 40 岁左右男性的合葬墓。在墓坑西南角出土 1 具狗骨，该狗骨头下垫石，头部朝北，左侧卧屈肢[29]。

⑦巴润海尔罕 M2，墓主性别不明。封堆下 90～100 厘米处用石块围成圆形石圈，中间发现完整的狗骨，头部朝北，左侧卧屈肢[30]。

⑧赫列克斯特壕莱 M4，墓主性别不明，出土狗头骨[31]。

匈奴人殉狗不分墓主人年龄和性别。虽然还未探明殉狗习俗的缘由，但有规律性可循的是已发现的狗骨的方向与墓主相同，左侧卧放置于墓坑中部或墓底，有些还放在石圈之中。

中央亚细亚地区殉狗的习俗始于铜石并用时代[32]。Г. 蓑涅斯根据上述资料与汉书记载乌桓人殉狗的习俗，并结合布里亚特蒙古族的民族学资料，认为殉狗习俗是能够说明古代蒙古民族族源的重要线索[33]。通过考古出土材料，我们确认了匈奴人有殉狗的习俗。这将为我们确定匈奴人、鲜卑人和乌桓人之间的关系，甚至确定匈奴人和蒙古人之间的关系等方面提供重要依据。总之，这是一项有待进一步研究的重要课题。

除此之外，Д. 策文道尔吉提到另有语言学的资料也可以进一步印证原蒙古人①当中流行的殉狗习俗。他指出蒙古人称狗为"Khoilog",因此,最初将为墓主人殉葬狗的行为称为"Khoilogloh"②,后来,墓葬中殉葬动物和随葬器物的行为统称为"Khoilogloh"[34]。

注　释

[1] Крадин Н. Н. Империя хунну. М. , 2002. с. 136.
　　Н. Н. 克拉丁:《匈奴帝国》,莫斯科,2002,第 136 页。

[2] Руденко С. И. Культура хуннов и ноинулинские курганы. М. – Л. , 1962. XXIV – 3.
　　С. И. 鲁金科:《匈奴文化与诺彦乌拉巨冢》,莫斯科 - 列宁格勒,1962,第 XXIV – 3 页。

[3] Руденко С. И. Культура хуннов и ноинулинские курганы. М. – Л. , 1962. XXIV – 24.
　　С. И. 鲁金科:《匈奴文化与诺彦乌拉巨冢》,莫斯科 - 列宁格勒,1962,第 XXIV – 24 页。

[4] Эрдэнэбаатар Д. Хннгийн археологийн судалгаа. – SA. Tom. XX, Fasc. 6, УБ. , 2000, т. 38.
　　Д. 额尔顿巴特尔:《匈奴考古研究》,《考古研究》2000 年第 29 期,乌兰巴托,第 38 页。

[5] Трбат Ц. Эртний монголчуудын оршуулгын дурсгалын зг чиг. – SA. Tom. I (XXI), Fasc. 6, УБ. , 2003, т. 84.
　　Ц. 图尔巴特:《蒙古古代墓葬的方向》,《考古研究》2003 年第 21 期,乌兰巴托,第 84 页。

[6] Доржсрэн Ц. Умард Хнн (эртний судалын шинжилгээ). – SA. Tom. I, Fasc. 5, УБ. , 1961 . т. 20.
　　Ц. 道尔吉苏荣:《北匈奴（考古学研究）》,《考古研究》1961 年第 1 期,乌兰巴托,第 20 页。

[7] Топоркова Л. В. О возможности использования остатков погребальной тризны для определения социального положения погребенного. – Скифо - Сибирский мир.

---

① 这里"原蒙古人"是指统一的蒙古族行成之前的古代北方草原诸游牧民族,即为蒙古人的祖先。

② "Khoilogloh",在蒙古语中为随葬、陪葬的意思,其字根"Khoilog"原意为狗、犬。

Кемерово, 1991, с. 124.

Л. В. 托帕尔科瓦：《通过墓葬出土的食物残留物可确定墓主社会地位》，《斯基泰－西伯利亚世界》，克麦罗沃市，1991，第 124 页。

[8] Коновалов П. Б. Хунну в Забайкалье (погребальные памятники). Улан-Удэ, 1976.

П. Б. 科诺瓦洛夫：《外贝加尔地区匈奴（墓葬遗存）》，乌兰乌德，1976，第 161－162 页。

[9] Сосновский Г. П. Раскопки Ильмовой пади. – Советская археология, ҮIII, 1946. с. 64.

Г. П. 索斯诺夫斯基：《伊里莫瓦山谷墓地发掘》，《苏联考古》1946 年第 8 期，第 64 页。

[10] Коновалов П. Б. Хунну в Забайкалье (погребальные памятники). Улан-Удэ, 1976.

П. Б. 科诺瓦洛夫：《外贝加尔地区匈奴（墓葬遗存）》，乌兰乌德，1976，第 162 页。

[11] Коновалов П. Б. Хунну в Забайкалье (погребальные памятники). Улан-Удэ, 1976.

П. Б. 科诺瓦洛夫：《外贝加尔地区匈奴（墓葬遗存）》，乌兰乌德，1976，第 163 页。

[12] Коновалов П. Б. Хунну в Забайкалье (погребальные памятники). Улан-Удэ, 1976.

П. Б. 科诺瓦洛夫：《外贝加尔地区匈奴（墓葬遗存）》，乌兰乌德，1976，第 164 页。

[13] Giscard P. H. 2001 – Pratiques funeraires des Xiongnu. Travaux de la Mission Archeologiques Francaise en Mongolie realises durant les campagnes de 1998 et 1999 dans la necropole xiongnu d'Egiin Gol. EURASIAT, 2001, p. 96.

P. H. 吉斯卡尔：《匈奴的葬仪：蒙古与法国考古队 1998～1999 年在额金河匈奴墓地进行的考察报告》，《欧亚研究》，2001，第 96 页。

[14] Giscard P. H. 2001 – Pratiques funeraires des Xiongnu. Travaux de la Mission Archeologiques Francaise en Mongolie realises durant les campagnes de 1998 et 1999 dans la necropole xiongnu d'Egiin Gol. EURASIAT, 2001, p. 96.

P. H. 吉斯卡尔：《匈奴的葬仪：蒙古与法国考古队 1998～1999 年在额金河匈奴墓地进行的考察报告》，《欧亚研究》，2001，第 96 页。

[15] Giscard P. H. 2001 – Pratiques funeraires des Xiongnu. Travaux de la Mission Archeologiques Francaise en Mongolie realises durant les campagnes de 1998 et 1999 dans la

necropole xiongnu d'Egiin Gol. EURASIAT, 2001, p. 97.

P. H. 吉斯卡尔：《匈奴的葬仪：蒙古与法国考古队 1998~1999 年在额金河匈奴墓地进行的考察报告》，《欧亚研究》，2001，第 97 页。

[16] Трбат Ц., Амартвшин Ч., Эрдэнэбат У. Эгийн голын сав нутаг дахь археологийн дурсгалууд. УБ., 2003. т. 247.

Ц. 图尔巴特、Ч. 阿玛尔图布新、У. 额尔顿巴特：《额金河流域考古学文化遗存》，乌兰巴托，2003，第 247 页。

[17] Цэвээндорж Д. Хннгийн археологи. – Монголын археологи. SA. Tom. XII, УБ., 1987, т. 60.

Д. 策文道尔吉：《匈奴考古》，《考古研究》1987 年第 12 期，乌兰巴托，第 60 页。

[18] В. С. Таскин. Материалы по истории древних кочевых народов группы дунху. Введение, перевод и комментарии В. С. Таскина. М., 1984.

В. С. 塔什金：《古代游牧民族东胡历史资料》，莫斯科，1984。

[19] Доржсрэн Ц. Умард Хнн (эртний судлалын шинжилгээ). – SA. Tom. I, Fasc. 5, УБ., 1961. т. 20.

Ц. 道尔吉苏荣：《北匈奴（考古学研究）》，《考古研究》1961 年第 1 期，乌兰巴托，第 20 页。

[20] Коновалов П. Б. Хунну в Забайкалье (погребальные памятники). Улан-Удэ, 1976.

П. Б. 科诺瓦洛夫：《外贝加尔地区匈奴（墓葬遗存）》，乌兰乌德，1976，第 163 页。

[21] Миняев С. С. Дырестуйский могильник. СПб., 1998. с. 53.

С. С. 米尼亚耶夫：《德列斯图依墓地》，圣彼得堡，1998，第 53 页。

[22] Коновалов П. Б. Хунну в Забайкалье (погребальные памятники). Улан-Удэ, 1976.

П. Б. 科诺瓦洛夫：《外贝加尔地区匈奴（墓葬遗存）》，乌兰乌德，1976，第 163 页。

[23] Миняев С. С. Дырестуйский могильник. СПб., 1998. с. 53.

С. С. 米尼亚耶夫：《德列斯图依墓地》，圣彼得堡，1998，第 53 页。

[24] Трбат Ц., Амартвшин Ч., Эрдэнэбат У. Эгийн голын сав нутаг дахь археологийн дурсгалууд. УБ., 2003. т. 76.

Ц. 图尔巴特、Ч. 阿玛尔图布新、У. 额尔顿巴特：《额金河流域考古学文化遗存》，乌兰巴托，2003，第 76 页。

[25] Трбат Ц., Амартвшин Ч., Эрдэнэбат У. Эгийн голын сав нутаг дахь археологийн дурсгалууд. УБ., 2003. т. 81.

Ц. 图尔巴特、Ч. 阿玛尔图布新、У. 额尔顿巴特：《额金河流域考古学文化遗存》，乌兰巴托，2003，第 81 页。

［26］Трбат Ц., Амартвшин Ч., Эрдэнэбат У. Эгийн голын сав нутаг дахь архео-логийн дурсгалууд. УБ., 2003. т. 85.

Ц. 图尔巴特、Ч. 阿玛尔图布新、У. 额尔顿巴特：《额金河流域考古学文化遗存》，乌兰巴托，2003，第 85 页。

［27］Цэвээндорж Д. Хннгийн археологи. - Монголын археологи. SA. Tom. XII, УБ., 1987, т. 64.

Д. 策文道尔吉：《匈奴考古》，《考古研究》1987 年第 12 期，乌兰巴托，第 64 页。

［28］Цэвээндорж Д. Хннгийн археологи. - Монголын археологи. SA. Tom. XII, УБ., 1987, т. 60.

Д. 策文道尔吉：《匈奴考古》，《考古研究》1987 年第 12 期，乌兰巴托，第 60 页。

［29］Юнь Хёнвонь, Морин толгойн хнн булшны судалгаа. - Монгол - Солонгосын эрдэм шинжилгээний анхдугаар симпозиумын илтгэлийн эмхэтгэл. МТМ, ШУА - ийн АХ, СМ, 2003. т. 122.

尹形元：《莫林陶勒盖匈奴墓研究》，蒙古国国家博物馆、韩国国立中央博物馆、蒙古国科学院考古研究所编《首届蒙韩联合学术研讨会论文集》，首尔，2003，第 122 页。

［30］Цэвээндорж Д. Бага газрын чулуу, Тарвагатай, Хшийн хтл, Баруун Хайрханы хнн булш. - SA. Tom. XX, Fasc. 5, УБ., 2000, т. 35 - 60.

Д. 策文道尔吉：《巴嘎嘎扎尔朝鲁、塔尔巴哈台、呼新呼特勒、巴润海尔罕匈奴墓地》，《考古研究》2000 年第 20 期，乌兰巴托，第 35~60 页。

［31］Цэвээндорж Д. Хиргист хоолой, Оньтолтын хнн булш. - SH. Tom. XXIII, Fasc. 8, УБ., 1989, т. 67.

Д. 策文道尔吉：《赫列克斯特壕莱、乌尼陶勒特匈奴墓葬》，《历史研究》1989 年第 23 期，乌兰巴托，第 67 页。

［32］Мэнэс Г. Символика солнца в системе погребального обряда монгольских племен. - Археологические памятники средневековья в Бурятии и Монголии. Новосибирск, 1992. с. 72, 76.

Г. 蔑涅斯：《太阳在蒙古语族人群的丧葬习俗中的象征意义》，《中世纪布里亚特与蒙古地区考古学遗存》，新西伯利亚，1992，第 72、76 页。

［33］Мэнэс Г. Символика солнца в системе погребального обряда монгольских племен. - Археологические памятники средневековья в Бурятии и Монголии. Новосибирск, 1992. с. 65 - 78.

Г. 蔑涅斯：《太阳在蒙古语族人群的丧葬习俗中的象征意义》，《中世纪布里亚特与蒙古地区考古学遗存》，新西伯利亚，1992，第 65~78 页。

[34] Цэвээндорж Д. Бага газрын чулуу, Тарвагатай, Хшийн хтл, Баруун Хайрханы хнн булш. – SA. Tom. XX, Fasc. 5, УБ., 2000, т. 43.

Д. 策文道尔吉：《巴嘎嘎扎尔朝鲁、塔尔巴哈台、呼新呼特勒、巴润海尔罕匈奴墓地》，《考古研究》2000 年第 20 期，乌兰巴托，第 43 页。

第四章 丧葬和祭祀习俗的特点

第一节 匈奴人对另一世界的想象

我们无法完全再现生活在两千年前的人群的宗教信仰、习俗和他们对另一个世界的想象。尤其对于匈奴等没有文字的游牧民族来说,更是难上加难。汉文文献中也很少提及他们对另一个世界的想象。因此,考古学和古代民族学的资料尤为重要。

在此,我们尝试解决与这一议题相关的某些问题。首先,他们会想象去另一个世界或死后所去的方向。我们以墓葬的方向为基础尝试复原人死后灵魂所去的方向。为了确定蒙古和突厥语系民族的方位或方向意识,B. 卡托维奇、A. 方夏本、B. B. 巴尔托勒德、A. H. 科诺诺夫、Л. Л. 维克多罗夫、Г. 蔑捏斯、A. B. 波多斯恩霍夫等学者都对这一问题给予了极大的关注并进行过一定的研究。

中央亚细亚游牧民族中的古代蒙古族相信灵魂的存在,并且认为人死后灵魂会到另一个世界或黑暗的世界,在那里过与人间一样的生活。

据柏朗嘉宾的记载,古代蒙古人相信"人死后会去另一个世界继续繁衍生息,与在人间一样生活"[1]。因此,人们根据他们所想象的灵魂去另一个世界的方向来决定埋葬死者的方向。虽然这一问题的研究目前为止还相对薄弱,但蒙古人如何确定方向这一问题,长期以来备受学者们的关注[2]。

确定墓葬的方向之前,首先有必要弄清如何确定自然方向,其中确定朝南的方向尤为重要。B. B. 巴尔托勒德认为"蒙古地区崇尚南方始于契丹时期,到了成吉思汗时期,朝南的方向开始作为大家所公认的官方方向广泛传播到其统辖的所有区域。至今为止,当时蒙古帝国统辖的约整个中央亚细亚地区的蒙古、突厥语系游牧民族房屋的门均朝南开"[3]。А. Н. 科诺诺夫的观点是蒙古人传统方向中的南向与正午线一致[4]。而 Л. Л. 维克多罗夫写到古代和中世纪蒙古人有崇尚和祭拜正午太阳的现象，所以"朝南"与"正前方"被视为一个方向，而古代突厥人则将"东方"与"正前方"视为一个方向。这种确定方位的方法也是辨别民族的一种标志，8世纪的古突厥与作为他们先祖的匈奴之间存在着一定的共性[5]。

关于这一问题的研究较为可信的学者为 Г. 蔑涅斯。他在查阅了古文献所记载的信息之后，确定了蒙古人的先民乌桓、鲜卑、柔然和契丹等与匈奴一样有着崇敬东方的习俗，另外记录了现代有些蒙古部落里不仅有崇尚"南方"，还有将东方也视为"南"的现象。他还对将分辨方向的方法作为辨别民族的一种标志的看法持怀疑态度[6]。同样从语义学和符号学角度来研究蒙古语中的"正前方"与"南方"，对太阳升起的方向所站的人而言是正前方，而正午太阳却在人的正上方，这是一个非常细致的观察[7]。Г. 蔑涅斯认为，由于中央亚细亚地区游牧民族具有相似的观察自然的思维方式，即"东方"与"太阳升起"的方向为南方，这在蒙古和突厥语系民族而言是相同的，而之后居住在蒙古东部的人们逐渐把正午的太阳当作分辨方向或南方的标志[8]。但他们是从何时开始改变对"南方"的理解不得而知。确定方向发生演变的时间并对此问题做出阐释，对考古学文化研究的方向甚至如何看待另一个世界等问题很关键。

根据 Г. 蔑涅斯对中世纪蒙古丧葬习俗中的某些因素进行的研究，死者的埋葬地应是大地母亲，更确切一点应该是祖先崇拜的山，所以死者被埋葬在太阳可以照射到的山的阳面，头部朝向北方。这种丧葬方向可能会受季节的影响而向东、西倾斜，并且随着人们思维的发展而演变成东西两边，因此北方可以象征为死者去往另一个世界的方向，同时也就产生了西方也一样象征着去另一个世界方向的结论[9]。

在蒙古族的传统宗教观点中认为黑暗或朝北、东北的方向象征着另一个世界（阴间）。蒙古史诗中清晰地指出了不同的地理方向，并且每个方向都有各自不同的寓意。对史诗里方位寓意的研究成果表明，"日出、日落都有一定的寓意，即日出方向指东或南，日落为西或北，日出的方向代表好或吉祥，日落方向代表不好或晦气，因此史诗中的英雄人物希望从日出方向的地区娶妻，认为来自日出方向的妻子能给自己带来好运，而日落的西方却被认为是所有妖魔鬼怪或黑暗因素的聚集地"[10]。故蒙古史诗中日出的方向或东方为所有方向的起源，但从地理方位的演变可以看出，这种演变对史诗中的方向也产生了一定的影响，即南方被认为是"正前方"，晦气的方向从西演变为北。《江格尔》、Гөшөө чулуун зүрт хүвэй Буйдар хүү、《宝木额尔德尼》等所有史诗均认为东北方向是晦气的方向，例如史诗中有"专为霸占东北州而生的牛魔王"，"专为霸占东北州而生的妖魔鬼怪"等这样的描述，因此这些祸害人类的莽古斯都是生活在东北这个方向的[11]。根据古代人的世界观，所有光明世界的对立面为黑暗的、混沌的世界，故在描述这一世界的时候，均以最恐怖最负面的言辞描绘它，这是一种文学艺术形式。因此可以确定，史诗的创作者同样认为黑暗的地界或另一个世界应该是东北方向。

下面我们来简要梳理一下蒙古地区考古学文化遗存中东北方向的含义。蒙古地区青铜时代的石板墓中人骨朝东北方向埋葬的占绝大多数，而赫列克苏尔中朝西埋葬的占多数，之后匈奴时期的墓葬中，以朝东或北埋葬为主，蒙古时期考古学文化遗存中，以朝东北或北埋葬为主。因此可知，从确定太阳升起的方向为南方开始，埋葬死者的方向开始出现了变化，这一变化可能从匈奴开始。从布尔罕省艾格河流域布尔罕陶勒盖经发掘的匈奴墓葬的资料看，已确定碳14年代的31座墓葬中，9座（29%）朝东，剩余22座（71%）均朝北埋葬[12]。这些墓葬虽然方向不同，但丧葬习俗都大同小异，因此把这样两种方向的墓葬认为是两个不同的部族是没有依据的。

若东方为"正前方"，则西方为"背面"，但若南方为"正前方"，则北方为"背面"。人们想象中代表黑暗的东北方向的方位也因此而改变，换言之，埋葬死者时遵循头部或面部朝人们所认为的阴间的方向在不同时期的文化遗存中也有所不同。对比一个有趣的现象：多尔干人埋葬死者时双脚朝东南方向并认为"双脚朝什么方向就去什么方向"[13]。以匈奴墓为例，头朝北埋葬死者的人群认为南方为所有方向的起点，因此头朝黑暗的方向埋葬，而头朝东埋葬死者的人群虽然也认为东方是正前方，但他们是将死者的面部朝另一个世界（阴间）的方向埋葬的。

以上述资料为基础，尝试复原对另一个世界（阴间）所处方位和灵魂如何到达另一个世界（阴间）的想象：（a）人死后所去往的另一个世界或者黑暗的阴间位于北、东北方向；（b）从青铜时代朝东埋葬为主的葬俗到匈奴时期逐渐淡化，并演化为以朝北埋葬为主；（c）以头部或面部朝另一个世界（阴间）的两种埋葬方式存在于同一个文化中。

根据史诗和考古学资料可见，古代蒙古人的丧葬方式以及传统文化中另一个世界所处的位置等观念在漫长的历史长河中较为稳定地传承了下来。

第二个问题是用什么方式或坐骑到达另一个世界（阴间）。我们认为由于匈奴是游牧民族，所以他们去另一个世界的坐骑也应该是日常所用的马，并推测这个坐骑会与墓主一起随葬，或被拴在墓地表所立的拴马石桩。Г. И. 波洛夫卡等多个学者记录了这样的立石[14]。И. И. 基里洛夫、Е. В. 科维切夫等人的研究记录了在鄂嫩河流域及外贝加尔地区的中世纪墓葬东北角普遍发现立有石柱的现象[15]。蒙古东部地区青铜时代墓葬东边所立的石柱被认为是石人的起源[16]。甚至分布于外贝加尔地区的石板墓边也常立有石柱[17]。Н. Н. 迪科夫写道，这些立石可称为墓地守护石，与祖先的信仰有关，解释为"祖先或家庭守护神"，与"罗马的佩纳特斯和罗马的拉莱"一样，具有守护家族陵墓的义务。И. В. 阿谢耶夫等学者基本支持上述观点，他们认为分布在图瓦、阿尔泰、蒙古等地区的突厥语族在墓地立石人像的习俗源于死者陵墓崇拜和祖先崇拜，而这种石人像是死者与其后裔之间相互联系的媒介[18]。

蒙古丧葬习俗中也发现有这一现象，在 X. 拉哈瓦苏荣发掘的布日勒乌拉墓地中的 5 号、9 号、11 号、15 号墓葬地表石封堆东南侧立有石柱，尊宝格尼阿姆墓地的蒙古墓葬中也发现有相似的石柱，他提出就目的而言，蒙古墓葬中立有的石柱与鹿石、石人等石雕像一样，是这些石雕像的另一种表现形式[19]。И. В. 阿谢耶夫曾提出分布在外贝加尔地区的库列尼阿姆、诺沃斯列赫及扎格拉耶夫斯基等蒙古时期的墓葬也普遍立有石柱"色日格"，即类似拴马桩的立石[20]。值得一提的是，笔者在布尔干省布雷格杭盖苏木扎剌陶勒盖青铜时代的赫列克苏尔遗存东北侧和肯特省扎尔嘎朗特汗苏木都拉嘎乌拉匈奴时期墓南和东南侧均发现有立石，另外布尔干省呼塔嘎文都尔苏木布尔罕陶勒盖 27 号墓地表石堆中发现用椭圆形石块立有 60 厘米高的立石等。

墓葬边立有石柱的现象从青铜时代开始出现，学者们从不同角度对这一现象予以解释，而它在一个考古学文化中的地位、功能及其源流等方面至今仍未得到系统的研究。因此我们有必要对蒙古及其邻近地区古代人群的丧葬习俗进行梳理并提炼出与这一习俗紧密相关的信息。

分布在欧亚草原地区的蒙古与突厥语民族崇尚马的观念也反映在他们的丧葬习俗中。例如蒙古、布里亚特、雅库特、图瓦、阿尔泰等部族均有随葬马的习俗，书籍等文献中明确记载了布里亚特丧葬习俗中人和马的关系，以及西布里亚特人有宰马随葬的习俗。塔塔林诺夫1760年在布里亚特西部地区的游记中记载道，"他们根据死者的经济情况宰杀一至两匹马进行随葬"，而高尔基更加清晰地记载道，"用斧子敲打精心挑选的上好马匹的枕骨进行宰杀，并为其配备马具随死者一起下葬"[21]。分布在奥尔洪岛地区的布里亚特也存在宰杀马匹的丧葬习俗，对死者半火化之后进行天葬，殉葬的马匹也同死者一起天葬，而马具等使用品则以焚烧的形式随葬[22]，他们认为宰杀马之后，马也同墓主一起去另一个世界并继续为主人服务。

阿拉尔边疆区的布里亚特对死者进行火化后再埋葬，并在去往墓地的路上给死者骑他最心爱的骏马，埋葬时该马也会被宰杀殉葬，意为在阴间继续为主人服务[23]。19世纪末20世纪初，一方面受藏传佛教格鲁派的影响，另一方面深受东正教影响，布里亚特人的丧葬习俗发生了巨大的改变，为死者随葬马匹的行为被禁止，随葬的马匹拴在墓边之后会以变卖或交换的方式进行处理，此外，将随葬的马匹供奉给主持丧葬的喇嘛或寺庙的现象也是较为普遍的[24]。

19世纪中期的雅库特人的马在丧葬习俗中有着重要的使命。若死者被埋葬在森林里，那么在他墓地附近的树枝上应挂有马的下颌骨和带有颈骨的头骨[25]。哈卡斯人的丧葬习俗中马也同样具有重要的使命，在墓地旁会挂有马尾及带有四蹄的马皮，不远处挂有带着马笼套的马头骨[26]。作为哈卡斯人的另一支，科伊巴尔人埋葬死者之后会将马宰杀并食用，然后将马头骨插在墓旁立好的木头上。而另一支卡钦人中不信仰东正教的死者墓地表立石柱[27]，信仰东正教的死者墓地表则立有十字架，埋葬仪式完成后随葬的马会被拴在已立好的石柱或十字架上过一夜，然后会被宰杀或送给死者的亲戚[28]。分布在西伯利亚地区的塔塔尔人也有将死者的马拴在墓地表已立好的石柱上的习俗。

综合上述民族学的资料可知，虽然随葬马的习俗细节有所不同，但都具有相同的目的。首先，用马将死者送往墓地，之后将其宰杀或拴在已立好的石桩上，早期的习俗中会将拴在石桩上的马最终杀掉，这意味着马将把主人送到另一个世界（阴间）以完成它最后的使命。虽然各部族的形式会有所不同，但均可称为"随葬"。而如何处置已宰杀的马却有所不同，有些是与墓主一起随葬，有些只把头骨、下颌骨、颈骨、尾巴、带有四蹄的皮挂在固定的柱子上，之后食其肉焚其骨，这种宰杀方式称为"只勒都"（зулд），以这种个别骨骼代表整匹马的寓意为马的灵魂长存。

专门在墓边所立的桩的作用与拴马桩一致，因此被称为"色日格"（сэргэ）。蒙古和布里亚特人中有崇拜"色日格"桩的现象，从另一角度来看，这一现象与崇拜马的习俗相一致，有些学者认为这一现象可能起源于游牧经济产生初期[29]。大多数情况在墓地旁都应立有木质"色日格"桩，但因时间久远未能保存下来。但 C. B. 达尼洛夫在吉达河流域名为多德布尔嘎勒泰的地方发掘了公元前一千纪的祭祀遗址，遗址内的马骨中发现立有圆木桩残留，该木桩长约 120 厘米，他推测此木桩是用于悬挂祭祀天神、祖先的马皮及其马骨[30]。

而少数用石柱立的石桩保留到了现在，这种用来拴马的"色日格"桩在游牧民族的世界观及他们的象征意识中具有重要的地位。对于"色日格"桩的意义有不同的解释，如雅库特人进行丧葬仪式时，为死者作法的萨满头戴锅盔，手抱"色日格"桩（通天柱），并因此可以沟通阴阳两界[31]。

根据上述资料不难看出"色日格"桩的意义。埋葬死者的人们认为，将马拴在沟通另一个世界的"色日格"桩才能将墓主顺利送往另一个世界。根据文献记载，我们可以更清晰地了解这一信息。10 世纪的阿拉伯旅行家伊本·法兰德在他的游记中记载了乌古斯人的丧葬习俗，"如果他们中的某一人去世……依据马群数量宰杀一百至两百或至少一匹马，除了头、蹄子、尾巴以及皮毛之外的部位均被食用之后，余下部位放置在木质结构上（'色日格'桩），意为去天堂的马"等[32]。三百年后欧洲使团在经过此地时也记载了蒙古人的这一习俗，即柏朗嘉宾在他的游记中记载道："死者……在另一个世界拥有居所，有可饮用马奶的哺乳期母马、可繁殖并能够骑乘的马匹，随葬带有马驹的母马和带有马具的马匹，除此之外还要再宰杀一匹马以供食用，同时在它的皮内塞满草后将其放置在两条或四条长木桩上。"[33]而卢布鲁克记载道："我亲眼见到他们在一些新建造的墓葬地表立若干条木桩，并以四匹马的马皮为单位，朝四个方向放置共十六匹马的马皮。"[34]这一习俗不仅存在于古代，《水晶鉴》中也有记载

"16 世纪南部蒙古中有人去世时，会将墓主在世时的坐骑带着马具拴在墓边或直接宰杀掉"[35]。在 X. 普列列记载的相关文献中可以得知这一习俗一直沿袭到了 20 世纪初："1922～1923 年一位史诗传唱者告诉我：'很久很久以前，在还没有喇嘛或僧人的时候，埋葬死者时祝愿死者穿过宽阔的河流，越过广阔的平原，翻过崇山峻岭，并在山峰的最高处为逝者立碑，在东南方为逝者立"色日格"石桩，将马拴在石桩上直至饿死，马不停地用蹄子刨地直到土地变成白色。'"[36]虽然这一习俗已经被遗忘，但仍可以观察到蒙古人崇拜拴马桩（"色日格"桩）的现象。墓边立有拴马桩即"色日格"桩的现象起源于青铜时代并通过匈奴、突厥等一直传承到了蒙古时期，在这漫长的传承过程中，突厥语族和蒙古语族均以相同的概念使用着"色日格"桩。众所周知，突厥和回鹘人将马与墓主一同随葬于墓中[37]，但对中世纪蒙古人而言，随葬的马多数被拴在墓地表所立的"色日格"桩献给野生动物食用或以"只勒都"形式挂在"色日格"桩上。

在匈奴人的想象中，死者去往另一个世界的方式除了骑马之外也可能是乘坐马车的。匈奴墓葬中出土的遗物可以证实这一有趣的看法。

例如布尔罕陶勒盖墓地的 79 号墓中出土了 2 件绘有图案的桦树皮器，第一件是不规则圆形的，两边分别有不同程度的被腐蚀损坏的痕迹，同时完整的部分有缝制的痕迹，直径大约为 15.5 厘米，对称绘制的马车车轮有 8～12 根辐条不等。图中第一辆马车车轮有 8 根辐条，拱形顶方形车厢，车盖顶部有 18 条斜线，可能为车盖边的坠饰，车窗表面有垂直交错的平行线，车辕的前半部向上扬而尾部超出车厢。第二辆马车车轮有 12 根辐条，也是方形车厢，车辕的尾部同样超出车厢，车辕前半部分和车盖因腐蚀而无法辨认，可能与第一辆马车相似。第一辆马车的前方有三角形的不明物体，第二辆马车的前方是由一个点发散出 9 条射线的不规则图案。

第二件桦树皮器同样有两侧腐蚀以及边缘缝制的痕迹，器物上绘制了两辆车尾相连的马车。第一辆马车车厢下是无辐条的实心小车轮，车顶部也是拱形但呈波浪状，车耳部（根据马车图片中解释：车厢两边高出的部分叫车耳）由七条竖立的栏杆和一根横向长栏杆组成，车厢前有长方形座位，车厢上绘有交叉的射线，可能是固定车厢窗帘的绳子，从座位的方向和固定车窗帘的绳子可以推测这辆马车是向左行驶的。第二辆马车的实心车轮较大，其车轮边缘超过车厢底部，车厢上有垂直交叉的两条线，车顶部为拱形，车厢前部有长方形座位，车头的车辕较长并向上扬，马车下方绘有几条射线，还无法得知有何意义。

在匈奴平民墓葬中也出土过类似的绘有不规则图案的器物[38]。在桦树皮、骨头等相对硬度较低的物体表面用尖锐的器物进行绘制图案可以说是匈奴绘画艺术中常见的绘制方法。布尔罕陶勒盖墓地79号墓中出土的桦树皮器的盖子上绘制的马车图案就是用这种方法绘制的。上述图案的表现形式为侧面投影法，这体现了蒙古人绘画艺术在当时的发展程度。

匈奴墓葬中也出土了不少与马车相关的器物，П. К. 科兹洛夫主持发掘的诺彦乌拉6号墓出土的用中国漆器制作的辎车残片，23号墓中出土了骖马，25号墓葬出土了2件马车车耳铜饰、6件把手铜饰，"康德拉梯耶夫"墓葬中出土骖马、车耳铜饰，1954~1955年Ц. 道尔吉苏荣在苏吉格图山谷墓地发掘的带墓道的方形石堆墓中出土了辎车车轮[39]。

大多数学者认为在青铜时代中期或公元前16~前13世纪，蒙古地区已经有了马车[40]，逐渐发展到匈奴时期，从汉文文献中可知他们具有四至六匹马拉的马车，公元前176年冒顿单于赠送给中国汉代皇帝一峰骆驼、两匹马、四对骖马，汉朝将军卫青在公元前119年围攻伊稚斜单于时，伊稚斜单于却乘六匹骡子拉的马车逃之夭夭了。汉朝在公元109年攻打南匈奴并战获1000辆马车，在公元134年攻打北匈奴时战获1000辆马车[41]，这些数据表明匈奴人拥有大量马车，他们在迁徙、转移牧场以及单于外出等活动中常用马车，甚至可能拥有大帐车。Г. 苏和巴特尔认为匈奴的家用大帐车可能小于13世纪的马车[42]。С. И. 鲁金科通过查看考古材料认为匈奴人使用着与汉朝相似的双轮轻车和四轮大车[43]。1969年在戈壁阿尔泰省乌因其苏木雅曼乌苏发现的岩画图案中的马车图案与匈奴时期有关[44]。这幅浮雕由8组图案组成，其中有三匹马拉的马车图案，在此图案前的骑手带着弓箭，在此图案后的骑手没带弓箭。方形车厢内有乘车人和正在行驶中的辎车的图案。第二辆辎车虽然与第一辆相似，但只有一匹骖马，在这辆车的前方绘有人骑马的图案，这些马均被绘制为奔驰状态。这个图案的另一个特点是所有形象均为侧面图。这种图案在汉代贵族墓葬的壁画中较为常见。研究者们将这些图案与汉代壁画的绘制方法、双骖马的侧面绘制方法以及绘制技巧等进行比较，以确定它们的年代[45]。Э. А. 诺夫戈罗多娃的看法是，雅曼乌苏图案中的马车图案与汉代帝陵中的壁画图案在绘制方法以及布局上相似，但像前者那样极其简单而独有的特征，绝不会出现在已成熟稳定的汉朝壁画中。汉代壁画中的马车图案，因墓主社会地位不同，其马车的样式、骖马的数量、其后跟随的人群佩戴帽子及饰品的样式等都有一定的讲究和规律[46]。

中戈壁省乌力吉图苏木境内德勒乌拉山巴润敖包特峰北侧山岩岩画中发现的双轮牛车与上述图案相似[47]。从拓本图中看，以拱顶方形牛篷车里载人行驶的状态绘制，人的头部用圆点来表现，车轴部也用圆点表现但不明显。总之，牛车的总体形状、风格与雅曼乌苏岩画图案比较相似，可以确定为匈奴时期。这一岩画可以证实苏和巴特尔所推测的匈奴人车比较多，其中也可能有牛车、骆驼车的看法[48]。

匈奴墓葬中出土器物上的车的图案，更加详细地证实了在雅曼乌苏、德勒乌拉发现的岩画图案与匈奴时期有关。另外，从匈奴平民墓出土的马车图案显示，匈奴平民也了解甚至使用着与汉朝帝陵①壁画中所出现的马车和诺彦乌拉匈奴贵族墓葬中所出土的马车相似的车辆。

考古学家 Д. 策文道尔吉在将特布希乌拉匈奴墓葬中发现的车辕残块与20世纪喀尔喀人埋葬死者时所用的马车在埋葬完死者后会侧翻放置于地表几天的习俗进行比较研究后，推测匈奴人破坏拉死者的车辆并进行埋葬的习俗在内容和形式方面，可能一直传承和保留在蒙古人的丧葬习俗之中[49]。相似的习俗也存在于乌珠穆沁人中，即乌珠穆沁人根据死者的年龄、死亡原因等条件把拉死者去墓地的马车丢弃于墓地或放置在房屋的南边，车辕朝家、车轮从车轴上取下来放置于地表三天。因此蒙古谚语"平常车辕不能朝家的方向放置"起源于此[50]。类似这种习俗也存在于阿尔泰地区某些突厥语系民族中。如科伊巴尔人从墓地返回家的途中，在离家100~200步的地方，把拉死者的马车以及铁锹等工具倒放于朝墓葬的方向，待三天后再拿回家中[51]。从这些情况可以看出，从古代即匈奴时期开始，在突厥语族人群或蒙古语族人群的丧葬习俗中车辆完成着特殊的任务或使命。我们认为将已逝者送至另一个世界（阴间）的任务不仅是马[52]，车辆也完成着这一特殊的使命。

---

① 根据中国已知汉代帝陵及墓葬考古发现，壁画墓主人身份最高为诸侯王，多为中等官吏或地方豪强，帝陵中尚未发现壁画遗存。

第二节 匈奴丧葬、祭祀习俗特点和过程

匈奴墓葬遗存分布于东起阿尔泰山，西至兴安岭，北起贝加尔湖，南至长城的广阔地区，虽然分布广泛，但它们的丧葬习俗是极为一致的。目前为止，还未以地域分布特点而划分墓葬类型。笔者研究过塔米尔河流域匈奴墓葬遗存，并提出塔米尔河类型，但还仅在推测阶段[53]。俄罗斯考古学者也曾对外贝加尔地区的匈奴墓葬遗存根据年代早晚划分出"苏吉类型"和"德列斯图依类型"，但学者们最终确定这种划分是没有任何根据的[54]。墓葬因所处地域和环境的不同，内部结构方面稍有区别，但这种区别不能作为分出新类型的依据。匈奴帝国的建立及其统一的宗教信仰和习俗是匈奴在丧葬习俗上保持一致的主要原因。

匈奴各墓地平均有100多座墓葬，这一现象表明他们具有各自的家族圣地（类似中古时期蒙古、突厥语系民族一样具有大禁地、哈勒墩、布尔罕哈勒墩），在这一高贵而神圣的区域附近埋葬死者意在使家族逝者在此与祖先相会。从这时开始，他们对死亡的理解逐渐成熟稳定，也正是他们对死亡的观念在影响着他们的丧葬习俗，这是毋庸置疑的。

匈奴人可能没有埋葬所有死者入土为安并为他们建造墓葬的习俗。如布尔罕陶勒盖墓地的碳十四测年数据显示，该墓地经过400年的时间缓慢形成，而仅发现了100多座墓葬，但即使是最小的部落，在经过如此长久的时间也不应该仅有100多座墓葬。或许，他们是遵循了部落的某一种礼仪制度把个别死者埋葬于墓地，至于遵循了什么样的礼仪制度以及他们是如何埋葬其余人等问题目前还没有足够的证据来进行说明。据目前我们的研究情况推测，可能与死者的出身、社会地位、财产有关，也有可能是建造了无封堆的土坑墓，例如内蒙古东部满洲里发现的鲜卑时期墓葬就是地表无封堆的土坑墓[55]，另外，也不能否认有天葬、水葬的可能性。

匈奴同其他游牧民族一样，在丧葬遗存中有用马作为殉牲的习俗，其各部位、奶制品以及肉汤等作为祭祀的贡品，另外殉人的习俗也普遍存在。据 X. 普尔列所记，古代蒙古人有给死者，尤其是给王公贵族殉人的习俗，其中一种形式是用殉人作死者"枕头"。这一习俗在《蒙古秘史》中有两处提及，此外，《蒙古黄金史》中也记载了古代蒙古人在埋葬一位可汗时，在他的头部和脚部下方各殉一人当作枕头和脚垫。现代蒙古语里

也有一句谚语反映了这一丧葬习俗,即"与其作生者之证人,不如为逝者之头枕"[56]。我们把"头枕"一词可以理解为埋葬死者时专为他祭祀而陪葬并垫于死者头下的人,但在他墓葬附近专门挖墓坑进行单独埋葬的墓有时也被推测为祭祀之意。

虽然关于匈奴丧葬习俗和祭祀的文字记载非常少,甚至没有任何关于平民墓的记载,但我们可以尝试根据考古学和民族学的相关资料来复原他们的丧葬和祭祀活动。第一步,为丧葬做准备。匈奴人一般在温和的季节下葬死者,因为墓坑里未发现因解冻冻土而使用火的痕迹,虽然也发现了一些灰烬,但大部分可能与下葬时进行的祭祀活动中使用了火,或匈奴在墓室用火来进行净化有关。因寒冷季节时土地冻结,死者会先被保存在屋外,等天气变暖后用特定的袋子包裹好再进行埋葬,已发掘的一些墓葬中人骨集中于棺椁一侧的现象可证明这一点,也可能是肌肉等软组织腐烂后剩余的人骨被放置于棺内,下墓坑时被集中到木棺一侧。死者下葬前身着寿衣,佩戴腰带、耳环、项链等饰品,之后再挑选陪葬的器物,一般男性随葬或佩戴弓箭、马衔、马镳、腰带,女性随葬漆器、桦树皮器和铜镜等,而骨簪和铜刀等遗物不分死者性别均可随葬。然后再用马或马车带逝者走最后一程至墓地,死者家属、亲戚朋友会跟随其后。第二步,准备墓室。匈奴各部落都有属于自己的墓地,每个人应被安置于墓地什么位置都由首领或萨满指定,但会尽量与死者的近亲埋葬在一起,从布尔罕陶勒盖墓地可以看出这一迹象。随着墓主人经济、社会地位的不同,墓葬的结构与形状也各不相同,埋葬者们一般会就近选取山石用于地表石封堆、填埋墓坑等。第三步,建造祭坛。匈奴平民墓看似比较简单,但建造者也是通过周密的设计,并在熟悉墓室结构的人的带领下,用类似管銎斧、铁锹等尖锐工具精心挖制而成,并且墓内木质结构也不同,葬具结构也有一定的讲究。第四步,下葬死者。首先,墓室内用圆木制作木椁,在木椁外侧用石块垒砌石墙,之后将放置死者的木棺放入木椁内进行埋葬。有的墓坑头部设壁龛,依据某种丧葬习俗在壁龛中放置家畜的个别肢骨,以代表跟随墓主去另一世界的家畜,同时在木棺头部放置供给死者的贡品,以代表墓主在去另一世界的路上所需的食物。这时萨满开始作法,亲属和人群开始进行哭丧礼仪。第五步,建造墓室地表建筑。办完一切下葬活动之后开始填埋墓室,一般葬具用木板进行封盖,在盖板上方放置石板,之后用土石混合物进行填埋,等填埋完墓室之后在地表用石块围成方形或圆形的封堆，也有少数在墓葬周围立石柱或木柱作为拴马桩。第六步，完成祭祀礼仪。埋葬完死者后，在一定的期限内为了逝者灵魂能够顺利到达阴间或防止阴魂不散，逝者的亲人会再次来到墓地，为他进行祭祀，焚烧贡品，同时也表达思念死者的含义。

第三节　匈奴族属及丧葬与祭祀习俗

因匈奴统一政权的出现，横跨欧亚大陆的人群迁徙开始了，正是这一时期大量的蒙古语族人群西迁，或可认为是大量突厥语民族开始混入草原民族之中，但匈奴族属仍无法辨别。虽然持匈奴属于突厥语民族的观点占多数，但这并非最终可信的结论[57]。目前研究匈奴的学者为了辨别他们的语言是突厥语还是蒙古语进行了很多研究，但语言学和历史学的资料还不足以得出最终的结论。关于这一点，我们认为突厥语和蒙古语起源于统一的阿尔泰语系，通过几千年来的交流共处，形成了统一的经济形态，这甚至是其习俗、物质和精神文化高度相似的原因。无法否认他们在原文化①初期的体质人类学方面可能存在相似性，作为阿尔泰语系民族的发源地萨彦－阿尔泰地区，突厥语民族的体貌特征与蒙古人相似，这一现象可论证上一观点，因此主要依靠考古学材料来解决匈奴族属这一复杂问题无可厚非。但是遗留的考古遗存能够给我们提供的关于匈奴人的语言、族属方面的信息非常少，并且考古遗存仅仅是对当时社会的映射，只有通过完善的考古学方法精心整理之后才能复原其原貌。我们利用已知知识和所掌握的资料为基础，从匈奴丧葬习俗的角度，为了在他们族属辨别上能够增加有力证据而进行了一些研究。

DNA虽然不属考古学研究范畴，但匈奴族属方面的最新研究成果可以为我们的研究提供相关线索。1989～1999年在额金河流域布尔罕陶勒盖墓地，与我们一起工作的法国体质人类学家从共计62个个体中采集了DNA样本，成功提取古DNA序列，这一序列与现代蒙古人的DNA比较研究的结果显示，他们之间基本具有渊源关系[58]。这些样本的89%属于亚洲单倍群（A，B4B，C，D4，D5和D5A，F1B），11%属于欧洲单倍群（U2，

---

①　原文化是指阿尔泰语系形成初期人群的文化。

U5A1A, J1)[59]。这一结果表明蒙古人群中有少量欧洲人种的成分[60]，匈奴人群中也有少量的欧洲人种成分。而布尔罕陶勒盖墓地中年代最晚的西区墓葬中的某些个体的 DNA 在某些方面与现代突厥语族人群有着一定的联系，这是匈奴族群本身比较复杂的表现[61]。

体质人类学的最新研究与蒙古国体质人类学专家的研究基本一致。Д. 图门博士认为"匈奴人群一方面与分布在蒙古中部地区的石板墓人群相似，另一方面与中世纪早中期游牧族群以及现代蒙古人在体貌特征上属于同一类型"[62]。Ж. 巴特苏日所做的 DNA 研究结果显示，"作为蒙古人群的摇篮与匈奴帝国版图及其政治中心基本一致，明确肯定蒙古人是从匈奴人演变而来"[63]。匈奴族属问题到目前为止还无最终的结论，文化渊源问题也同样处于凌乱状态，目前徘徊于以下两种考古学观点：第一，匈奴文化是在分布于戈壁以北地区石板墓文化的基础上形成；第二，起源于卡拉苏克和斯基泰游牧民族。我们先不对上述两个问题中的任何一个进行深入探讨，而首先对持有这两种观点的依据大致梳理一下。

一 石板墓与匈奴之间的渊源关系

Д. 道尔吉苏荣认为匈奴墓葬的早期为石板墓。他认为石板墓的葬式、方向与匈奴墓葬相似，甚至地表建筑形状及其内部结构等都与石板墓一样，从而形成了匈奴平民墓源于石板墓的看法[64]。同时"青铜时代与匈奴时期陶器制作的技术相同，他们之间具有一定的关系"，还有一些类型的铜刀和铜镞也相似，因此认为它们之间有渊源关系[65]。Д. 策文道尔吉也支持石板墓与匈奴墓之间存有渊源关系的看法[66]。匈奴学者 Л. Н. 古米列夫同样认为石板墓文化是匈奴文化的前身[67]。Г. П. 索斯诺夫斯基也持有这一观点[68]。

Д. 那旺认为分布在亚洲中部地区的石板墓的很多因素深入到匈奴文化之中，实际上匈奴族群中的主要人群是石板墓使用者的后裔，可以理解为原在地表建造墓室埋葬的习俗演变为地下[69]。虽然他未提及两种文化中相似的文化因素，但记录了相似的特征即匈奴墓葬中大部分墓葬的人骨朝北埋葬，这一现象他解释为"匈奴时期产生了很多不同的部落，因此习俗也发生了改变"，同时记录了匈奴族群还有朝东、东南以及朝南埋葬的现象[70]。最后他认为石板墓文化是匈奴的族源文化，其中一部分人一直在贝加尔以南地区生活。与此同时，他还描述了石板墓和匈奴墓在结构方面的相似之处，即巴彦苏木1号墓"人骨头部横放石块形成一角，其一侧用木条围成木墙"。他认为这一现象表明，石板墓文化的丧葬习俗传承至下一代的同时有逐渐开始使用木头的迹象。而古尔班扎嘎勒3号墓"木棺外侧有石块围成的石椁，为防止侧板向外突出，在侧板中部地面打入木桩加以固定"[71]。他认为单石椁葬具的石板墓逐渐出现双重葬具，这种变化一直沿袭到了匈奴时期。

В. В. 沃尔科夫根据在蒙古发掘的石板墓和匈奴墓材料，认为石板墓是北匈奴文化的根源，石板葬具不仅石板墓里有，匈奴墓里也有[72]。他认为匈奴文化与石板墓文化有很多相似的因素，并解释道，匈奴帝国是由很多个部落构成，石板墓文化所属的部落就是其中之一[73]。H. 色尔-奥德扎布支持沃尔科夫的观点，同时认为使用石板墓族群的后裔融入匈奴人中。如果匈奴人的主要成分是蒙古语族，那么从石板墓文化追寻蒙古人的族源是有一定的根据的[74]。

根据上述观点，蒙古和俄罗斯的学者们依据丧葬习俗、某些遗物的传承关系认为石板墓和匈奴墓之间存在直接的沿袭关系，这种观点是在考古学的依据上形成的，因此具有很强的可信度，同时这也与中亚历史文化的总体发展方向相一致。

但也有学者持相反看法，例如 A. H. 奥克拉德尼科夫、H. H. 迪科夫、A. B. 达维多娃、Л. Р. 科兹拉索夫、Ю. С. 格里什、П. Б. 科诺瓦洛夫等。他们否认石板墓文化和匈奴文化之间存在继承关系，并认为匈奴是外来民族[75]。学者策比克塔罗夫有着较为独特的观点，他认为石板墓存在的年代范围为公元前13～前6世纪，因此从年代而言他们之间没有任何关系，换言之，两种文化之间并没有任何继承关系[76]。

二 漠南地区的早期游牧民族文化与匈奴文化

中国考古学家们认为在内蒙古、满洲里以及中国北方其他地区发现的青铜时代至早期铁器时代的游牧族群考古学文化遗存属于早期匈奴遗存。持有这种观点的学者有田广金、乌恩、钟侃、李进增、张景明、郭素新、靳枫毅。同时俄罗斯的 С. С. 米尼亚耶夫、A. B. 瓦列诺夫、С. A. 卡米萨罗夫、С. B. 阿勒金、T. A. 波斯塔诺娃等学者也持有这种观点[77]。

田广金认为匈奴帝国建立（公元前209年）之前，早期匈奴文化遗存为公元前13世纪至公元前6世纪的鄂尔多斯青铜器文化[78]，这一文化起源于商朝并在公元前 12 世纪至公元前 6 世纪或周朝时发展到鼎盛时期，他认为商朝的鬼方、西周时期的猃狁、春秋时期的狄等部族的分布区域是重合的，他们的名称虽然不同，但都是同一族群[79]。以此为依据，他认为鄂尔多斯动物风格的艺术品如武器、饰品等遗物具有匈奴艺术风格，并且匈奴文化的主要遗存有内蒙古以及邻近省份的桃红巴拉、毛庆沟、呼鲁斯太、玉隆太、阿鲁柴登、西沟畔、苟子沟等墓地。

乌恩虽然没有直接表明上述墓地是匈奴文化遗存，但推测它们可能为典型匈奴文化的源头，并认为，春秋战国时期分布在中国北方地区的林胡、娄烦等部族毫无疑问也加入了匈奴部落联盟[80]。

卡米萨罗夫的观点与中国学者相一致。他支持田广金所认为的作为匈奴先祖的鬼方、猃狁、白狄等部族的分布区域与鄂尔多斯青铜器文化分布区重合，并强调了王国维的鬼方、猃狁、戎、狄、胡等部族指的就是在之后的历史中出现的匈奴人的观点[81]。同时他把上述墓地分为匈奴文化的两个发展阶段。第一阶段，桃红巴拉、毛庆沟为公元前 7~前 6 世纪；第二阶段，与蒙古和外贝加尔一样，呼鲁斯太、西沟畔、阿鲁柴登、玉隆太和苟子沟等墓地的年代为公元前 3~前 1 世纪[82]。

А. В. 瓦列诺夫详细研究了倒墩子、桃红巴拉、毛庆沟等墓地材料后提出，它们丧葬习俗中的某些元素起源于更古老的文化[83]，并认为用动物骨骼进行随葬习俗的倒墩子墓地前身的戎族遗存为杨郎墓地[84]。他还观察到毛庆沟墓地早期（公元前 5~前 4 世纪）墓葬人骨的头向是朝东的，晚期（公元前 3 世纪）墓中人骨头向朝北[85]。

С. В. 阿勒金认为甘肃、青海之间的青铜至早期铁器时代的考古学文化具有某种共性，并认为匈奴文化起源于此[86]。

因此，除了在甘肃、青海和鄂尔多斯接壤地区之外，更多的是在东部地区寻找早期匈奴的遗存。С. С. 米尼亚耶夫根据鄂尔多斯地区斯基泰时期墓葬的资料认为，建造这些墓葬的人群是匈奴联盟的核心人群[87]，之后又推翻了自己的观点，认为发现于满洲里的夏家店（上层文化墓）、南山根、东南沟墓地晚期与蒙古和外贝加尔地区典型匈奴墓的埋葬方式、墓葬内外结构以及某些遗物非常相似，进而认为匈奴文化起源于辽河流域[88]。С. А. 卡米萨罗夫也研究过这一问题，他与大多数中国学者的观点一样，认为夏家店遗存可能与东胡有关，但因匈奴平民墓与夏家店上层文化墓葬之间有一定的相似性，故将其解释为"属同一文化、经济形态，他们之间有着频繁的交往，而且东胡的某一支加入了匈奴联盟"[89]。A. A. 科瓦列夫所述夏家店墓葬中从未出土过匈奴形制的陶器，因此两个文化之间存在联系没有任何依据[90]。夏家店墓葬方面出现如此大分歧的情况下，中国学者靳枫毅在北京市以北的山地发现的玉皇庙等部分墓葬引起了很大的关注。中国史书记载这一地区曾是山戎生活区，这些墓葬与鄂尔多斯地区匈奴早期墓葬相似，同时也与夏家店相似，因此分为单独类型[91]。

A. A. 科瓦列夫为探明匈奴的原分布区，根据汉文文献以及考古遗存进行了一些研究。他认为公元前 3 世纪匈奴领地西自兰州，沿当时的赵县王边境往北，沿黄河北岸穿过鄂尔多斯平原（娄烦和白羊部领地）至燕和赵国之间代州附近（现内蒙古、陕西以北）[92]。换言之，匈奴人当时分布于甘肃、阿拉善至阴山等沿黄河北岸平面呈弓形的广阔地区，当时受匈奴影响的考古遗存还包括毛庆沟、饮牛沟、崞县窑子三处墓地[93]，这些墓葬的年代为公元前 5～前 3 世纪，多为竖穴土坑、仰身直肢、头骨朝东埋葬，头骨附近有放置陶器的壁龛。随葬器物有波浪纹细高颈陶器、骨弓弭、角镞等，这些遗物与匈奴遗物具有渊源关系。A. A. 科瓦列夫认为他们是受匈奴影响的林胡后裔，这一点有待进一步研究[94]。虽然存在很大争议，但受匈奴文化影响的还有宁夏回族自治区固原市彭堡大白山、于家庄、撒门村地区的一些墓葬，这些墓葬年代为公元前 8～前 4 世纪，A. A. 科瓦列夫认为它们与戎有关。

除此之外，学者 H. B. 波罗斯玛克，Ю. A. 扎德涅佩罗夫斯基认为桃红巴拉、毛庆沟、倒墩子等墓地具有中亚塞文化的某种特征，并认为这些文化受到了经阿尔泰山东迁的哈萨克斯坦中部塔斯玛勒文化的影响[95]。但有些学者在此资料的基础上推测，塔斯玛勒文化在塞文化圈内具有独特的特点，可能是受匈奴的影响而产生[96]。

俄罗斯学者 T. A. 波斯塔诺娃的观点独特，他认为鄂尔多斯的考古遗物与匈奴先祖有关，这些遗存发展成了典型匈奴墓葬。以他的观点，分布在鄂尔多斯的无封堆土坑墓是中国北部地区自然地理环境所造成，而分布在漠北的墓葬具备地表建造石堆的地理条件[97]。因此他认为，研究石板墓文化与匈奴文化之间的关系是解答匈奴族属问题的主要钥匙。

我们在研究匈奴平民墓的丧葬习俗、祭祀礼仪的基础上，重点列出了能够提供匈奴族属信息的一些问题。

三 墓葬地表建筑

一些学者记载了匈奴墓葬地表建筑的某些特征与石板墓相似，其中从匈奴地表建筑特征出发的观点有：①方形或正方形石封堆的四角指向地理方位；②不规则状或被破坏的圆形石封堆的存在可以确定。由此来看，至少有些墓葬的地表封堆为方形，根据上述两种分类可推测其地表封堆基本相似（图7）。除此之外，有必要提及的还有地表封堆明显相同的墓葬，即布尔罕陶勒盖墓地南部M38与M38A石封堆双室墓。这座墓葬的碳十四测年数据显示为公元前158～前67年[98]，属墓地里年代较早的墓葬。虽然地表封堆整体有已被破坏的迹象，但很明显封堆每边指向不同地理方位的方形石封堆。封堆中央有东西走向的双凹地，用长条石围成。这座墓葬的地表建筑与较低矮的石板墓封堆相似，墓主头向朝东埋葬，年代属公元前2～前1世纪，地表建筑与石板墓相似，墓主的方向也相同，我们归结为该墓是石板墓融入匈奴的过渡期墓葬遗存。这一情况也可以证明，匈奴墓葬中的某些墓仍保留着原来的地表封堆特征。可能匈奴墓葬逐渐发展成为独立文化之后墓葬形制、埋葬方式等才发生了改变。

四 埋葬方式与方向

通过我们所做的研究已确定匈奴墓葬主要有以下几种埋葬死者的方向：朝北方向的墓葬有97座（58%）、朝东北方向的墓葬15座（9%）、朝西北向的墓葬21座（13%），朝南方向的墓葬3座（2%），朝东方向的墓葬（包含东南向）30座（18%）等。从上述数据不难看出，匈奴墓葬的方向中朝北向及其以北为主的其他方向占绝大多数。因朝南方向的墓葬鲜少，无法归入基本方向里，而朝东向的墓葬占较大比例，并且墓地中记录有较多朝东向的墓葬，因此只能认为这是一种衍生方向。布尔罕陶勒盖墓地中朝东方向的墓集中在墓地南部。这些墓葬中绝大多数为双人合葬墓（上述的M38也在其中），并且在墓地中规模较大，出土遗物和随葬牲畜骨骼较丰富。比较独特的是，这些墓葬的碳十四测年数据显示为公元前4～前1世纪，或属早期匈奴文化。与其墓葬方向一致的塔米尔乌兰和硕墓地M6中出土的铜镜的年代甚至早至公元前206～前26年，属匈奴早期[99]。从这些情况看，很明显一些早期匈奴墓葬的方向与方形墓葬的方向相一致。这一现象绝不是偶然现象，而是证明两种文化之间存有渊源关系。就埋葬方式而言，石板墓与匈奴墓完全相同，这一点也证实它们之间存有渊源关系。

五　墓葬内部结构

在蒙古发掘的匈奴平民墓葬中有不少石棺或石棺与木质相结合的棺具。已统计的墓葬中具有单石棺的墓有 23 座，占本书所涉 174 座墓葬总数的 13%，并且构造单一，随葬品较少，有些是儿童墓。其中布尔罕陶勒盖 18 座中的 5 座（占 28%）为男性，4 座（占 22%）为女性墓，其他 9 座为儿童墓，这些墓均朝北向。这些石棺的形制让我们不禁回想起了石板墓形制，并且推测它可能继承了之前墓葬的形制。匈奴墓葬内部葬具可能是经过了从石棺到木椁或制作精致的木棺的演变、发展过程。Д. 那旺发掘的巴彦苏木 1 号墓、古尔班扎嘎勒 3 号墓的葬具可证明这一点[100]。但有些形制极其简单，普通的墓葬仍保持着单石棺葬具的早期传统。换句话说，我们认为有些石棺葬具的墓葬并不仅仅代表社会地位和财富多少，例如埋葬儿童时，他们是遵循更古老的传统或仿古习俗来建造石棺或石椁进行埋葬的。

研究匈奴平民墓内外结构、埋葬方式、方向等丧葬习俗的某些特点，并与石板墓进行比较研究后发现他们之间存有很多相似性。因此我们得出匈奴考古学文化的形成过程中，石板墓文化的人群也以一定程度进行了参与，同时戈壁以南地区的青铜至早期铁器时代的游牧民族也参与了进来。如中国考古学者所研究的鄂尔多斯地区的毛庆沟等墓葬中的人群也在匈奴考古学文化的形成中起到了一定的作用。总之，公元前 3 世纪，被称为"匈奴"的人群出现在了历史舞台，他们是从漠南迁徙至漠北地区的人群，与当地人群融合后诞生了新的文化。

六　匈奴族属

如前所述，匈奴的族属与语言的研究目前尚未形成统一观点。蒙古考古学家多年以来致力于通过匈奴墓葬遗存研究它们的族属问题[101]。

Д. 策文道尔吉对所发掘的匈奴平民墓葬材料进行细致梳理和分析，认为"墓葬所处地理位置（尊崇山阳面）、地表建筑、内部结构和死者以仰身直肢方式被放置于木棺中，深挖竖穴土坑，头向朝北埋葬的丧葬习俗与中世纪甚至与现代蒙古族的丧葬习俗完全一致，这一现象是证明匈奴与蒙古之间存有渊源关系的最基本证据"[102]。他的这种观点在之后的学者们所做的研究工作中得到了印证[103]。特布希乌拉、都拉嘎乌拉、莫林陶勒盖等地发掘的匈奴平民墓葬中以薄木板制作棺具，棺具侧板一周用细薄铁箍围成网格状，在其交会处用花形泡钉装饰。Д. 策文道尔吉将这种葬俗与中世纪蒙古人把死者用蒙古包的哈那①进行包裹后埋葬于山洞的习俗进行一个有趣的比较研究。他写道，匈奴人在死者棺具外壁用铁箍进行修饰，中世纪蒙古人把死者用哈那进行包裹，这一现象意为墓主到另一个世界后也与在世时一样有居所，这一习俗从匈奴时期传承到了蒙古时期[104]。

匈奴在埋葬死者时把勒勒车车轮分成两半放置于木棺或木椁上方之后，用石块填满墓坑，近现代蒙古人的丧葬习俗中也有相似的习俗，如下葬完死者回来后会把牛车倒置几天，从而引起学者们的注意[105]。最后总结为"匈奴人统一了中亚地区多个部族建立了统一的匈奴帝国，帝国中除了匈奴人之外还包括其他部族"。研究匈奴族属问题有必要关注以下基本问题：如匈奴主体还未西迁至中亚西部，与其他民族混血之前是什么族群？建立匈奴帝国的核心人群是谁？在蒙古和中亚地区进行的近100年的考古发掘和研究成果证明，匈奴埋葬死者的丧葬习俗、墓葬结构与突厥完全相反，而与蒙古相似[106]。

3. 巴特赛罕根据考古发掘材料认为匈奴人丧葬习俗的某些特征与蒙古相似。如将匈奴墓葬中木棺北侧壁外钉有铁质日月形装饰与蒙古族太阳崇拜进行比较研究，引起了广泛关注[107]。德力格尔汗乌拉、昌德曼乌拉的一些墓葬中观察到尸首分离的葬俗，与蒙古人普遍认为的人的灵魂存在于头颅之内的看法相似[108]，并且将匈奴墓葬中随葬"狗"的习俗与乌桓人丧葬习俗中"狗"承载着特殊使命的记载进行比较，推测匈奴、乌桓和鲜卑人的丧葬习俗不仅相似，而且有些因素与后来的蒙古有着一定的联系[109]。3. 巴特赛罕继续研究匈奴丧葬习俗时，指出"有些墓葬中根据一定的顺序随葬有大型动物和小型动物的头骨、肋骨、尾椎骨以及四个蹄骨，如头骨下放置三对肋骨，枕骨后排列尾椎骨，头骨北侧放置前蹄骨和后蹄骨等。骨骼的摆放形式象征着这些动物活着的生命形态，这一习俗与蒙古族婚礼中'乌查宴（ууц тавих ёс）'②原则上是相似的"[110]。最后总

---

① 哈那，为蒙古包的结构，即蒙古包的围墙。
② 乌查即羊背子，乌查宴又称秀斯或全羊宴，即由整羊背、羊头及四肢等组成，并以特定顺序摆放的食物，也是一种传统礼节用品。

结道，"匈奴、乌桓和鲜卑等部族的丧葬习俗的某些特征与晚期的蒙古具有相似性，这一点表明他们之间存在有渊源关系，自匈奴时期开始，形成统一的蒙古族群的活动就不断地在进行"[111]。

以丧葬习俗探索匈奴族属问题的研究工作得出的众多证据证明，他们与蒙古语族具有一定的联系。我们也基本支持上述学者观点。我们通过研究证实了，匈奴对另一个世界和另一个世界在哪里、哪个方向、如何才能到达那里等想象与蒙古基本相似。

注 释

[1] Джиованни дель Плано Карпини. История монголов. Ред., вступ. ст. и прим. Н. П. Шастиной. М., 1957, c31.

柏朗嘉宾：《蒙古历史》，Н. П. 沙提纳主编，莫斯科，1957，第 31 页。

[2] a. Бартольд В. В. К вопросу о погребальных обрядах турков и монголов. – Сочинения. Т. IV. М., 1966.

В. В. 巴尔托勒德：《突厥与蒙古丧葬习俗的相关问题》，《专著集》第 4 册，莫斯科，1966。

b. Кононов А. Н. Способы и термины определения стран света у тюркских народов. – "Тюркологический сборник. 1974". М., 1978.

А. Н. 科诺诺夫：《突厥语民族确定方向的方法与名称》，《突厥学研究论文集·1974》，莫斯科，1978。

c. Викторова Л. Л. Монголы. Происхождение народа и истоки культуры. М., 1980.

Л. Л. 维克多罗夫：《蒙古族群：人群起源与文化的起源》，莫斯科，1980。

d. Мэнэс Г. К вопросу о способе определения стран света в традиционной системе ориентации монголов. – SH. Tom. XXI, Fasc. 7, УБ., 1987.

Г. 蔑涅斯：《蒙古族传统方向系统中确定自然方向的方法》1987 年第 21 期，第 7 本，乌兰巴托。

e. Подосинов А. В. ExOrienteLux! Ориентация по странам света в архаических культурах Евразии. М., 1999.

А. В. 坡多斯诺夫：《欧亚古代文化中的自然方位》，莫斯科，1999。

[3] Бартольд В. В. К вопросу о погребальных обрядах турков и монголов. – Сочинения. Т. IV. М., 1966.

В. В. 巴尔托勒德：《突厥与蒙古丧葬习俗的相关问题》，《专著集》第 4 册，莫斯科，1966，第 392~393 页。

[4] Кононов А. Н. Способы и термины определения стран света у тюркских народов. – "Тюркологический сборник. 1974". М., 1978.

А. Н. 科诺诺夫：《突厥语民族确定方向的方法与名称》，《突厥学研究论文集·1974》，莫斯科，1978，第 78 页。

[5] Викторова Л. Л. Монголы. Происхождение народа и истоки культуры. М., 1980.

Л. Л. 维克多罗夫：《蒙古族群：人群起源与文化的起源》，莫斯科，1980，第 85~86 页。

[6] a. Мэнэс Г. К вопросу о способе определения стран света в традиционной системе ориентации монголов. – SH. Tom. XXI, Fasc. 7, УБ., 1987.

Г. 蔑涅斯：《蒙古族传统方向系统中确定自然方向的方法》1987 年第 21 期，第 7 本，乌兰巴托，第 49~50 页。

b. Мэнэс Г. Символика солнца в системе погребального обряда монгольских племен. – Археологические памятники средневековья в Бурятии и Монголии. Новосибирск, 1992. с. 11, 13.

Г. 蔑涅斯：《太阳在蒙古语族人群的丧葬习俗中的象征意义》，《中世纪布里亚特与蒙古地区考古学遗存》，新西伯利亚，1992，第 11、13 页。

[7] Мэнэс Г. К вопросу о способе определения стран света в традиционной системе ориентации монголов. – SH. Tom. XXI, Fasc. 7, УБ., 1987.

Г. 蔑涅斯：《蒙古族传统方向系统中确定自然方向的方法》1987 年第 21 期，第 7 本，乌兰巴托，第 50 页。

[8] Мэнэс Г. К вопросу о способе определения стран света в традиционной системе ориентации монголов. – SH. Tom. XXI, Fasc. 7, УБ., 1987.

Г. 蔑涅斯：《蒙古族传统方向系统中确定自然方向的方法》1987 年第 21 期，第 7 本，乌兰巴托，第 50~51 页。

[9] Мэнэс Г. Символика солнца в системе погребального обряда монгольских племен. – Археологические памятники средневековья в Бурятии и Монголии. Новосибирск, 1992. с. 11, 13.

Г. 蔑涅斯：《太阳在蒙古语族人群的丧葬习俗中的象征意义》，《中世纪布里亚特与蒙古地区考古学遗存》，新西伯利亚，1992，第 11、13、20 页。

[10] Катуу Б. Монгол туульсийн бэлгэдэл. УБ., 1996.

Б. 卡图：《蒙古史诗的象征意义》，乌兰巴托，1996。

[11] Катуу Б. Монгол туульсийн бэлгэдэл. УБ., 1996.

Б. 卡图：《蒙古史诗的象征意义》，乌兰巴托，1996，第 50 页。

[12] Трбат Ц., Амартвшин Ч., Эрдэнэбат У. 2003 – Эгийн голын сав нутаг дахь

археологийн дурсгалууд. УБ. , 2003.

Ц. 图尔巴特、Ч. 阿玛尔图布新、У. 额尔顿巴特：《额金河流域考古学文化遗存》，乌兰巴托，2003。

[13] Подосинов А. В. ExOrienteLux! Ориентация по странам света в архаических культурах Евразии. М. , 1999.

А. В. 坡多斯诺夫：《欧亚古代文化中的自然方位》，莫斯科，1999，第 441 页。

[14] a. БоровкаГ. И. Археологическоеобследованиесреднеготечениияр. Толы. - Северная-Монголия. II. Л. , 1927.

Г. И. 波洛夫卡：《图拉河中游地区进行的考古学研究》，《北蒙古 2》，列宁格勒，1927。

b. Лхагвасрэн Х. Буурал уулын монгол булшнууд. - SH. Tom. XXIII, Fasc. 15, УБ. , 1989.

Х. 拉瓦哈苏荣：《布日勒乌拉山蒙古时期墓葬》，《考古研究》1989 年第 23 期，乌兰巴托。

c. Дашибалов Б. Б. Археологические памятники курыкан и хори. Улан - Удэ. , 1995.

Б. Б. 达希巴罗夫：《骨利干考古遗存与霍里部（霍里布里亚特）》，乌兰乌德，1995。

e. Пэрлээ Х. Хн чулуун хшний сэл, хувьслыг судлах тухай. - SA. Tom. VII, Fasc. 2, УБ. , 1977.

Х. 普尔列：《石人像的起源与演变研究》，《考古研究》1977 年第 7 期，乌兰巴托。

f. Асеев И. В. , Кириилов И. И. , Ковычев Е. В. Кочевники Забайкалья в эпоху средневековья（по материалам погребений）. Новосибирск, 1984.

И. В. 阿谢耶夫、И. И. 基里洛夫、Е. В. 科维切夫：《中世纪外贝加尔地区游牧民族（以墓葬材料为例）》，新西伯利亚，1984。

[15] Асеев И. В. , Кириилов И. И. , Ковычев Е. В. Кочевники Забайкалья в эпоху средневековья（по материалам погребений）. Новосибирск, 1984.

И. В. 阿谢耶夫、И. И. 基里洛夫、Е. В. 科维切夫：《中世纪外贝加尔地区游牧民族（以墓葬材料为例）》，新西伯利亚，1984，第 24 页。

[16] Пэрлээ Х. Хн чулуун хшний сэл, хувьслыг судлах тухай. - SA. Tom. VII, Fasc. 2, УБ. , 1977.

Х. 普尔列：《石人像的起源与演变研究》，《考古研究》1977 年第 7 期，乌兰巴托。

[17] Диков Н. Н. Бронзовый век Забайкалья. Улан - Удэ, 1958, с. 63.

H. H. 迪科夫:《外贝加尔青铜时代》, 乌兰乌德, 1958, 第 63 页。

[18] Асеев И. В., Кириилов И. И., Ковычев Е. В. Кочевники Забайкалья в эпоху средневековья（по материалам погребений）. Новосибирск, 1984.

И. В. 阿谢耶夫、И. И. 基里洛夫、Е. В. 科维夫:《中世纪外贝加尔地区游牧民族（以墓葬材料为例）》, 新西伯利亚, 1984, 第 24 页。

[19] Лхагвасрэн Х. Буурал уулын монгол булшнууд. – SH. Tom. XXIII, Fasc. 15, УБ., 1989.

X. 拉瓦哈苏荣:《布日勒乌拉山蒙古时期墓葬》,《考古研究》1989 年第 23 期, 乌兰巴托, 第 140 页。

[20] Асеев И. В., Кириилов И. И., Ковычев Е. В. Кочевники Забайкалья в эпоху средневековья（по материалам погребений）. Новосибирск, 1984.

И. В. 阿谢耶夫、И. И. 基里洛夫、Е. В. 科维切夫:《中世纪外贝加尔地区游牧民族（以墓葬材料为例）》, 新西伯利亚, 1984, 第 60 页。

[21] Семейная. обрядность народов Сибири（опыт сравнительного изучения）. М., 1980. с. 91.

塞梅纳雅:《西伯利亚地区人群的家族习俗（比较研究）》, 莫斯科, 1980, 第 91 页。

[22] Семейная. обрядность народов Сибири（опыт сравнительного изучения）. М., 1980. с. 92.

塞梅纳雅:《西伯利亚地区人群的家族习俗（比较研究）》, 莫斯科, 1980, 第 92 页。

[23] Семейная. обрядность народов Сибири（опыт сравнительного изучения）. М., 1980. с. 93.

塞梅纳雅:《西伯利亚地区人群的家族习俗（比较研究）》, 莫斯科, 1980, 第 93 页。

[24] Семейная. обрядность народов Сибири（опыт сравнительного изучения）. М., 1980. с. 96.

塞梅纳雅:《西伯利亚地区人群的家族习俗（比较研究）》, 莫斯科, 1980, 第 96 页。

[25] Семейная. обрядность народов Сибири（опыт сравнительного изучения）. М., 1980. с. 99.

塞梅纳雅:《西伯利亚地区人群的家族习俗（比较研究）》, 莫斯科, 1980, 第 99 页。

[26] Семейная. обрядность народов Сибири（опыт сравнительного изучения）. М., 1980. с. 108.

塞梅纳雅：《西伯利亚地区人群的家族习俗（比较研究）》，莫斯科，1980，第108页。

[27] Семейная. обрядность народов Сибири（опыт сравнительного изучения）. М., 1980. с. 110.

　　塞梅纳雅：《西伯利亚地区人群的家族习俗（比较研究）》，莫斯科，1980，第110页。

[28] Семейная. обрядность народов Сибири（опыт сравнительного изучения）. М., 1980. с. 112.

　　塞梅纳雅：《西伯利亚地区人群的家族习俗（比较研究）》，莫斯科，1980，第112页。

[29] МихайловТ. М. Изисториибурятскогошаманизма（сдревнейшихвремендо XVIII в.）. Новосибирск, 1980.

　　Т. М. 米哈伊罗夫：《布里亚特萨满史（远古时期至18世纪）》，新西伯利亚，1980。

[30] Данилов С. В. Жертвенный комплекс у с. Нижний Бургултай и некоторые вопросы древних обрядов и верований. - Культуры и памятники бронзового и раннего железного веков Забайкалья. У. - У., 1995. с. 94 - 99.

　　С. В. 达尼洛夫：《布尔古勒泰村下游祭祀址与古代一系列祭祀仪式与信仰问题》，《外贝加尔地区青铜至早期铁器时代文化与遗存》，乌兰乌德，1995，第94～99页。

[31] Дашибалов Б. Б. Археологические памятники курыкан и хори. Улан - Удэ., 1995.

　　Б. Б. 达希巴罗夫：《骨利干考古遗存与霍里部（霍里布里亚特）》，乌兰乌德，1995，第93页。

[32] Плетнева С. А. Кочевники средневековья（поиски исторических закономерностей）. М., 1982. с. 82 - 83.

　　С. А. 彭列特涅瓦：《中世纪游牧民族（探索历史规律）》，莫斯科，1982，第82～83页。

[34] Гильом де Рубрук. Дорно этгээдэд зорчсон минь. УБ., 1988. т. 158.

　　卢布鲁克：《东行纪》，乌兰巴托，1988，第158页。

[35] ПэрлээХ. Эртниймонголчуудынхэгсдээоршуулжбайсанзанйлийнасуудалд. - Эрдэмшинжилгээнийглдд. УБ., 2001. т. 161.

　　X. 普尔列：《古代蒙古人丧葬习俗研究》，《学术论文集》，乌兰巴托，2001，第161页。

[36] ПэрлээХ. Эртниймонголчуудынхэгсдээоршуулжбайсанзанйлийнасуудалд. - Эрдэмшинжилгээнийглдд. УБ., 2001. т. 156.

X. 普尔列：《古代蒙古人丧葬习俗研究》，《学术论文集》，乌兰巴托，2001，第156页。

[37] Трбат Ц., Амартвшин Ч., Эрдэнэбат У. 2003 – Эгийн голын сав нутаг дахь археологийн дурсгалууд. УБ., 2003.

Ц. 图尔巴特、Ч. 阿玛尔图布新、У. 额尔顿巴特：《额金河流域考古学文化遗存》，乌兰巴托，2003，第105页。

[38] СвининВ. В., Сэр – ОджавН. НовыйпамятникхуннскогоискусстваМонголии. – Древ-нияисториянародовЮго – ВосточнойСибири. Вып. 3, Новосибирск, 1975. рис. 2, 3.

В. В. 斯维尼尼、Н. 色尔-奥德扎布：《蒙古国新发现的匈奴时期遗存》，《南—东部西伯利亚古代民族的历史》第3卷，新西伯利亚，1975，图2、3。

[39] ДоржсрэнЦ. 1961 – УмардХнн（эртнийсудлалыншинжилгээ）. – SA. Tom. I, Fasc. 5, УБ., 1961.

Ц. 道尔吉苏荣：《北匈奴（考古学研究）》，《考古研究》1961年第1期，乌兰巴托。

[40] НовгородоваЭ. А. МирпетроглифовМонголии. М., 1984. с. 64.

Э. А. 诺夫戈罗多娃：《蒙古岩画世界》，莫斯科，1984，第64页。

[41] СхбаатарГ. Монголчуудынэртнийвг（Хнннарынажахуй, нийгмийнбайгуулал, соёл, угсаагарвал. МЭ IV – МЭ II зуун）. УБ., 1980. т. 35.

Г. 苏和巴特尔：《蒙古人的祖先：匈奴经济、社会组织、文化与族源（公元前4～公元2世纪）》，乌兰巴托，1980，第35页。

[42] СхбаатарГ. Монголчуудынэртнийвг（Хнннарынажахуй, нийгмийнбайгуулал, соёл, угсаагарвал. МЭ IV – МЭ II зуун）. УБ., 1980. т. 41.

Г. 苏和巴特尔：《蒙古人的祖先：匈奴经济、社会组织、文化与族源（公元前4～公元2世纪）》，乌兰巴托，1980，第41页。

[43] РуденкоС. И. Культурахунновиноинулинскиекурганы. М. – Л., 1962. с. 51.

С. И. 鲁金科：《匈奴文化与诺彦乌拉巨冢》，莫斯科—列宁格勒，1962，第51页。

[44] Волков В. В. Древние колесницы Монгольского Алтая. – SA. Tom. V, Fasc 6, УБ., 1972. т. 75 – 78. зур. 1 – 6.

В. В. 沃尔科夫：《蒙古阿尔泰的古代战车》，《考古研究》第5辑第6本，1972，第75～78页，图16。

[45] a. Дорж Д., Новгородова Э. А. Петроглифы Монголии. УБ., 1975. т. 44.

Д. 道尔吉、Э. А. 诺夫戈罗多娃：《蒙古岩画》，乌兰巴托，1975，第44页。

b. Сэр – Оджав Н. Монголын эртний тх（археологийн найруулал）. УБ., 1977, т. 105.

[46] Новгородова Э. А. Мир петроглифов Монголии. М. , 1984. с. 111 – 112.

Э. А. 诺夫戈罗多娃：《蒙古岩画世界》，莫斯科，1984，第 111~112 页。

[47] Баттулга Ц. Дэл уулын Баруун билний II, III бичээс. – SA. Tom. XYIII, Fasc. 9, УБ. , 1998, т. 109 – 115.

Ц. 巴特图拉嘎：《德勒乌兰山巴润毕鲁 2 号、3 号刻文》，《考古研究》1998 年第 17 期，乌兰巴托，第 109~115 页。

[48] Схбаатар Г. Монголчуудын эртний вг (Хннны рын ажахуй, нийгмийн байгуулал, соёл, угсаа гарвал. МЭ IV – МЭ II зуун). УБ. , 1980. т. 35.

Г. 苏和巴特尔：《蒙古人的祖先：匈奴经济、社会组织、文化与族源（公元前 4~公元 2 世纪）》，乌兰巴托，1980，第 35 页。

[49] Цэвээндорж Д. Хннгийн археологи. – Монголын археологи. SA. Tom. XII, УБ. , 1987, т. т. 75.

Д. 策文道尔吉：《匈奴考古》，《考古研究》1987 年第 12 期，乌兰巴托，第 75 页。

[50] Дисан Т. зэмчин. – Монгол улсын угсаатны зүй. Редактор С. Бадамхатан. УБ. , 1998. т. 187.

Т. 迪三：《乌珠穆沁》，色·巴德玛哈坦主编《蒙古国民族学》，乌兰巴托，1998，第 187 页。

[51] Алексеев В. П. Ранние формы религии тюркоязычных народов Сибири. М. , 1980. с. 206.

阿列克谢耶夫：《西伯利亚突厥民族早期宗教仪式》，莫斯科，1980，第 206 页。

[52] Трбат Ц. " Сэргэ" – эртний ндэлчдийн оршуулгын дурсгалын нэгэн чухал элемент. – SA. Tom. XII, Fasc. 14, УБ. , 2000.

Ц. 图尔巴特：《"色日格"——古代游牧民族丧葬制度重要因素》，《考古研究》2000 年第 22 期，乌兰巴托。

[53] Трбат Ц. Тамирын Улаан хошууны булш хннгийн угсаатны брэлдэхний асуудалд. – Тхийн сэтгл. Tom. IV, Fasc. 1, УБ. , 2003.

Ц. 图尔巴特：《塔米尔乌兰和硕墓地与匈奴民族构成问题》，《历史学刊》2003 年第 4 期，乌兰巴托。

[54] Миняев С. С. Дырестуйский могильник. СПб. , 1998. с. 75.

С. С. 米尼亚耶夫：《德列斯图依墓葬》，圣彼得堡，1998，第 75 页。

[55] Excavation – Excavation at Laoheshen in Yushu county. Compiled by Jilin Institute of Archaeology. Cultural Relics Publishing House, 1987.

吉林省文物考古研究所编《榆树老河深》，文物出版社，1987。

[56] ПэрлээХ. Эртниймонголчуудынхэгсдээоршуулжбайсанзанйлийнасуудалд. – Эрдэ-мшинжилгээнийгллд. УБ. , 2001. т. 158.

X. 普尔列:《古代蒙古人丧葬习俗研究》,《学术论文集》, 乌兰巴托, 2001, 第158页。

[57] Коновалов П. Б. Этнические аспекты истории Центральной Азии (древность и средневековье). Улан – Удэ, 1999. c. 45.

П. Б. 科诺瓦洛夫:《以民族学角度探视中亚历史（史前与中世纪）》, 乌兰乌德, 1999, 第45页。

[58] Crubezy et al, 2002 – Crubezy E. , Keyser Ch. , Ludes B. Les surprises de l'AND ancien. – in. LA RECHERCHE 353, Mai 2002, pp. 44 – 47.

E. 克鲁贝兹、Ch. 克伊斯尔、B. 路德斯:《来自古 DNA 的惊喜》,《LA RECHERCHE》2002 年 5 月, 第 44~47 页。

[59] Keiser – Tracqui et al, 2003 – Christine Keiser – Tracqui, Eric Crubezy & Bertrand Ludes. Nuclear and Mitochondrial DNA Analysis of a 2000 – Year – Old Necropolis in the Egyin Gol Valley of Mongolia. – in. *American Journal of Human Genetics*. 73, 2003.

Ch. 克伊斯尔、E. 克鲁贝兹、B. 卢德思:《距今 2000 年蒙古国额金河谷墓地前核基因和线粒体 DNA 分析》,《美国人类遗传学杂志》, 73, 2003。

[60] Kolman, C. J. , Sambuughin, N. , Bermingham, E. (1996) Mitochondrial DNA analysis of Mongolian populations and implications for the origin of New World founders. – in: *Genetics*, 1996, Vol. 142, pp. 1321 – 1334.

C.J. 科尔曼、N. 桑布金、E. 伯明翰:《蒙古族群的线粒体 DNA 分析及其对新大陆发现者起源研究的意义》,《遗传学》, 1996, 第 142 卷, 第 1321~1334 页。

[61] Keiser – Tracqui et al, 2003 – Christine Keiser – Tracqui, Eric Crubezy & Bertrand Ludes. Nuclear and Mitochondrial DNA Analysis of a 2000 – Year – Old Necropolis in the Egyin Gol Valley of Mongolia. – in. *American Journal of Human Genetics*. 73, 2003.

Ch. 克伊斯尔、E. 克鲁贝兹、B. 卢德思:《距今 2000 年蒙古国额金河谷墓地前核基因和线粒体 DNA 分析》,《美国人类遗传学杂志》, 73, 2003。

[62] ТмэнД. 1992 – Хннчдийнгаралслийгпалеоантропологийнднээсхндснсудалсансудалгаа-нызаримдн. – ОлонУлсынМонголчЭрдэмтний V иххурал. Боть 3. УБ. , 1992. т 57.

Д. 图门:《从体质人类学角度研究匈奴族源的相关收获》,《国际蒙古学者第五次大会文集 3》, 乌兰巴托, 1992, 第 57 页。

[63] БатсуурьЖ. Монголчуудынлгийнутаг, гаралслийггенетикийнсудалгаагаармшгсннь. – ОУМЭ – ний V иххурал. Боть 3. УБ. , 1992, т. 61.

Ж. 巴特苏日:《以基因学研究追踪蒙古人故地和源流》,《国际蒙古学者第五次大会文集 3》, 乌兰巴托, 1992, 第 61 页。

[64] ДоржсрэнЦ. ХойтХннгийнбулш. - ШинжлэхУхааныХрээлэнгийн ЭШБ. №1, УБ., 1956. т. 41.

Ц. 道尔吉苏荣：《北匈奴的墓葬》，《科学院学报》1956 年第 1 期，乌兰巴托，第 41 页。

[65] ДоржсрэнЦ. УмардХнн（эртнийсудлалыншинжилгээ）. - SA. Tom. I, Fasc. 5, УБ., 1961. т. 96.

Ц. 道尔吉苏荣：《北匈奴（考古学研究）》，《考古研究》1961 年第 1 期，乌兰巴托，第 96 页。

[66] ЦэвээндоржД. Хннгийнархеологи. - Монголынархеологи. SA. Tom. XII, УБ., 1987, т. т. 75.

Д. 策文道尔吉：《匈奴考古》，《考古研究》1987 年第 12 期，乌兰巴托，第 75 页。

[67] Гумилев Л. Н. Хунну. СПб., 1993. с. 37.

Л. Н. 古米列夫：《匈奴》，圣彼得堡，1993，第 37 页。

[68] Цыбиктаров А. Д. К вопросу об участии населения культуры плиточных могил Монголии и Забайкалья в формировании культуры Хунну. - 100 лет хуннской археологии. ч. I, Улан - Удэ, 1996, с. 17.

А. Д. 策比克塔罗夫：《关于蒙古与外贝加尔地区石板墓文化的人群参与匈奴文化形成的相关问题》，《匈奴考古 100 年》第 1 部，乌兰乌德，1996，第 17 页。

[69] НаваанД. ДорнодМонголынхрлийне. УБ., 1975. т. 127 - 128.

Д. 那旺：《东蒙古青铜时代》，乌兰巴托，1975，第 127 ~ 128 页。

[70] НаваанД. ДорнодМонголынхрлийне. УБ., 1975. т. 128.

Д. 那旺：《东蒙古青铜时代》，乌兰巴托，1975，第 128 页。

[71] НаваанД. ДорнодМонголынхрлийне. УБ., 1975. т. 37.

Д. 那旺：《东蒙古青铜时代》，乌兰巴托，1975，第 37 页。

[72] Волков В. В. Бронзовый и ранный железный век Северной Монголии. УБ., 1967. с. 44 - 45.

В. В. 沃尔科夫：《北蒙古青铜至早期铁器时代》，乌兰巴托，1967，第 44 ~ 45 页。

[73] Волков В. В. Бронзовый и ранный железный век Северной Монголии. УБ., 1967. с. 102 - 103.

В. В. 沃尔科夫：《北蒙古青铜至早期铁器时代》，乌兰巴托，1967，第 102 ~ 103 页。

[74] Сэр - Оджав Н. Монголын эртний тх（археологийн найруулал）. УБ., 1977. т. 50.

Н. 色尔 - 奥德扎布：《蒙古古代史（考古散记）》，乌兰巴托，1977，第 50 页。

[75] Цыбиктаров А. Д. К вопросу об участии населения культуры плиточных могил

[76] Цыбиктаров А. Д. К вопросу об участии населения культуры плиточных могил Монголии и Забайкалья в формировании культуры Хунну. — 100 лет хуннской археологии. ч. I, Улан – Удэ, 1996, с. 17.

А. Д. 策比克塔罗夫：《关于蒙古与外贝加尔地区石板墓文化的人群参与匈奴文化形成的相关问题》，《匈奴考古100年》第1部，乌兰乌德，1996，第17页。

[76] Цыбиктаров А. Д. К вопросу об участии населения культуры плиточных могил Монголии и Забайкалья в формировании культуры Хунну. — 100 лет хуннской археологии. ч. I, Улан – Удэ, 1996, с. 18 – 20.

А. Д. 策比克塔罗夫：《关于蒙古与外贝加尔地区石板墓文化的人群参与匈奴文化形成的相关问题》，《匈奴考古100年》第1部，乌兰乌德，1996，第18~20页。

[77] Коновалов П. Б. Этнические аспекты истории Центральной Азии (древность и средневековье). Улан – Удэ, 1999. с. 52.

П. Б. 科诺瓦洛夫：《以民族学角度探视中亚历史（史前与中世纪）》，乌兰乌德，1999，第52页。

[78] Тянь Гуанцзинь. Цзиньняньлай нэймэнгу дицюйдэ сюнну каогу (вр Монголын рт засах оронд слийн ед хийсэн хннгийн археологийн судалгаа) - Каогу шюэ - бао. 1983, №1.

田广金：《近年来内蒙古地区的匈奴考古》，《考古学报》1983年第1期。

[79] Тянь Гуанцзинь. Цзиньняньлай нэймэнгу дицюйдэ сюнну каогу (вр Монголын рт засах оронд слийн ед хийсэн хннгийн археологийн судалгаа) - Каогу шюэ - бао. 1983, №1.

田广金：《近年来内蒙古地区的匈奴考古》，《考古学报》1983年第1期，第19页。

[80] У Энь, 1990 - Лунь сюнну каогу яньцзючжундэ цзигэ вэньти. - Каогу шюэбао. 1990, №4, т. 422.

乌恩：《论匈奴考古研究中的几个问题》，《考古学报》1990年第4期，第422页。

[81] Комиссаров С. А. Комплекс вооружения древнего Китая. Эпоха поздней бронзы. Новосибирск, 1988. с. 100 – 102.

С. А. 卡米萨罗夫：《古代中国武器——青铜时代晚期》，新西伯利亚，1988，第100~102页。

[82] Комиссаров С. А. Комплекс вооружения древнего Китая. Эпоха поздней бронзы. Новосибирск, 1988. с. 100.

С. А. 卡米萨罗夫：《古代中国武器——青铜时代晚期》，新西伯利亚，1988，第100页。

[83] a. Варенов А. В. Где проходила восточная граница расселения сюнну (к проблеме

этнической атрибуции погребений). – 24 – ая науч. конф. "Общество и государство в Китае". Тез. докл. Ч. 1, М., 1993.

А. В. 瓦列诺夫：《匈奴领地东部边界到哪里？（以墓葬遗存考证匈奴族属问题）》,《第 24 届"中国古代社会与国家"学术会议论文集》第 1 部, 莫斯科, 1993。

b. Варенов А. В. Скифские памятники Алтая, Ордоса и происхождение сюннуской культуры. – Проблемы охраны, изучения и использования культурного наследия Алтая: Тез. конф. Барнаул, 1995.

А. В. 瓦列诺夫：《阿尔泰、鄂尔多斯斯基泰遗存与匈奴文化起源》, "阿尔泰文化遗产的保护, 研究和使用的问题"学术会议论文, 巴尔瑙尔, 1995。

c. Варенов А. В. Древнее население Алтая и происхождение сюнну. – Аборигены Сибири: проблемы изучения исчезающих языков и культур. Тез. докл. междунар. конф. Новосибирск, 1995.

А. В. 瓦列诺夫：《阿尔泰古代人群与匈奴的起源》,《"西伯利亚原住民：濒危语言和文化的研究问题"国际学术会议论文集》, 1995。

[84] Варенов А. В. Древнее население Алтая и происхождение сюнну. – Аборигены Сибири: проблемы изучения исчезающих языков и культур. Тез. докл. междунар. конф. Новосибирск, 1995.

А. В. 瓦列诺夫：《阿尔泰古代人群与匈奴的起源》,《"西伯利亚原住民：濒危语言和文化的研究问题"国际学术会议论文集》, 1995, 第 124 页。

[85] Варенов А. В. Древнее население Алтая и происхождение сюнну. – Аборигены Сибири: проблемы изучения исчезающих языков и культур. Тез. докл. междунар. конф. Новосибирск, 1995.

А. В. 瓦列诺夫：《阿尔泰古代人群与匈奴的起源》,《"西伯利亚原住民：濒危语言和文化的研究问题"国际学术会议论文集》, 1995, 第 124 页。

[86] Алкин С. В. Погребения с подбоем в Центральной Азии. – Палеэтнология Сибири. Тез. докл. XXV РАСК. Иркутск, 1990. с. 68 – 70.

С. В. 阿勒金：《中亚偏室墓》, 第 25 届俄罗斯科学院大学生考古学研讨会"西伯利亚古民族学"学术会议论文, 伊尔库茨克, 1990, 第 68 ~ 70 页。

[87] Миняев С. С. Культуры скифского времени Центральной Азии и сложение племенного союза сюнну. – Тез. докл. Всесоюз. конф. "Проблемы скифо – Сибирского культурно – исторического единства". Кемерово, 1979, с. 75 – 76.

С. С. 米尼亚耶夫：《斯基泰时期中亚文化及匈奴联盟形成》, "斯基泰 – 西伯利亚历史文化共性问题"全苏联学术会议论文, 克麦罗沃, 1979, 第 75 ~ 76 页。

[88] Миняев С. С. Происхождение сюнну: современное состояние, проблемы. – Проб-

лемы археологии Степной Евразии. Тез. докл. конф. Ч. 2, Кемерово, 1987, с. 142 – 145.

С. С. 米尼亚耶夫:《匈奴的起源：研究现状与问题》,《欧亚草原考古学问题学术会议论文》第 2 部, 克麦罗沃, 1987, 第 142 ~ 145 页。

[89] Комиссаров С. А. Комплекс вооружения древнего Китая. Эпоха поздней бронзы. Новосибирск, 1988. с. 100 – 102.

С. А. 卡米萨罗夫:《古代中国武器——青铜时代晚期》, 新西伯利亚, 1988, 第 89 页。

[90] Ковалев А. А. О происхождении хунну. – Центральная Азия и Прибайкалье в древности. Улан – Удэ – Чита, 2002, с. 103 – 131.

А. А. 科瓦列夫:《匈奴起源》,《古代中亚与贝加尔湖西部地区》, 乌兰乌德、赤塔, 2002, 第 103 ~ 131 页。

[91] Коновалов П. Б. Этнические аспекты истории Центральной Азии (древность и средневековье). Улан – Удэ, 1999. с. 60.

П. Б. 科诺瓦洛夫:《以民族学角度探视中亚历史（史前与中世纪）》, 乌兰乌德, 1999, 第 60 页。

[92] Ковалев А. А. О происхождении хунну. – Центральная Азия и Прибайкалье в древности. Улан – Удэ – Чита, 2002, с. 118.

А. А. 科瓦列夫:《匈奴起源》,《古代中亚与贝加尔湖西部地区》, 乌兰乌德、赤塔, 2002, 第 118 页。

[93] Ковалев А. А. О происхождении хунну. – Центральная Азия и Прибайкалье в древности. Улан – Удэ – Чита, 2002, с. 119.

А. А. 科瓦列夫:《匈奴起源》,《古代中亚与贝加尔湖西部地区》, 乌兰乌德、赤塔, 2002, 第 119 页。

[94] Ковалев А. А. О происхождении хунну. – Центральная Азия и Прибайкалье в древности. Улан – Удэ – Чита, 2002, с. 119.

А. А. 科瓦列夫:《匈奴起源》,《古代中亚与贝加尔湖西部地区》, 乌兰乌德、赤塔, 2002, 第 119 页。

[95] ПолосьмакН. В. Некоторыеаналогипогребениямвмогильникеудер. Даодуньцзыипроблемапроисхождениясюннускойкультуры. – Китайвэпохудревности. Новосибирск, 1990, с. 101 – 107.

Н. В. 波罗斯玛克:《倒墩子墓葬的一些共性与匈奴文化起源问题》,《古代中国》, 新西伯利亚, 1990, 第 101 ~ 107 页。

[96] Коновалов П. Б. Этнические аспекты истории Центральной Азии (древность и средневековье). Улан – Удэ, 1999. с. 55.

П. Б. 科诺瓦洛夫：《以民族学角度探视中亚历史（史前与中世纪）》，乌兰乌德，1999，第55页。

[97] Постнова Т. А. К проблеме хронологии культуры Хунну. – 100 лет хуннской археологии. ч. I, Улан – Удэ, 1996, с. 57.

Т. А. 波斯塔诺娃：《匈奴墓葬的年代问题》，《匈奴考古100年》第1部，乌兰乌德，1996，第57页。

[98] Трбат Ц., Амартвшин Ч., Эрдэнэбат У. 2003 - Эгийн голын сав нутаг дахь археологийн дурсгалууд. УБ., 2003.

Ц. 图尔巴特、Ч. 阿玛尔图布新、У. 额尔顿巴特：《额金河流域考古学文化遗存》，乌兰巴托，2003，第136页。

[99] Трбат Ц. ТамирынУлаанхошууныбулшбахннгийнугсаатныбрэлдэхнийасуудалд. –Тхийнсэтгл. Tom. IV, Fasc. 1, УБ., 2003.

Ц. 图尔巴特：《塔米尔乌兰和硕墓地与匈奴民族构成问题》，《历史学刊》2003年第4期，乌兰巴托。

[100] Наваан Д. Дорнод Монголын хрлийн е. УБ., 1975. т. 37.

Д. 那旺：《东蒙古青铜时代》，乌兰巴托，1975，第37页。

[101] a. ЦэвээндоржД. Хннгийнархеологи. – Монголынархеологи. SA. Tom. XII, УБ., 1987, т. т. 75.

Д. 策文道尔吉：《匈奴考古》，《考古研究》1987年第12期，乌兰巴托，第75页。

b. Цэвээндорж Д. 1989 - Хиргист хоолой, Оньтолтын хнн булш. – SH. Tom. XXIII, Fasc. 8, УБ., 1989, т. 68.

Д. 策文道尔吉：《赫列克斯特壕莱、乌尼陶勒特匈奴墓葬》，《历史研究》1989年第23期，乌兰巴托。

c. ЦэвээндоржД. 1993 – Хннныноршуулгындурсгалбаугсаахамаадахынзаримасу-удал. – Монгол, Солонгосулсынхамтарсанэрдэмшинжилгээ 2, Сл, 1993, т. 212 - 213.

Д. 策文道尔吉：《匈奴墓葬遗存与匈奴族源相关问题研究》，《蒙韩联合学术研究2》，首尔，1993。

d. БатсайханЗ. 2003 - Хнн（Археологи, угсаатнызй, тх）. УБ., 2003, т. 212 - 214.

З. 巴特赛罕：《匈奴（考古学、民族学与历史学研究）》，乌兰巴托，2003。

[102] ЦэвээндоржД. Хннгийнархеологи. – Монголынархеологи. SA. Tom. XII, УБ., 1987, т. т. 77.

Д. 策文道尔吉：《匈奴考古》，《考古研究》第12期，乌兰巴托，1987，第

77页。

[103] Цэвээндорж Д. 1989 – Хиргист хоолой, Оньтолтын хнн булш. – SH. Tom. XXIII, Fasc. 8, УБ., 1989, т. 68.

Д. 策文道尔吉:《赫列克斯特壕莱、乌尼陶勒特匈奴墓葬》,《历史研究》1989年第23期,乌兰巴托,第68页。

[104] ЦэвээндоржД. 1993 – Хнннарыноршуулгындурсгалбаугсаахамаадахынзаримасуудал. – Монгол, Солонгосулсынхамтарсанэрдэмшинжилгээ 2, Сл, 1993, т. 212 – 213.

Д. 策文道尔吉:《匈奴墓葬遗存与匈奴族源相关问题研究》,《蒙韩联合学术研究 2》,首尔,1993,第212~213页。

[105] ЦэвээндоржД. 1993 – Хнннарыноршуулгындурсгалбаугсаахамаадахынзаримасуудал. – Монгол, Солонгосулсынхамтарсанэрдэмшинжилгээ 2, Сл, 1993, т. 213.

Д. 策文道尔吉:《匈奴墓葬遗存与匈奴族源相关问题研究》,《蒙韩联合学术研究 2》,首尔,1993,第213页。

[106] ЦэвээндоржД. 1993 – Хнннарыноршуулгындурсгалбаугсаахамаадахынзаримасуудал. – Монгол, Солонгосулсынхамтарсанэрдэмшинжилгээ 2, Сл, 1993, т. 214.

Д. 策文道尔吉:《匈奴墓葬遗存与匈奴族源相关问题研究》,《蒙韩联合学术研究 2》,首尔,1993,第214页。

[107] БатсайханЗ. 2003 – Хнн (Археологи, угсаатнызй, тх). УБ., 2003, т. 212 – 214.

З. 巴特赛罕:《匈奴(考古学、民族学与历史学研究)》,乌兰巴托,2003,第212~214页。

[108] БатсайханЗ. 2003 – Хнн (Археологи, угсаатнызй, тх). УБ., 2003, т. 214 – 215.

З. 巴特赛罕:《匈奴(考古学、民族学与历史学研究)》,乌兰巴托,2003,第214~215页。

[109] БатсайханЗ. 2003 – Хнн (Археологи, угсаатнызй, тх). УБ., 2003, т. 217.

З. 巴特赛罕:《匈奴(考古学、民族学与历史学研究)》,乌兰巴托,2003,第217页。

[110] БатсайханЗ. 2003 – Хнн (Археологи, угсаатнызй, тх). УБ., 2003, т. 219.

З. 巴特赛罕:《匈奴(考古学、民族学与历史学研究)》,乌兰巴托,2003,第219页。

[111] БатсайханЗ. 2003 – Хнн (Археологи, угсаатнызй, тх). УБ., 2003, т. 231.

З. 巴特赛罕:《匈奴(考古学、民族学与历史学研究)》,乌兰巴托,2003,第231页。

结　语

本书根据蒙古国境内发掘的 174 座墓葬与外贝加尔地区发掘的 400 余座墓葬材料，首次对匈奴平民墓葬的丧葬习俗进行了专门的研究，并得出以下几点结论。

①虽然匈奴墓葬遗存的分布区域极其广阔，并且在历史上延续了 400 年。但就丧葬习俗而言，已确定它们具有高度一致性。导致这一现象的主要原因可能与其建立了统一的政权、形成了统一的生活习俗和宗教信仰以及各部落间积极的社会生活交流有关。

②匈奴各墓地平均有近 100 座墓葬，这一现象表明他们每个氏族都有各自的家族圣地［类似中古时期蒙古、突厥语系民族有浩力格（大禁地）、哈勒墩、布尔罕哈勒墩等］，在这一高贵而神圣的区域附近安葬死者意在使家族逝者在此与祖先相会。他们的生死观已经趋于成熟稳定，毋庸置疑，正是这一观念在影响着他们的丧葬习俗。

③虽然某些地区的墓葬具有地域性特点，但这些墓葬的内容及特征总体上没有明显的差异。目前为止，分不出具有明显年代差异的墓葬群。布尔罕陶勒盖墓地中记录的某些特征的墓葬可能属于匈奴早期。

④匈奴人具有特定的丧葬习俗和严格的丧葬制度（主要包括对不同年龄和性别的人建造不同规格和形制的墓葬、随葬不同的器物以及牲畜等）。

⑤一个匈奴墓地由年代和墓主人社会地位不同的若干墓群组成。这些墓群又可分为主墓和附属（殉葬）墓等，主墓主要埋葬男性，附属墓一般埋葬女性和儿童。

⑥在研究过程中发现匈奴墓葬中不仅有殉牲，还常见有殉葬人的现象。一般成年男性会以儿童或成年女性殉葬。这一独特的现象将成为研究匈奴社会和家庭关系的重要资料。

⑦匈奴考古学文化是在青铜至早期铁器时代的石板墓文化和漠南游牧文化间的交流、融合的基础上形成的。这一交流和融合可能发生于公元前4～前3世纪。

⑧通过丧葬习俗的角度研究匈奴的族属问题，可发现他们与蒙古人群具有很多相似之处。这里包括墓地的选择、墓葬结构与布局、殉牲的选择及其摆放、随葬遗物种类、墓主人的埋葬方式与方向等诸多方面。除此之外，值得一提的是，匈奴人当中流行将把逝者送往另一世界的坐骑拴在一个叫"色日格"（cəprə）的拴马桩上的习俗，这一习俗和中世纪蒙古族如出一辙。另外，匈奴人也把马车视为将逝者送往另一个世界的交通工具，这种观念也与现代蒙古族相同。蒙古国与外国一些体质人类学家和基因学家认为匈奴人与蒙古人具有一定的族源关系，本书所涉及的匈奴丧葬习俗方面的材料进一步印证了这一观点。

附录1　蒙古国境内匈奴墓葬概况

后杭爱省

1. 古尔班毛都特（三棵树）乌拉墓地

Д. 那旺发现于后杭爱省巴特澄格勒苏木。发掘5座墓，剩下的未进行记录，具体有几座墓未知[1]。1983年再次发掘了1座墓葬[2]。

2. 索勒碧乌拉墓地

后杭爱省巴特澄格勒苏木以西5公里处塔米尔河北岸由北向南走向的山称为索勒碧乌拉山。这座山东北有1座尖顶小山，称为文都尔呼和山，沿此山向东伸出的小山称为察黑勒山。察黑勒山东南向塔米尔河伸出的平缓的山梁称为巴勒塔嘎尔。巴润阿姆（西山口）墓地位于索勒碧乌拉东侧向塔米尔河由北向南走向的冲水沟西岸台地上，沿冲水沟西岸台地由北向南分布着114座匈奴墓。1980年蒙古－苏联历史文化联合调查项目组发掘了其中的3座墓。尊阿木（东山口）墓地位于巴润阿木（西山口）墓地以东约400米处，察黑勒乌拉阳面至巴勒塔嘎尔西侧西南走向的小山口的西岸，由西南至东北走向分布着57座墓葬。1987年蒙古－匈牙利联合考古队发掘2座墓葬[3]，坐标为47°79′43.3″N，101°88′1.8″E，海拔1479米。

3. 呼都根陶勒盖墓地

后杭爱省巴特澄格勒苏木巴彦乌拉巴嘎（村）西北30公里阿墩朝鲁乌拉阳面有一座小山丘，当地牧民称为呼都根陶勒盖。在这处较平坦而狭长的山口处分布着306座匈奴墓葬、3座赫列克苏尔遗存。1981年 Д. 那旺、В. В. 沃尔科夫、П. Б. 科诺瓦洛夫等学者在此墓地发掘10座墓[4]。1987年蒙古－匈牙利联合考古队在此墓地发掘2座墓葬[5]。此后2001年蒙古－韩国联合考古队也发掘了4座墓[6]。

4. 西沃特阿木墓地

1978 年蒙古-苏联历史青铜至铁器时代考古队在巴特澄格勒苏木西沃特阿木发掘 2 座匈奴墓[7]。

5. 额哲给特呼吉尔墓地

巴特澄格勒苏木呼都根陶勒盖附近有一处 72 座墓葬的墓地[8]。1981 年蒙古-苏联历史文明联合调查项目组在此地发掘 6 座墓葬[9]。

6. 额莫勒陶勒盖墓地

位于巴特澄格勒与乌贵诺尔苏木之间塔米尔河北岸乌兰和硕墓地西侧。Д. 那旺、З. 巴特赛罕共同带领蒙古国国立大学学生一起在此处的 30 座墓葬中发掘了 7 座墓葬[10]，坐标为 47°47′7.3″N，102°15′59.2″E，海拔 1465 米。

7. 呼塔嘎乌拉墓地

位于乌贵诺尔苏木与哈沙特苏木之间的呼塔嘎乌拉山。1971 年 Д. 那旺、В. В. 沃尔科夫等曾在此处发掘 1 座匈奴墓[11]。

8. 塔米尔乌兰和硕墓地

位于乌贵诺尔苏木以北 24 公里。此处分布着由东北-西南走向的土丘，其中最西边较高的土丘被当地牧民称为布尔罕或布尔罕陶勒盖。现生活在当地的牧民普遍称为乌兰和硕。因此，命名为塔米尔乌兰和硕匈奴墓地。墓葬沿布尔罕陶勒盖和乌兰和硕之间高出河谷 30 米的两岸较平缓的台地上分布。台地上向南可看到北塔米尔河、纳林萨拉河，北为鄂尔浑河木桥至巴特澄格勒苏木的中央公路经过此处。2000 年 З. 巴特赛罕首次发现并发掘 5 座墓葬。2001 年 Ц. 图尔巴特发掘的 2 座墓，发表了发掘简报[12]，同时 З. 巴特赛罕又发掘 9 座墓葬[13]。2002 年 Ц. 图尔巴特对墓地进行了测绘并绘制平面图，共统计出 370 座墓葬。坐标为 47°76′75.4″N，102°44′72.4″E，海拔 1389 米。

9. 高勒毛都墓地

Ц. 道尔吉苏荣首次在海尔罕苏木地区发现。1956~1957 年在该墓地发掘平民墓 26 座，1 座贵族墓未发掘完[14]。2000 年蒙古-法国联合考古队在此处墓地共统计 700 座墓并发掘 10 座平民墓、2 座贵族墓[15]。

10. 嘎顺尼高勒墓地

1953 年 . О. 那木南道尔吉在哈沙特苏木发掘 1 座匈奴墓[16]。

11. 那伊玛陶勒盖墓地

那伊玛陶勒盖山位于后杭爱省额尔敦曼德拉苏木呼尼河谷地区呼尼湖东北处。在它的阳面分布着匈奴、突厥时期有关的 35 座石堆墓。1961 年蒙古－匈牙利考古队发掘 4 座墓、1963 年 1 座墓[17]、1974 年 5 座墓等[18]。1987 年也是该考古队继续在此墓地发掘 11 座墓葬并将资料公布于众[19]。

12. 高勒毛都－2 号墓地

蒙古－美国联合考古队首次在后杭爱省文都尔乌兰苏木哈尼巴嘎（村）地区哈尼河谷，在巴拉嘎森塔拉被称为高勒毛都的地区发现大小不同的 200 座匈奴墓[20]。

布尔干省

13. 扎剌陶勒盖墓地

位于布雷格杭盖苏木地区。1980～1982 年 Д. 那旺曾在该地区发掘匈奴墓葬[21]。

14. 额沃根特墓地

布尔干省布雷格杭盖苏木地区伊赫都兰乌拉山的阳面，离苏木东南 27 公里处，灰色岩石山称为额沃根特，从它延伸出的小山丘称为乌登特。墓葬位于这两座山之间的朝西的斜面，这里分布着 60 座圆形石圈墓。1983 年 Д. 策文道尔吉在此墓地发掘 2 座墓并发表发掘简报[22]。

15. 布尔罕陶勒盖墓地

布尔干省呼塔嘎文都尔苏木地区额金河北岸呼吉尔特山山梁西侧，别勒斯根谷地东侧，距河谷高 50 米平缓的台地尽头处的小山丘被称为布尔罕陶勒盖。山丘顶部有古代祭祀的敖包。布尔罕陶勒盖的往北缓坡逐渐升高与哈恩泰山梁连接，在这缓坡上的 103 座墓葬全部进行了发掘。1991 年 Г. 蔑涅斯、З. 巴特赛罕、Д. 额尔顿巴特尔等人首次发现，1992～1994 年 З. 巴图赛罕发掘 14 座墓，1994～1999 年蒙古－法国联合考古队发掘 85 座墓，1996 年蒙古－美国联合考古队发掘 4 座墓并考古资料公布于众[23]，坐标为 49°26′N，103°30′E，海拔 885 米。

16. 浩勒特斯特努嘎墓地

布尔干省呼塔嘎文都尔苏木地区额金河北岸台地上分布有各个时期的考古遗存称为浩勒特斯特山，此处分布着青铜时代墓葬、1 座匈奴墓以及蒙古时期平民墓葬等。1999 年蒙古－法国联合考古队发掘了那座匈奴墓并公布资料[24]，坐标为 49°28′4.2″N，103°22′1.3″E，海拔 884 米。

17. 哈南哈达墓地

2000 年蒙古－美国联合考古队首次发现，呼塔嘎文都尔苏木与色楞格苏木之间赫腾大巴山坡西侧十路北侧，远处看像一列石块一样。此处共有 8 座匈奴墓，其中 1 座被发掘并公布资料[25]。

18. 浑赫尔阿姆墓地

位于布尔干省呼塔嘎文都尔苏木浑赫尔阿姆山谷的考古遗存 1999 年首次被蒙古－美国联合考古队发现。此处共有 8 座墓，其中的 1 座被发掘，资料已公布[26]。

19. 达勒很布拉格墓地

发掘数量不详，1987 年现呼塔嘎文都苏木地区额金河南岸的 10 座墓葬中，Д. 那旺等人发掘了 2 座[27]。

戈壁阿尔泰省

20. 赫列克斯特壕莱墓地

戈壁阿尔泰省朝格图苏木以东北 3 公里由北向南走向的细凹地称为赫列克斯特壕莱山谷。在此凹地内三处有匈奴墓，中部有一处墓地，即被雨水冲刷的断崖，其南侧有 42 座墓地，北侧 19 座，共计 61 座。第二处墓地位于离此墓地以北 300 米处干沟北侧，共有 31 座墓。第三处墓地位于第一处墓地北侧向断崖走向的西沟的东口处，共 5 座墓。总计有 97 座墓葬。1986 年 Д. 策文道尔吉领导的科学院历史研究所匈奴研究部考古队在此墓地发掘了 5 座墓葬，资料已公布[28]。

达尔汗乌拉省

21. 达尔汗乌拉墓地

1969 年蒙古－苏联历史文化联合调查项目组古代游牧民族研究队发掘了位于原达尔汗市以南向哈拉河延伸的山梁上的 6 座墓，该墓地于 1949 年由 A. П. 奥克拉德尼科夫首次发现。山梁的西侧有铁路和公路经过，而东侧因建工严重破坏，人骨、动物骨骼、陶器残块、铜铁器残片散落在地面随处可见[29]。

东方省

22. 查干朝鲁特墓地

位于古尔班扎嘎勒苏木地区。1969 年蒙日三河考察队发掘 1 座墓，但资料未公布[30]。

中戈壁省

23. 巴嘎嘎扎尔朝鲁墓地

中戈壁省德力格尔朝克图苏木以北 37 公里处的 1 座较高的山称为巴嘎嘎扎尔朝鲁。北侧较长的谷地称为奥伦敖包河谷，在它中部有一处小泉水称为墩德善根阿姆。在此阿姆西侧有一处小冲沟，沿冲沟由西向东分布着 64 座匈奴墓。此处墓地墓葬封堆直径为 3~8 米，圆形石圈，中心无石堆。一般 2~10 座墓组成一组墓群，墓群之间明显有较大的距离。1989 年蒙古-匈牙利-苏联联合项目匈奴考古研究队发掘其中的 1 座墓，资料已公布[31]。

24. 赞巴嘎海尔罕墓地

位于中戈壁省赛罕敖包苏木，共分布有 50 座匈奴墓，Д. 那旺发掘了其中的 4 座墓。

前杭爱省

25. 特布希乌拉墓地

位于前杭爱省博格达苏木特布希乌拉山都腾阿姆山谷中部，1971 年 В. В. 沃尔科夫、Д. 那旺等从 21 座墓葬中发掘 2 座墓。1972 年 Д. 策文道尔吉、И. 额尔德耶利等发掘 4 座，1977 年发掘 3 座，资料已公布[32]。

26. 塔尔巴哈太墓地

前杭爱省乌力吉图苏木西北侧与锥勒苏木接壤，离锥勒苏木以西 20 余公里东侧注入杰格斯腾河小山口称为塔尔巴哈太，在它前方的小山头称为哈尔陶勒盖。在接近塔尔巴哈太阿姆根部有一处细凹地沿北侧台地分布着 67 座墓。该墓地由相互有一定距离的三组墓葬组成，墓葬封石碓直径在 3

~7米，封石碓中心无石头。1989年蒙古-匈牙利-苏联联合项目考古队在此处发掘2座墓葬，资料已公布[33]。

27. 乌尼陶勒特墓地

前杭爱省乌央嘎苏木以南7公里朝北向的细长谷地被称为乌尼陶勒特。该谷地至尽头分为两个岔口，北岔口称为伊赫尔，南岔口称为沙尔嘎莫日特。在伊赫尔岔口北侧斜面有17座圆石圈匈奴墓。1986年，Д. 策文道尔吉领导的科学院历史研究所匈奴考古研究队发掘5座墓，资料已公布[34]。

28. 呼新胡特勒墓地

1987年Д. 那旺在此地发掘了1座墓葬。墓地于前杭爱省呼吉尔特苏木东北20公里处，距善赫公社5公里。善赫公社至呼吉尔特苏木的公路北侧山梁称为呼新胡特勒（山梁子）。山梁东侧第二个山口中部公路以北40米处的山阳坡上由西向东分布着23座圆形石圈匈奴墓。1989年蒙古-匈牙利-苏联联合项目匈奴考古研究队发掘1座墓，资料已公布[35]。

29. 巴尔赞墓地

前杭爱省乌力吉特苏木地区巴尔赞的20座墓葬中Д. 那旺发掘了5座墓。

苏赫巴特尔省

30. 德力格尔汗乌拉墓地

1991年科学院历史研究所"三河"考察队 З. 巴特赛罕在图布新西热苏木地区德力格尔汗乌拉地区发现150座匈奴墓，并发掘了10座墓。

色楞格省

31. 呼塔嘎文都尔乌拉墓地

位于阿勒坦布拉格苏木，1982年在耕地时被破坏4座墓，Д. 那旺去现场调查后取回了出土遗物[36]。

32. 萨勒黑特文都尔墓地

1977年在火车站附近进行基建时无意被破坏的墓葬，Д. 那旺去清理时发现其中的4座为匈奴墓[37]。

33. 陶林阿姆墓地

洪格尔国营农场北侧有8座匈奴墓葬。1980年Д. 那旺发掘了其中的7

座墓，1981 年蒙古 - 苏联历史调查项目铁器时代研究队发掘了剩下的 1 座[38]。

中央省

34. 莫林陶勒盖墓地

也称为图林海尔罕。中央省阿勒坦布拉格苏木地区图拉河北岸谷地，离河以北 1 公里，塔尔雅特旧牧场以西 10 公里的小山丘称为莫林陶勒盖。此处有 120 座方形石板墓、三通鹿石、24 座匈奴墓。1975 年 B. B. 斯维尼尼发掘 1 座墓，1983 年蒙古 - 苏联历史项目青铜至早期铁器时代考古队发掘 2 座匈奴墓与方形石板墓[39]，1989 年匈奴考古队 Д. 策文道尔吉、И. 额尔德耶利、П. Б. 科诺瓦洛夫等人发掘 4 座墓，资料已公布[40]。2000 年蒙古—韩国联合考古队发掘 1 座，资料已公布[41]，坐标为 47°18′73″N，105°40′12″E，海拔 1111 米。

35. 阿勒坛其其格乌拉墓地

位于阿勒坦布拉格苏木地区，1983 年 Д. 那旺等发掘了 1 座墓[42]。

36. 巴润海尔罕乌拉墓地

位于中央省阿勒坦布拉格苏木地区，离乌兰巴托市以西 30 公里索恩格依诺乌拉西侧，蒙古 - 苏联联合历史文化调查项目考古队首次发掘 4 座墓。图拉河北侧注入宽 500 米、长 1 公里的巴润海尔罕山的山口中部分布着方形石板墓和 10 多座匈奴墓。这些墓地表有 15～25 厘米高的圆形石堆，有些墓地表中心无石堆。1982 年蒙古 - 苏联联合项目青铜至铁器时代研究组 Д. 那旺、П. Б. 科诺瓦洛夫等发掘的 9 座墓中 6 座与匈奴时期有关[43]。1990 年蒙古 - 匈牙利 - 苏联联合的匈奴考古队发掘 2 座墓[44]。

37. 诺彦乌拉墓地

位于巴特孙布尔苏木。1912 年 A. 巴罗德无意中发现，1924～1927 年 П. К. 科兹洛夫、С. A. 帖普拉霍夫、Г. И. 巴罗夫卡、А. Д. 斯木科夫，1954～1955 年、1957 年 Ц. 道尔吉苏荣[45]等共计发掘 15 座小墓、1 座大墓，1961 年 Ц. 道尔吉苏荣、И. 额尔德耶利发掘 2 座墓，资料已公布[46]。

38. 扎剌陶勒盖墓地

位于巴彦苏木地区。1988 年蒙古 - 匈牙利联合考古队发现 17 座墓葬，发掘了其中 5 座[47]。

39. 百兴希热墓地

1968 年 X. 普尔列主持的"三河"项目根据 Ц. 道尔吉苏荣的信息，在中央省巴彦苏木玛恩特站西侧考察了百兴希热匈奴遗址，在它附近的匈奴墓中发掘了 1 座墓[48]。

40. 阿查乌拉墓地

Д. 那旺在中央省巴彦温祖勒苏木阿查乌拉的 10 座墓葬中发掘了 3 座。

乌布苏省

41. 昌德曼乌拉墓地

位于乌布苏省乌兰固木市以南 2 公里处的昌德曼乌拉山。1972~1974 年在此地发掘了早期铁器时代墓葬。Д. 策文道尔吉在 10 座匈奴墓葬中发掘了 3 座，资料已公布[49]。

乌兰巴托市

42. 别勒黑阿姆墓地

1961 年 H. 色尔－奥德扎布、Д. 策文道尔吉、T. 浩尔瓦特领导的蒙古－匈牙利联合考古队在别勒黑河谷的 11 座墓葬中选择性发掘了 2 座墓，资料已公布[50]。

43. 嘎楚尔特伊赫阿姆墓地

1985 年蒙古－苏联联合青铜至早期铁器时代研究队在嘎楚尔特伊赫阿姆北侧斜坡发掘 1 座墓[51]。

44. 博格达山尊宝格尼山谷墓地

1982 年蒙古－苏联联合历史调查项目青铜至早期铁器时代研究队 Д. 那旺、П. Б. 科诺瓦洛夫发掘 1 座匈奴墓[52]。

科布多省

45. 哈拉嘎特扎萨尔（塔黑勒特浩特古尔）墓地

位于满汗苏木，1961 年 Ц. 道尔吉苏荣、B. B. 沃尔科夫首次发现大小不同的 60（300？）余座墓，他们发掘了其中的 2 座，资料已公布[53]。

1987 年 Д. 那旺、X. 拉哈瓦苏荣等发掘 2 座，1988 年、1990 年各发掘 1 座大墓[54]。

46. 哈拉赞和硕墓地

位于莫斯特苏木地区的 4 座墓葬中，1987 年 Д. 那旺、X. 拉哈瓦苏荣等发掘等发掘了 3 座[55]。

库苏古尔省

47. 努赫特阿姆墓地

库苏古尔省嘎拉特苏木西北 10 公里处向伊德尔河谷注入的山口称为努赫特阿姆。山口北侧台地上分布着三处墓葬群，共计有近 100 座石堆墓，2 通鹿石，Д. 策文道尔吉在此地发掘了 3 座墓[56]。

48. 苏勒陶勒盖墓地

库苏古尔省伊赫乌拉与托索恩青格勒苏木地区之间，东距伊赫乌拉苏木政府所在地 32 公里处，有一座由北向色楞格河走向的独立的山头被称为苏勒陶勒盖，此山头北侧有三组石堆墓，1982 年蒙古 - 苏联历史文化联合项目考古队进行调查时发现并发掘了其中较大的一座墓[57]。

肯特省

49. 都尔利格那日斯墓地

1974 年由 X. 普尔列、Д. 策文道尔吉首次发现，肯特省巴彦阿德尔格苏木以南 500 余米鄂嫩河南岸的一片森林被称为都尔利格那日斯。1991 年蒙古 - 日本联合队对其进行了测绘并绘制了平面图。此处墓地共计有大小型墓葬 200 座[58]。

50. 宝尔布拉格墓地

1991 年蒙古 - 日本联合考古队首次发现，位于肯特省宾德尔苏木，邻近的巴彦阿德尔格苏木以西 12 公里鄂嫩河南岸。此处墓地大约有 140 座大小型墓葬[59]。

51. 都拉嘎乌拉墓地

扎尔嘎朗特汗苏木至温都尔汗市的公路东侧，离苏木东南 50 公里有一座圆形山脉，在山梁上分布着近 250 座墓葬，其中 15 座方形、2 座圆形石堆墓东南带有墓道，其余的都是圆形石堆墓。1969 年 5 座被发掘，1971 年若干座被发掘，1975 年 1 座被发掘，等等[60]。1985 年蒙古-苏联历史青铜至早期铁器时代研究队也发掘了 1 座墓，1988 年 Д. 策文道尔吉、И. 额尔德耶利等发掘了 5 座墓[61]。

除此之外，还有一些匈奴墓葬分布的信息，列举如下：
①后杭爱省浩腾特苏木至前杭爱省哈拉和林苏木的公路沿线地区；
②中戈壁省德力格尔朝格图苏木巴嘎嘎扎尔朝鲁莫特泰阿尔；
③巴彦洪戈尔省嘎鲁特苏木和额尔登朝克图苏木；
④布尔干省呼塔嘎文都尔苏木乌恩特巴嘎中心附近；
⑤扎布汗省索恩格诺至图德布泰苏木公路艾尔格湖南边敖包特陶勒盖；
⑥前杭爱省祖勒特苏木那仁陶勒盖；
⑦前杭爱省呼吉尔特苏木麦汗陶勒盖、尚赫大队；
⑧乌布苏省巴润图茹至准杭盖公路 59 公里处霍罗拉门附近；
⑨中央省巴图孙布尔苏木索格诺格尔河查干扎拉根少先队营地[62]；
⑩前杭爱省呼吉尔特苏木朝胡尔恩布鲁格特（19 座墓）；
⑪莫恩苏木沙尔布鲁格特（1 座匈奴墓）[63]；
⑫中央省孟根莫尔特苏木地区诺木罕乌拉（15 座）、伊赫达巴（12 座）；
⑬苏赫巴特尔省图布新希热苏木巴嘎乌力吉图；
⑭色楞格省纳胡根布尔罕陶勒盖；
⑮中央省阿勒坦布拉格苏木麦汗乌拉（10 座）；
⑯中央省阿勒坦布拉格苏木温格特；
⑰中央省巴音朝克图苏木海尔罕乌拉；
⑱戈壁阿尔泰省哈林苏木加茨仁高勒恩博吉；
⑲肯特省乌木努德力格尔苏木胡尔很高勒（22 座）；
⑳肯特省德力格尔汗苏木萨勒黑特乌拉（10 座）；
㉑苏赫巴特尔省额尔德尼查干苏木[64]；
㉒东方省呼伦贝尔苏木克鲁伦"乌兰乌拉"[65]。

注　释

[1] Цэвээндорж Д·Хиргист хоолой, Оньтолтын хнн булш. – SH. Tom. XXIII, Fasc. 8,

УБ. , 1989, т. 60.

Д. 策文道尔吉:《赫列克斯特壕莱、乌尼陶勒特匈奴墓葬》,《历史研究》1989 年第 23 期, 乌兰巴托, 第 60 页。

[2] Цэвээндорж Д. Хнн судлалын тойм. – Монголын Морин толгойн хннгийн ейийн булш. Монгол – Солонгосын хамтарсан эрдэм шинжилгээ судалгааны тайлан. Солонгосын ндэсний Музей, Монголын ндэсний Тхийн Музей, ШУА – ийн Тхийн Хрээлэн, 2001, т. 249.

Д. 策文道尔吉:《匈奴研究概况》,蒙古国国家博物馆、韩国国立中央博物馆、蒙古国科学院考古研究所编《蒙古国莫林陶勒盖匈奴墓地: 蒙韩联合研究报告 2》, 首尔, 2001, 第 249 页。

[3] Цэвээндорж Д. , Эрдели И. Худгийн толгой, Солби уул, Наймаа толгойн хнн булш. – SH. Tom. XXIV, Fasc. 11, УБ. , 1990, т. 108 – 109.

Д. 策文道尔吉、И. 额尔德耶利:《呼都根陶勒盖、索勒碧乌拉与那伊玛陶勒盖匈奴墓地》,《历史研究》1990 年第 24 期, 乌兰巴托, 第 108 ~ 109 页。

[4] Цэвээндорж Д. Хнн судлалын тойм. – Монголын Морин толгойн хннгийн ейийн булш. Монгол – Солонгосын хамтарсан эрдэм шинжилгээ судалгааны тайлан. Солонгосын ндэсний Музей, Монголын ндэсний Тхийн Музей, ШУА – ийн Тхийн Хрээлэн, 2001, т. 249.

Д. 策文道尔吉:《匈奴研究概况》,蒙古国国家博物馆、韩国国立中央博物馆、蒙古国科学院考古研究所编《蒙古国莫林陶勒盖匈奴墓地: 蒙韩联合研究报告 2》, 首尔, 2001, 第 249 页。

[5] Цэвээндорж Д. , Эрдели И. Худгийн толгой, Солби уул, Наймаа толгойн хнн булш. – SH. Tom. XXIV, Fasc. 11, УБ. , 1990, т. 105 – 108.

Д. 策文道尔吉、И. 额尔德耶利:《呼都根陶勒盖、索勒碧乌拉与那伊玛陶勒盖匈奴墓地》,《历史研究》1990 年第 24 期, 乌兰巴托, 第 105 ~ 108 页。

[6] Рэгзэн Г. Худгийн толгойд малтсан хнн булш. – Монгол – Солонгосын эрдэм шинжилгээний анхдугаар симпозиумын илтгэлийн эмхэтгэл. Монголын ндэсний Тхийн Музей, ШУА – ийн Археологийн Хрээлэн, Солонгосын ндэсний Музей, 2003. т. 155 – 160.

Г. 额日格真:《呼都根陶勒盖发掘的匈奴墓葬》,蒙古国国家博物馆、韩国国立中央博物馆、蒙古国科学院考古研究所编《首届蒙韩联合学术研讨会论文集》, 首尔, 2003, 第 155 ~ 160 页。

[7] Цэвээндорж Д. Хнн судлалын тойм. – Монголын Морин толгойн хннгийн ейийн булш. Монгол – Солонгосын хамтарсан эрдэм шинжилгээ судалгааны тайлан. Солонгосын ндэсний Музей, Монголын ндэсний Тхийн Музей, ШУА – ийн

Тхийн Хрээлэн, 2001, т. 249.

Д. 策文道尔吉：《匈奴研究概况》，蒙古国国家博物馆、韩国国立中央博物馆、蒙古国科学院考古研究所编《蒙古国莫林陶勒盖匈奴墓地：蒙韩联合研究报告 2》，首尔，2001，第 249 页。

[8] Рэгзэн Г. Худгийн толгойд малтсан хнн булш. – Монгол – Солонгосын эрдэм шинжилгээний анхдугаар симпозиумын илтгэлийн эмхэтгэл. Монголын ндэсний Тхийн Музей, ШУА – ийн Археологийн Хрээлэн, Солонгосын ндэсний Музей, 2003. т. 155.

Г. 额日格真：《呼都根陶勒盖发掘的匈奴墓葬》，蒙古国国家博物馆、韩国国立中央博物馆、蒙古国科学院考古研究所编《首届蒙韩联合学术研讨会论文集》，首尔，2003，第 155 页。

[9] Цэвээндорж Д. Хнн судлалын тойм. – Монголын Морин толгойн хннгийн еийн булш. Монгол – Солонгосын хамтарсан эрдэм шинжилгээ судалгааны тайлан. Солонгосын ндэсний Музей, Монголын ндэсний Тхийн Музей, ШУА – ийн Тхийн Хрээлэн, 2001, т. 249.

Д. 策文道尔吉：《匈奴研究概况》，蒙古国国家博物馆、韩国国立中央博物馆、蒙古国科学院考古研究所编《蒙古国莫林陶勒盖匈奴墓地：蒙韩联合研究报告 2》，首尔，2001，第 249 页。

[10] Батсайхан З. Тв Азийн ндэлчдийн тхийн зарим асуудал. – МУИС – ийн ЭШБ. Археологи, антропологи, угсаатан судлал. №187 (13), УБ., 2002, т. 31.

З. 巴特赛罕：《中央亚细亚游牧民族史相关问题研究》，《考古学、人类学与民族学（蒙国国立大学学术期刊）》2002 年第 13 期（总第 187 期），乌兰巴托，第 31 页。

[11] a. Цэвээндорж Д. Монголын археологийн судалгаа. – SA, tom. XIY, fasc. 2, УБ., 1994, т. 21

Д. 策文道尔吉：《蒙古考古研究》，《考古研究》1994 年第 19 期，乌兰巴托，第 21 页。

b. Цэвээндорж Д. Хнн судлалын тойм. – Монголын Морин толгойн хннгийн еийн булш. Монгол – Солонгосын хамтарсан эрдэм шинжилгээ судалгааны тайлан. Солонгосын ндэсний Музей, Монголын ндэсний Тхийн Музей, ШУА – ийн Тхийн Хрээлэн, 2001, т. 247.

Д. 策文道尔吉：《匈奴研究概况》，蒙古国国家博物馆、韩国国立中央博物馆、蒙古国科学院考古研究所编《蒙古国莫林陶勒盖匈奴墓地：蒙韩联合研究报告 2》，首尔，2001，第 247 页。

[12] Трбат Ц. Тамирын Улаан хошууны булш ба хннгийн угсаатны брэлдэхний асуудалд. – Тхийн сэтгл. Tom. IV, Fasc. 1, УБ., 2003.

Ц. 图尔巴特：《塔米尔乌兰和硕墓地与匈奴民族构成问题》，《历史学刊》2003年第4期，乌兰巴托。

[13] Батсайхан З. Тв Азийн ндэлчдийн тхийн зарим асуудал. - МУИС - ийн ЭШБ. Археологи, антропологи, угсаатан судлал. №187 (13), УБ., 2002, т. 31.

З. 巴特赛罕：《中央亚细亚游牧民族史相关问题研究》，《考古学、人类学与民族学（蒙国国立大学学术期刊）》2002年第13期（总第187期），乌兰巴托，第31页。

[14] Доржсрэн Ц. Умард Хнн（эртний судлалын шинжилгээ）. - SA. Tom. I, Fasc. 5, УБ., 1961, т. 14.

Ц. 道尔吉苏荣：《北匈奴（考古学研究）》，《考古研究》1961年第1期，乌兰巴托，第14页。

[15] Mongolie…, 2003 - Mongolie. Le premier empire des steppes. Actes Sud/Mission archeologiques Francaise en Mongolie, 2003.

法国与蒙古联合考古队：《蒙古草原上的第一个帝国》，阿克特 - 苏德出版社，2003。

[16] Намнандорж О. 1954 - 1953 оны экспедицийн замын тэмдэглэлээс. - Шинжлэх Ухаан. 1954, №1, т. 81 - 93.

О. 那木南道尔吉：《1953年考察队行纪》，《科学》1954年第1期，第81~93页。

[17] Эрдели И., Наваан Д. Результаты Монголо - Венгерской экспедиции 1963 года. - КААЕ. 92, Будапешт, 1965.

И. 额尔德耶利、Д. 那旺：《1963年蒙古 - 匈牙利联合考察团工作成果》第92卷，布达佩斯，1965。

[18] Цэвээндорж Д. Хннгийн археологи. - Монголын археологи. SA. Tom. XII, УБ., 1987, т. 64 - 65.

Д. 策文道尔吉：《匈奴考古》，《考古研究》1987年第12期，乌兰巴托，第64~65页。

[19] Цэвээндорж Д., Эрдели И. Худгийн толгой, Солби уул, Наймаа толгойн хнн булш. - SH. Tom. XXIV, Fasc. 11, УБ., 1990, т. 109 - 113.

Д. 策文道尔吉、И. 额尔德耶利：《呼都根陶勒盖、索勒碧乌拉与那伊玛陶勒盖匈奴墓地》，《历史研究》1990年第24期，乌兰巴托，第109~113页。

[20] a. Francis A., Erdenebaatar D., Batbold N. & Bryan M. A Xiongnu Cemetery Found in Mongolia. Antiquity, No. 76, 2002.

A. 弗朗西斯、Д. 额尔顿巴特尔、H. 巴特宝力道、A. 米勒：《蒙古国发现的一处匈奴墓地》，《文物古迹》第76卷，2002。

b. Эрдэнэбаатар Д., Ерл - Эрдэнэ Ч., Батболд Н., Франсис А., Миллер Б. 2002 - Умард Хннгийн язгууртны булшны судалгаа. - Тхийн сэтгл. Tom. III, Fasc. 3, УБ., 2002.

Д. 额尔顿巴特尔、Ч. 尤如勒额尔敦、H. 巴特宝力道、A. 弗朗西斯、Б. 米勒：《北匈奴贵族墓葬研究》,《历史集刊》2002 年第 3 期, 乌兰巴托。

[21] Цэвээндорж Д. Монголын археологийн судалгаа. - SA, tom. XIY, fasc. 2, УБ., 1994, т. 21.

Д. 策文道尔吉：《蒙古考古研究》,《考古研究》1994 年第 19 期, 乌兰巴托, 第 21 页。

[22] Цэвээндорж Д. Хннгийн археологи. - Монголын археологи. SA. Tom. XII, УБ., 1987, т. 64 - 65.

Д. 策文道尔吉：《匈奴考古》,《考古研究》1987 年第 12 期, 乌兰巴托, 第 68 ~ 69 页。

[23] Трбат Ц., Амартвшин Ч., Эрдэнэбат У. Эгийн голын сав нутаг дахь археологийн дурсгалууд. УБ., 2003.

Ц. 图尔巴特、Ч. 阿玛尔图布新、У. 额尔顿巴特：《额金河流域考古学文化遗存》, 乌兰巴托, 2003。

[24] Трбат Ц., Амартвшин Ч., Эрдэнэбат У. Эгийн голын сав нутаг дахь археологийн дурсгалууд. УБ., 2003.

Ц. 图尔巴特、Ч. 阿玛尔图布新、У. 额尔顿巴特：《额金河流域考古学文化遗存》, 乌兰巴托, 2003。

[25] Трбат Ц., Амартвшин Ч., Эрдэнэбат У. Эгийн голын сав нутаг дахь археологийн дурсгалууд. УБ., 2003.

Ц. 图尔巴特、Ч. 阿玛尔图布新、У. 额尔顿巴特：《额金河流域考古学文化遗存》, 乌兰巴托, 2003。

[26] Трбат Ц., Амартвшин Ч., Эрдэнэбат У. Эгийн голын сав нутаг дахь археологийн дурсгалууд. УБ., 2003.

Ц. 图尔巴特、Ч. 阿玛尔图布新、У. 额尔顿巴特：《额金河流域考古学文化遗存》, 乌兰巴托, 2003。

[27] Цэвээндорж Д. Хнн судлалын тойм. - Монголын Морин толгойн хннгийн ейийн булш. Монгол - Солонгосын хамтарсан эрдэм шинжилгээ судалгааны тайлан. Солонгосын ндэсний Музей, Монголын ндэсний Тхийн Музей, ШУА - ийн Тхийн Хрээлэн, 2001, т. 250.

Д. 策文道尔吉：《匈奴研究概况》, 蒙古国国家博物馆、韩国国立中央博物馆、蒙古国科学院考古研究所编《蒙古国莫林陶勒盖匈奴墓地：蒙韩联合研究报告

[28] Цэвээндорж Д·Хиргист хоолой, Оньтолтын хнн булш. – SH. Tom. XXIII, Fasc. 8, УБ., 1989, т. 60 – 64.

Д. 策文道尔吉：《赫列克斯特壕莱、乌尼陶勒特匈奴墓葬》，《历史研究》1989 年第 23 期，乌兰巴托，第 60~64 页。

[29] Гришин Ю. С. Раскопки хуннских погребени у горы Дархан. – Археология, этнография Монголии. Новосибирск, 1978, с. 95 – 100.

Ю. С. 格里什：《达尔汗山匈奴墓葬的考古发掘》，《蒙古的考古学与民族学》，新西伯利亚，1978，第 95~100 页。

[30] Цэвээндорж Д. Хнн судлалын тойм. – Монголын Морин толгойн хнгийн ейин булш. Монгол – Солонгосын хамтарсан эрдэм шинжилгээ судалгааны тайлан. Солонгосын ндэсний Музей, Монголын ндэсний Тхийн Музей, ШУА – ийн Тхийн Хрээлэн, 2001, т. 247.

Д. 策文道尔吉：《匈奴研究概况》，蒙古国国家博物馆、韩国国立中央博物馆、蒙古国科学院考古研究所编《蒙古国莫林陶勒盖匈奴墓地：蒙韩联合研究报告 2》，首尔，2001，第 247 页。

[31] Цэвээндорж Д. Бага газрын чулуу, Тарвагатай, Хшийн хтл, Баруун Хайрханы хнн булш. – SA. Tom. XX, Fasc. 5, УБ., 2000, т. 38 – 40.

Д. 策文道尔吉：《巴嘎嘎扎尔朝鲁、塔尔巴哈太、呼新呼特勒、巴润海尔罕匈奴墓地》，《考古研究》2000 年第 20 期，乌兰巴托，第 38~40 页。

[32] Цэвээндорж Д. Хнгийн археологи. – Монголын археологи. SA. Tom. XII, УБ., 1987, т. 60 – 64.

Д. 策文道尔吉：《匈奴考古》，《考古研究》1987 年第 12 期，乌兰巴托，第 60~64 页。

[33] Цэвээндорж Д. Бага газрын чулуу, Тарвагатай, Хшийн хтл, Баруун Хайрханы хнн булш. – SA. Tom. XX, Fasc. 5, УБ., 2000, т. 38 – 40.

Д. 策文道尔吉：《巴嘎嘎扎尔朝鲁、塔尔巴哈太、呼新呼特勒、巴润海尔罕匈奴墓地》，《考古研究》2000 年第 20 期，乌兰巴托，第 38~40 页。

[34] Цэвээндорж Д·Хиргист хоолой, Оньтолтын хнн булш. – SH. Tom. XXIII, Fasc. 8, УБ., 1989, т. 64 – 65.

Д. 策文道尔吉：《赫列克斯特壕莱、乌尼陶勒特匈奴墓葬》，《历史研究》1989 年第 23 期，乌兰巴托，第 64~65 页。

[35] Цэвээндорж Д. Бага газрын чулуу, Тарвагатай, Хшийн хтл, Баруун Хайрханы хнн булш. – SA. Tom. XX, Fasc. 5, УБ., 2000, т. 37 – 38.

Д. 策文道尔吉：《巴嘎嘎扎尔朝鲁、塔尔巴哈太、呼新呼特勒、巴润海尔罕匈奴墓地》,《考古研究》2000 年第 20 期, 乌兰巴托, 第 37~38 页。

[36] Цэвээндорж Д. Хнн судлалын тойм. – Монголын Морин толгойн хннгийн ейин булш. Монгол – Солонгосын хамтарсан эрдэм шинжилгээ судалгааны тайлан. Солонгосын ндэсний Музей, Монголын ндэсний Тхийн Музей, ШУА – ийн Тхийн Хрээлэн, 2001, т. 249.

Д. 策文道尔吉:《匈奴研究概况》,蒙古国国家博物馆、韩国国立中央博物馆、蒙古国科学院考古研究所编《蒙古国莫林陶勒盖匈奴墓地:蒙韩联合研究报告 2》,首尔,2001,第 249 页。

[37] Цэвээндорж Д. Хнн судлалын тойм. – Монголын Морин толгойн хннгийн ейин булш. Монгол – Солонгосын хамтарсан эрдэм шинжилгээ судалгааны тайлан. Солонгосын ндэсний Музей, Монголын ндэсний Тхийн Музей, ШУА – ийн Тхийн Хрээлэн, 2001, т. 248.

Д. 策文道尔吉:《匈奴研究概况》,蒙古国国家博物馆、韩国国立中央博物馆、蒙古国科学院考古研究所编《蒙古国莫林陶勒盖匈奴墓地:蒙韩联合研究报告 2》,首尔,2001,第 248 页。

[38] Цэвээндорж Д. Хнн судлалын тойм. – Монголын Морин толгойн хннгийн ейин булш. Монгол – Солонгосын хамтарсан эрдэм шинжилгээ судалгааны тайлан. Солонгосын ндэсний Музей, Монголын ндэсний Тхийн Музей, ШУА – ийн Тхийн Хрээлэн, 2001, т. 249.

Д. 策文道尔吉:《匈奴研究概况》,蒙古国国家博物馆、韩国国立中央博物馆、蒙古国科学院考古研究所编《蒙古国莫林陶勒盖匈奴墓地:蒙韩联合研究报告 2》,首尔,2001,第 249 页。

[39] Цэвээндорж Д. Хнн судлалын тойм. – Монголын Морин толгойн хннгийн ейин булш. Монгол – Солонгосын хамтарсан эрдэм шинжилгээ судалгааны тайлан. Солонгосын ндэсний Музей, Монголын ндэсний Тхийн Музей, ШУА – ийн Тхийн Хрээлэн, 2001, т. 249.

Д. 策文道尔吉:《匈奴研究概况》,蒙古国国家博物馆、韩国国立中央博物馆、蒙古国科学院考古研究所编《蒙古国莫林陶勒盖匈奴墓地:蒙韩联合研究报告 2》,首尔,2001,第 249 页。

[40] Цэвээндорж Д. Морин толгойн булшнаас олдсон хэл хуур. – Шинжлэх Ухааны Академийн Мэдээ, 1990, №3, т. 72 – 80.

Д. 策文道尔吉:《莫林陶勒盖墓葬发现的口弦琴》,《科学院通讯》1990 年第 3 期,第 72~80 页。

[41] a. Монголын…, Монголын Морин толгойн хннгийн ейин булш. – Монгол – Солонгосын хамтарсан эрдэм шинжилгээний судалгааны тайлан II. Солонгосын

ндэсний Музей, Монголын ндэсний Тхийн Музей, ШУА - ийн Тхийн Хрээлэн, 2001. т. 232 - 240.

蒙古国国家博物馆、韩国国立中央博物馆、蒙古国科学院考古研究所编《蒙古国莫林陶勒盖匈奴墓地：蒙韩联合研究报告 2》, 首尔, 2001, 第 232~240 页。

b. Юнь Хёнвонь, Морин толгойн хнн булшны судалгаа. - Монгол - Солонгосын эрдэм шинжилгээний анхдугаар симпозиумын илтгэлийн эмхэтгэл. МТМ, ШУА - ийн АХ, СМ, 2003. т. 121 - 137.

尹形元：《莫林陶勒盖匈奴墓研究》, 蒙古国国家博物馆、韩国国立中央博物馆、蒙古国科学院考古研究所编《首届蒙韩联合学术研讨会论文集》, 首尔, 2003, 第 121~137 页。

[42] Цэвээндорж Д. Хнн судлалын тойм. - Монголын Морин толгойн хннгийн ейин булш. Монгол - Солонгосын хамтарсан эрдэм шинжилгээ судалгааны тайлан. Солонгосын ндэсний Музей, Монголын ндэсний Тхийн Музей, ШУА - ийн Тхийн Хрээлэн, 2001, т. 249.

Д. 策文道尔吉：《匈奴研究概况》, 蒙古国国家博物馆、韩国国立中央博物馆、蒙古国科学院考古研究所编《蒙古国莫林陶勒盖匈奴墓地：蒙韩联合研究报告 2》, 首尔, 2001, 第 249 页。

[43] Цэвээндорж Д. Хнн судлалын тойм. - Монголын Морин толгойн хннгийн ейин булш. Монгол - Солонгосын хамтарсан эрдэм шинжилгээ судалгааны тайлан. Солонгосын ндэсний Музей, Монголын ндэсний Тхийн Музей, ШУА - ийн Тхийн Хрээлэн, 2001, т. 249.

Д. 策文道尔吉：《匈奴研究概况》, 蒙古国国家博物馆、韩国国立中央博物馆、蒙古国科学院考古研究所编《蒙古国莫林陶勒盖匈奴墓地：蒙韩联合研究报告 2》, 首尔, 2001, 第 249 页。

[44] Цэвээндорж Д. Бага газрын чулуу, Тарвагатай, Хшийн хтл, Баруун Хайрханы хнн булш. - SA. Tom. XX, Fasc. 5, УБ., 2000, т. 41 - 44.

Д. 策文道尔吉：《巴嘎嘎扎尔朝鲁、塔尔巴哈太、呼新呼特勒、巴润海尔罕匈奴墓地》,《考古研究》2000 年第 20 期, 乌兰巴托, 第 41~44 页。

[45] Доржсрэн Ц. Умард Хнн (эртний судлалын шинжилгээ). - SA. Tom. I, Fasc. 5, УБ., 1961, т. 8.

Ц. 道尔吉苏荣：《北匈奴（考古学研究）》,《考古研究》1961 年第 1 期, 乌兰巴托, 第 8 页。

[46] Цэвээндорж Д. Хнн судлалын тойм. - Монголын Морин толгойн хннгийн ейин булш. Монгол - Солонгосын хамтарсан эрдэм шинжилгээ судалгааны тайлан. Солонгосын ндэсний Музей, Монголын ндэсний Тхийн Музей, ШУА - ийн

Тхийн Хрээлэн, 2001, т. 245.

Д. 策文道尔吉：《匈奴研究概况》，蒙古国国家博物馆、韩国国立中央博物馆、蒙古国科学院考古研究所编《蒙古国莫林陶勒盖匈奴墓地：蒙韩联合研究报告2》，首尔，2001，第 245 页。

[47] Цэвээндорж Д. Монголын археологийн судалгаа. – SA, tom. XIY, fasc. 2, УБ., 1994, т. 22.

Д. 策文道尔吉：《蒙古考古研究》，《考古研究》1994 年第 19 期，乌兰巴托，第 22 页。

[48] Цэвээндорж Д. Хнн судлалын тойм. – Монголын Морин толгойн хннгийн еийн булш. Монгол – Солонгосын хамтарсан эрдэм шинжилгээ судалгааны тайлан. Солонгосын ндэсний Музей, Монголын ндэсний Тхийн Музей, ШУА – ийн Тхийн Хрээлэн, 2001, т. 245.

Д. 策文道尔吉：《匈奴研究概况》，蒙古国国家博物馆、韩国国立中央博物馆、蒙古国科学院考古研究所编《蒙古国莫林陶勒盖匈奴墓地：蒙韩联合研究报告2》，首尔，2001，第 245 页。

[49] a. Цэвээндорж Д. Хннгийн археологи. – Монголын археологи. SA. Tom. XII, УБ., 1987, т. 245.

Д. 策文道尔吉：《匈奴考古》，《考古研究》1987 年第 12 期，乌兰巴托，第 245 页。

b. Цэвээндорж Д. Монголын археологийн судалгаа. – SA, tom. XIY, fasc. 2, УБ., 1994, т. 21.

Д. 策文道尔吉：《蒙古考古研究》，《考古研究》1994 年第 19 期，乌兰巴托，第 21 页。

[50] Сэр – Оджав Н. Монгол – Унгарын хамтарсан эртний судлалын шинжилгээний ажлын тухай. – SA. Tom. II, Fasc. 3, УБ., 1963, т. 35 – 38.

Н. 色尔 – 奥德扎布：《蒙古与匈牙利联合考古研究收获》，《考古研究》1963 年第 2 期，乌兰巴托，第 35~38 页。

[51] Цэвээндорж Д. Хнн судлалын тойм. – Монголын Морин толгойн хннгийн еийн булш. Монгол – Солонгосын хамтарсан эрдэм шинжилгээ судалгааны тайлан. Солонгосын ндэсний Музей, Монголын ндэсний Тхийн Музей, ШУА – ийн Тхийн Хрээлэн, 2001, т. 250.

Д. 策文道尔吉：《匈奴研究概况》，蒙古国国家博物馆、韩国国立中央博物馆、蒙古国科学院考古研究所编《蒙古国莫林陶勒盖匈奴墓地：蒙韩联合研究报告2》，首尔，2001，第 250 页。

[52] Цэвээндорж Д. Хнн судлалын тойм. – Монголын Морин толгойн хннгийн еийн булш. Монгол – Солонгосын хамтарсан эрдэм шинжилгээ судалгааны тайлан.

Солонгосын ндэсний Музей, Монголын ндэсний Тхийн Музей, ШУА – ийн Тхийн Хрээлэн, 2001, т. 249.

Д. 策文道尔吉：《匈奴研究概况》，蒙古国国家博物馆、韩国国立中央博物馆、蒙古国科学院考古研究所编《蒙古国莫林陶勒盖匈奴墓地：蒙韩联合研究报告2》，首尔，2001，第 249 页。

[53] Волков В. В., Доржсрэн Ц. Ховд аймгийн Манхан сумын нутагт эртний судлалын малтлага хайгуул хийсэн тухай. – SA. Tom. II, Fasc. 2, УБ., 1963.

В. В. 沃尔科夫、Ц. 道尔吉苏荣：《科布多省芒汗苏木境内进行的田野调查和发掘研究》，《考古研究》1963 年第 2 期，乌兰巴托。

[54] Наваан Д. Хннгийн в соёл. УБ., 1999.

Д. 那旺：《匈奴文化遗产》，乌兰巴托，1999。

[55] Цэвээндорж Д. Хнн судлалын тойм. – Монголын Морин толгойн хннгийн ейийн булш. Монгол – Солонгосын хамтарсан эрдэм шинжилгээ судалгааны тайлан. Солонгосын ндэсний Музей, Монголын ндэсний Тхийн Музей, ШУА – ийн Тхийн Хрээлэн, 2001, т. 250.

Д. 策文道尔吉：《匈奴研究概况》，蒙古国国家博物馆、韩国国立中央博物馆、蒙古国科学院考古研究所编《蒙古国莫林陶勒盖匈奴墓地：蒙韩联合研究报告2》，首尔，2001，第 250 页。

[56] Цэвээндорж Д. Хннгийн археологи. – Монголын археологи. SA. Tom. XII, УБ., 1987, т. 66.

Д. 策文道尔吉：《匈奴考古》，《考古研究》1987 年第 12 期，乌兰巴托，第 66 页。

[57] a. Асеев И. В., Худяков Ю. С., Цэвээндорж Д. Погребение хуннского воина на горе Сул – толгой. – Д. Цэвээндорж. Эрдэм шинжилгээний глэл, илтгэлийн эмхэтгэл. УБ., 2003, т. 126 – 136.

И. В. 阿谢耶夫、Ю. С. 胡德雅科夫、Д. 策文道尔吉：《苏勒陶勒盖山匈奴武士墓》，《Д. 策文道尔吉学术研讨会论文集》，乌兰巴托，2003，第 126~136 页。

b. Цэвээндорж Д. Хннгийн археологи. – Монголын археологи. SA. Tom. XII, УБ., 1987, т. 67 – 68.

Д. 策文道尔吉：《匈奴考古》，《考古研究》1987 年第 12 期，乌兰巴托，第 67~68 页。

[58] Цэвээндорж Д. 1996 – Новые памятники хуннской знати. – 100 лет хуннской археологии. ч. I, Улан – Удэ, 1996, с. 16.

Д. 策文道尔吉：《匈奴贵族新遗存》，《匈奴考古100年》第 1 部，乌兰乌德，1996，第 16 页。

[59] Цэвээндорж Д. 1996 - Новые памятники хуннской знати. - 100 лет хуннской археологии. ч. I, Улан - Удэ, 1996, с. 16.

Д. 策文道尔吉：《匈奴贵族新遗存》，《匈奴考古 100 年》第 1 部，乌兰乌德，1996，第 16 页。

[60] a. Баяр Д. 1976 - Дуулга уулын нэгэн булш. - SA. Tom. VII, Fasc. 6, УБ., 1976. т. 60.

Д. 巴雅尔：《都拉嘎乌拉山发现的一座墓葬》，《考古研究》1976 年第 7 期，乌兰巴托，第 60 页。

b. Цэвээндорж Д. Хнн судлалын тойм. - Монголын Морин толгойн хннгийн еийн булш. Монгол - Солонгосын хамтарсан эрдэм шинжилгээ судалгааны тайлан. Солонгосын ндэсний Музей, Монголын ндэсний Тхийн Музей, ШУА - ийн Тхийн Хрээлэн, 2001, т. 247.

Д. 策文道尔吉：《匈奴研究概况》，蒙古国国家博物馆、韩国国立中央博物馆、蒙古国科学院考古研究所编《蒙古国莫林陶勒盖匈奴墓地：蒙韩联合研究报告 2》，首尔，2001，第 247 页。

[61] Цэвээндорж Д. Монголын археологийн судалгаа. - SA, tom. XIY, fasc. 2, УБ., 1994, т. 21.

Д. 策文道尔吉：《蒙古考古研究》，《考古研究》1994 年第 19 期，乌兰巴托，第 21 页。

[62] Цэвээндорж Д. Монголын археологийн судалгаа. - SA, tom. XIY, fasc. 2, УБ., 1994, т. 60.

Д. 策文道尔吉：《蒙古考古研究》，《考古研究》1994 年第 19 期，乌兰巴托，第 60 页。

[63] Цэвээндорж Д. Морин толгойн булшнаас олдсон хэл хуур. - Шинжлэх Ухааны Академийн Мэдээ, 1990, №3, т. 72.

Д. 策文道尔吉：《莫林陶勒盖墓葬发现的口弦琴》，《科学院通讯》1990 年第 3 期，第 72 页。

[64] Tumen D., Naran B. Craniological study of ancient population in Eastern Mongolia. - Монгол, Солонгос улсын хамтарсан эрдэм шинжилгээ 2, Сл, 1993, т. 191.

D. 图门、B. 娜仁：《蒙古东部古代人类的颅骨学研究》，《蒙古 - 韩国联合学术研究 2》，首尔，1993，第 191 页。

[65] Tumen D., Naran B. Craniological study of ancient population in Eastern Mongolia. - Монгол, Солонгос улсын хамтарсан эрдэм шинжилгээ 2, Сл, 1993, т. 191.

D. 图门、B. 娜仁：《蒙古东部古代人类的颅骨学研究》，《蒙古 - 韩国联合学术研究 2》，首尔，1993，第 191 页。

附录 2 蒙古国境内匈奴墓葬习俗对照表

编号	封石堆规格（米）	墓坑规格（厘米×厘米）	墓坑方向	墓坑深度（厘米）	内部结构	人骨信息	动物骨骼信息	出土遗物	备注
一、后杭爱省巴特格勒苏木索勒碧鲁拉-尊阿姆墓地									
1	5.4	220×70	南	305	木棺	被盗个体	-	6枚铜币	-
2	6.1	-	南	172	无	被盗个体	-	陶片、木头残块	-
二、后杭爱省巴特格勒苏木呼都根陶勒盖									
1.	7.5	-	东	330	石棺	被盗个体	牛下颌、整只羊骨	朽木残片、2种陶残片、铁马嚼子、3铁环、2带扣、漆碗、2件角牙(?)、骨珥、中心钉痕的半圆形铁片	-
2.	7	-	东	200	木棺	被盗个体	动物骨小残片	陶残片、粗布残留的铁刀、铜镜、陶纺轮、有锐器砍痕的鹿角、3个陶罐残块，其一内有羊脊椎	木棺头骨外侧立薄石板，尺寸70厘米×10厘米，石板北侧出羊下颌骨1件

附录2 蒙古国境内匈奴墓葬习俗对照表

续表

编号	封石堆规格（米）	墓坑方向	墓坑规格（厘米×厘米）	墓坑深度（厘米）	内部结构	人骨信息	动物骨骼信息	出土遗物	备注
3-1	9.5×10.5	东	-	290	木棺	被盗个体	-	漆耳杯、铁镞、木箭囊、铜铃、铜器、果核（种子）、2件铁刀、马衔、马镳、铁锯、铁器残片、骨珥、铁马衔、铁马镳、陶器、木器、铁带扣	左手侧靠放置于木棺南壁
4-2	4.5×3	东	-	-	石棺、木棺	被盗个体	-	铁带饰、陶器底部残片、4件陶器（其中1件陶器中有小型家畜脊椎、肋骨、踝骨、尾椎骨）、铁刀把、铁装饰品	方形石封堆
5-3	-	西北	-	100	无	除头骨外其他部位保持原状	小型动物肋骨、牛髂骨	3件陶残片	方形石封堆
6-4	2.5×1.5	东南	-	110	木棺	被盗个体	小型动物肩胛骨、椎骨、肋骨	陶器、陶器底部残片、小铁刀、2串玻璃串珠	出土遗物与3号墓一样置于棺具右侧

三、后杭爱省乌贵诺尔苏木乌兰和硕墓地

编号	封石堆规格（米）	墓坑方向	墓坑规格（厘米×厘米）	墓坑深度（厘米）	内部结构	人骨信息	动物骨骼信息	出土遗物	备注
6	7.5×8.2	东	400×180	345	木棺	被盗个体	-	铁器残片、红色漆器残片、陶器、陶镜、两种陶器残片、陶纺轮、青色石珠5颗、红褐色琥珀串珠3颗、剑鞘、铜钩	-

续表

编号	封石堆规格（米）	墓坑规格（厘米×厘米）	墓坑深度（厘米）	墓坑方向	内部结构	人骨信息	动物骨骼信息	出土遗物	备注
7	10×9	460×190	300	东	木棺椁	被盗个体	大型动物踝骨、肋骨	2 种类型的陶器残片、陶纺轮、多角状铁饰品 5 件、铁器残片、铁钉 3 件	-

四、后杭爱省额尔德尼满都木那苏木伊玛陶勒盖墓地

编号	封石堆规格（米）	墓坑规格（厘米×厘米）	墓坑深度（厘米）	墓坑方向	内部结构	人骨信息	动物骨骼信息	出土遗物	备注
5	13	-	-	东	石室、木棺	不详	动物骨、被青铜器染青色的踝骨	陶器及残片、铁器残片、鹿角、陶纺轮、黄色琥珀坠饰、圆形马镳的马嚼子、铁带扣、青铜器	石堆中部出土鹿石残块
6	11.5	-	65	-	-	不详	大型动物肩胛骨	铁箭头、铁带扣、鹿角马嚼子、骨珥、红色漆器残片	-
7	8	-	160	东南	木棺	被盗个体	-	陶器残块、铁马嚼子、马嚼子	-
8	4	-	160	东南	木棺	被盗个体	-	陶器残片	出土煤
9	11.5	-	-	-	-	只发现头骨	-	陶器口部残片	出土煤
10	7.5	-	-	-	-	未发现安葬人骨的痕迹	-	-	进行祭祀的空墓、土封堆
11	14	260×140	500	西南	木椁	2 具，严重被盗	羊髋骨、盆骨、肋骨、肩胛骨、牛肋骨	铁马嚼子、铁器残片、漆器残块	合葬墓

续表

编号	封石堆规格（米）	墓坑方向	墓坑规格（厘米×厘米）	墓坑深度（厘米）	内部结构	人骨信息	动物骨骼信息	出土遗物	备注
12	8.5	西北	-	190	木棺	老年个体	大型动物骨	残陶器、2件铁薄片（1件带有铁钉残片）、黑铅纺轮、2颗蓝色玻璃珠	出土煤
13	7	北	240×100	250	石室、木棺	被盗个体	-	铁环、马嚼子残块、黑铅纺轮、方形带扣、残铁刀、中间穿孔的鹿角把、陶器	2块股骨竖立
14	3	北	-	175	木棺	被盗个体	-	2件陶器	-
15	4	北	200×70	170	石室、木棺	被盗个体	-	-	墓室口被石块封盖
16	5	西北	-	150	无	被盗个体	-	2种陶器残片	-
17	5	-	240×40	240	无	1件骨骼	-	陶纺轮	代冢①
18	5.5	北	250×50	195	石棺	被盗个体	-	3件陶器	-
19	5.5	西北	-	200	无	被盗个体	牛腿骨	鹿角、陶器残片、骨珥	-
20	5.5	西北	260×50	200	无	被盗个体	-	2种陶器残片、铜镜残块、3种颜色（黑灰色、白色、灰色）玻璃串珠19颗、金丝耳环、铁刀残片、漆器残片	2具人骨（？）
21	5.5	西北	180×55	125	无	被盗个体	-	鹿角、3种陶器残片	-

① 代冢，针对人骨不全或离冢未归的死者建造的墓葬。

续表

编号	封石堆规格（米）	墓坑方向	墓坑规格（厘米×厘米）	墓坑深度（厘米）	内部结构	人骨信息	动物骨骼信息	出土遗物	备注
五、布尔干省布雷格齐爱苏木额沃根特墓地									
1	6.5	北	-	-	木椁椁、壁龛	被盗个体	壁龛内出土2只羊头骨、颈骨、蹄骨	铁器残片、木质带饰、丝绸织品残留、果核（20余颗）	人骨上半部被扰乱，下肢保持原状
2	6.8	北	-	220	壁龛	被盗个体	壁龛内出土马、牛、羊头骨、颈骨（牛颈骨、趾骨、山羊颈骨、盆骨等与人骨伴出）	丝绸织品残留物、粗布、铜镜残块、铁器残片、红色图案的黑色漆碗、2件陶器	-
六、布尔干省呼塔嘎文都尔苏木布尔罕勒盖墓地									
1	6	北	250×100	240	木椁椁、祭祀址	被盗个体	牛骨、4只蹄子、1对短肋骨、颈骨	陶器残片、花状铁饰、白铜镜、骨筷、漆器残块、绿松石珠、桦树皮器、日月形铁器	-
2	6.5	北	235×90	170	木椁、木棺	被盗个体，无头骨	3只山羊头骨	陶器残片、铁刀、铁器残片	-
3	5	北	230×70	210	石室、壁龛	被盗个体	-	陶器残片、弓弭、箭杆残片、带扣舌、铁环、带铁钉的铁器	啮齿类动物骨
4	7	北	250×70	210	石室	被盗个体	牛头骨、蹄骨、1对肋骨、小型动物头骨	饰有图案的扁平骨器、弓弭、铁环、扁平铁器	-
5	5.8	西北	220×100	210	石室、壁龛	男性，头骨	牛尾椎骨	陶器残片、弓弭、骨管、骨镞、骨镘、铁环、铁带扣	墓坑北侧有烧火痕迹，此处出土未烧尽火种残留

附录2 蒙古国境内匈奴墓葬习俗对照表

续表

编号	封石堆规格（米）	墓坑方向	墓坑规格（厘米×厘米）	墓坑深度（厘米）	内部结构	人骨信息	动物骨骼信息	出土遗物	备注
6	5	北	250×130	200	石室	被盗男、女性个体	牛脊椎、肋骨	弓弭、狍角穿孔的连成的器物、7枚铁镞、骨筷、角环3件、铁环	侧身叠压放两具人骨
7	6	北	265×65	250	—	被盗男性个体	大型动物掌骨、马头骨、下颌骨、小型动物肋骨、尾骨	陶器残片、铁器残片、铁镞、骨弭、铁带扣、2件铁环、铁刀残块	未发现葬具
8	—	北	270×120	220	木椁、棺、壁龛	被盗女性个体	牛头骨、蹄子、骶骨、小型动物肋骨	漆器残片、桦树皮残片、铁刀残片、铜戒镶边指残块	无法确定7号、8号、9号墓侧身安葬共性
9	—	北	280×125	250	石椁、木椁、木棺	被盗女性个体	牛脊椎	铁刀、铁饰、新月形铜器、12颗珠子、铜器镶边的漆盒	北侧有烧火痕迹
10	6	北	300×110	240	椁、木板棺	被盗男性个体	马头骨、颈骨、四只蹄骨、骶骨	弓弭、箭镞残片、7件铜饰残块、2件铁饰、日月形铁器	—
11	5.5	北	275×100	300	石椁	被盗女性个体	大小牛尾椎、大小羊尾椎、肋骨、脊椎骨、臂骨	54颗串珠、4件铜饰、平行骨器、勺形管	人骨下垫有桦树皮
12	6	北	240×60	200	石椁	被盗男性个体	大型动物肩胛骨、股骨	弓弭、铁带扣	人骨下垫桦树皮，两侧也围有桦树皮
13	4	东南	200×70	200	石室墓	被盗女性、无头骨	—	筷子、陶器残片、骨管	—

续表

编号	封石堆规格（米）	墓坑方向	墓坑规格（厘米×厘米）	墓坑深度（厘米）	内部结构	人骨信息	动物骨骼信息	出土遗物	备注
14	5	北	230×100	200	-	被盗	大型动物骨头	-	-
15	7	北	300×120	280	石室、木墩、木板棺	完整女性个体	山羊头骨、马头骨、大畜颌骨 2、胫骨、蹄	陶器残片、铁残片、1 双骨筷、铁带扣、4 件锹、2 件圆形铁饰、弓珥、鹿角把、桦树皮残片	此墓可能未被盗
16	3.9×3.4	东南	170×60	160	石室	被盗	大型动物股骨、头骨、牛蹄骨	扁平铁器	-
17	7.6×6.4	北	195×55	210	木墩	被盗，男性个体（约 25 岁以上）	牛头骨、短肋、羊骨	鹿角、带角马镳子、铜镜、2 件箭杆残块、弓珥、带扣、4~5 件铁环	人骨下垫有桦树皮
18	7	北	350×160	320	木墩、棺、壁龛	被盗男性个体（约 30 岁以上）和儿童个体	大型动物头、羊肩胛骨、马 4、牛 3、羊头骨 4	弓珥、2 件铁马嚼子、双骨筷、漆盘、铁环、1 铜 铁	-
18A		北	105×40	72	石室	儿童个体（1~2 岁）	羊头骨、肋骨	陶器	发现于 18 号墓葬的封堆西南侧
19	9	东南	210×110	280	石室、木墩、壁龛	被盗女性个体（约 30 岁以上）	2 马、羊头骨 4、羊颌骨	铜镜、骨马嚼子	-
20	7.9	东南	320×105	255	壁龛	被盗（年龄 30~40 岁）	3 羊头骨、颌骨、大型动物颌骨、颈骨、肋骨	中部穿有孔的石珠	-

附录2 蒙古国境内匈奴墓葬习俗对照表　191

续表

编号	封石堆规格（米）	墓坑规格（厘米×厘米）	墓坑方向	墓坑深度（厘米）	内部结构	人骨信息	动物骨骼信息	出土遗物	备注
21	5	140×70	东南	160	石室	被盗，儿童（6～7岁）	-	-	-
22	7	250×100	北	255	木墩、木板棺	被盗（年龄大约30岁以上）	-	2～3件铁镞、骨镞	-
23	4	160×60	北	112	石棺	被盗，11岁儿童	-	-	-
25	12	460×195	东	370	石室、木板棺、壁龛	被盗成年个体	2牛头骨、足骨	珠、桦树皮器残片、铜扣、漆器残片、骨筷	-
26	11	370×140	东	330	石室、壁龛	被盗成年女性个体	牛头骨、4马头骨	漆器、磨制平形石器、铁棺饰、3件马嚼子	磨制平形石器上方有墨水残留
27	11	320×130	东南	270	石室、木墩、棺、壁龛	成年女性个体、被盗	马头骨、颌骨、脊椎骨	4件皮带金饰品、3件铁环、太阳形铁器、14件花状饰品、勺形骨簪、烟斗形骨器	-
28	7×7.5	285×110	东	270	石室、木板棺	被盗男性个体（约30岁以上）	大型动物脊椎骨、羊荐骨、牛马头骨	木碗残片、漆器残片、骨筷一双、弓弭、铁棺带、铁环、刀残片	-
29	7	280×70	西北	327	木板棺	被盗男性个体（30～40岁）	马头骨、胸骨、肋骨	陶器、弓嵌、2件铁器、骨筷2、铁件铁镞、铁矛头、骨镞、6～7件铁带扣	-

续表

编号	封石堆规格（米）	墓坑方向	墓坑规格（厘米×厘米）	墓坑深度（厘米）	内部结构	人骨信息	动物骨骼信息	出土遗物	备注
29B	3.5	东南	185×60	230	石室、木板棺	被盗男性个体（15~19岁）	小型动物拐骨	弓珥、陶器、骨镞、3件铁镞、铁器残片	—
30	6	东	300×100	250	石室、木板棺	被盗（约20岁以上）	小型动物残块	1双骨筷、木形铁器、铁钉	木板棺痕迹明显
31	6.5	东	250×100	230	木椁、木板棺	被盗男性个体（25~30岁）	牛头骨及其他骨骼	1双骨筷、弓珥、铁环、石串珠、3件铁箭镞、日月形铁掌	31、31A墓是同一个封堆下的两个墓室，人骨下垫有桦树皮，这两具个体有亲属关系
31A			170×75	245	—	被盗女性个体（20~30岁）	—	铁器残片	—
32	7.5	东	340×100	180	木板棺	被盗（15~19岁）	牛骨3架、1件牛椎尾骨、羊尾骨、牛头骨及其他	鹿角、桦树皮器残片、铁器残块、陶器残块、1双骨镞、野生动物掌骨	32、32A墓同在一个封堆下
32A		东	280×110	230	木椁、棺	被盗，男性个体（20~25岁）	牛头骨、颌骨、4蹄子、2脊椎骨、尾骨、4肋骨、羊胸椎骨	弓珥、4件铁镞、方形骨铁、铁残块、木碗残块	—

附录2 蒙古国境内匈奴墓葬习俗对照表 193

续表

编号	封石堆规格（米）	墓坑方向	墓坑规格（厘米×厘米）	墓坑深度（厘米）	内部结构	人骨信息	动物骨骼信息	出土遗物	备注
33	4.8	东	280×75	200	木板棺、壁龛	被盗，男性个体（40~45岁）	大型动物胸骨、肋骨、肢骨	带扣2件、珠子、3块骨、角环3件、勺形骨簪、铁残块、铁环、弓珥、铁箭镞	人骨的右侧为33A，墓人骨的古骨，出于本墓的祭祀址
33A			190×50		木板棺	完整女性个体（30~40岁）	—	漆器铜把、白铜镜	—
34	7.8	北	250×130	240	石室、木墩、木板棺、壁龛	被盗男性个体（30岁以上）	大型动物头、颌骨、短肋、尾骨、蹄子	铁器残片、弓珥、铜带饰、铜镜、12件铁镞、铁环、带扣、残马嚼、杆残块、桦树皮残片	—
35	8	北	305×130	350	石室、木墩、木板棺	被盗女性个体（30岁以上）	马头骨、小型动物短肋	铁残片、桦树皮残片、漆碗残块	—
36	6	北	230×130	300	石室、木墩、木板棺	被盗，8~9岁个体	4马蹄、尾骨、牛骨、牛胸骨	弓珥、骨筷、白铜镜、铁带扣	木板棺下有棺底残块
37	14	东	285×120	260	木墩、棺	被盗，30岁以上男性个体	马尾骨、折叠骨骼、羊山羊尾椎骨、马、牛头骨及其他骨骼	弓珥、铁残块	这两座墓在同一个封堆下，37号个体的颈骨有被砍断的痕迹

续表

编号	封石堆规格（米）	墓坑方向	墓坑规格（厘米×厘米）	墓坑深度（厘米）	内部结构	人骨信息	动物骨骼信息	出土遗物	备注
37A	14	东	210×75	270	石室、木板棺	被盗，30岁以上女性个体	马头骨2、牛头骨1、羊、山羊3件尾椎骨	铁镞、勺形簪、铁马嚼子	-
38	11.5	东	400×140	270	石室、木墩、木板棺	被盗，30岁以上男性个体	大型动物折叠骨骼、肋骨、脊椎骨	2件陶器、弓弭、铁器残块、1对骨马镳、1双骨筷	这两座墓在同一座封堆下
38A		东	240×120	285	木板棺、壁龛	被盗，30岁以上女性个体	大型动物折叠的骨骼、脊椎骨、牛头骨及其他骨骼	3件木残块、穿孔石器3块、铁器残块、1双骨筷、铁薄片	-
39	7.5	东	225×90	260	木墩墓、棺	20~25岁女性	马骨及其他骨骼	骨筷、白铜镜、铁器	-
40	5.3	东	210×130	255	石室、木板棺、壁龛	青年男性个体	小型动物肋骨、牛头骨、下颌及其他骨骼	陶灶、双舌带扣、铁镞、铁钉	-
41	6.2	西北	320×125	245	石室、木板棺	被盗（约18岁）	-	2件陶器、骨筷	-
42	5.4	西北	175×80	210	木墩	被盗，20岁以上女性个体	-	陶器、1双骨筷、绿松石珠、铁残块	-

附录2 蒙古国境内匈奴墓葬习俗对照表

续表

编号	封石堆规格（米）	墓坑方向	墓坑规格（厘米×厘米）	墓坑深度（厘米）	内部结构	人骨信息	动物骨骼信息	出土遗物	备注
43	6	北	270×120	260	石室、木椁、棺	被盗	-	陶器残片	-
44	6	东北	230×100	260	-	被盗，30~40岁男性个体	马头骨及其他骨骼	-	-
45	5.5	东北	160×60	170	-	被盗	马下颌残块	-	-
46	5	北	250×100	190	壁龛	被盗，30~40岁男性个体	2匹马头骨、下颌骨及其他骨骼	3件骨镞、9件铁镞、铁薄片、弓珥、骨带扣	出土狗骨
46A	3	北	250×110	160	-	被盗，40岁以上女性个体	-	铁器残片、包金小饰品	-
47	4.5	北	190×67	220	木板棺	被盗，30~35岁男性个体、婴儿个体	动物骨骼残块	陶器、骨针、3件铁镞、3件铁带扣残块	-
48	6	北	305×100	215	-	30岁以上女性个体、15~19岁青年个体	牛头骨及其他骨骼	弓珥	封堆中部发现3种陶器残片

续表

编号	封石堆规格（米）	墓坑方向	墓坑规格（厘米×厘米）	墓坑深度（厘米）	内部结构	人骨信息	动物骨骼信息	出土遗物	备注
49	7	北	200×70	280	石室、木板棺	被盗，30岁以上的女性与婴儿个体	牛头骨、下颌及其他骨骼	铁器残块、骨铁、桦树皮器残片	—
50	8.5	北	210×70	260	壁龛	被盗，30岁以上女性个体	马、牛头骨及其他骨骼	铁钉、弓珥、4件铁镞、筒杆残块	—
51	5.5	北	260×90	260	石室、木板棺、壁龛	被盗，40岁以上女性个体	2个牛头骨及其他骨骼	桦树皮器、1双筷子、漆器残块、铁残片	—
52	6	北	280×70	250	壁龛	被盗，15岁女性个体	马头骨及其他骨骼	陶器、弓珥、铁环、4件铁镞、铁刀、铁带扣、2件骨镞	—
53	6	北	320×110	270	石棺	被盗，30~35岁男性个体	马骨肋骨、蹄骨	弓珥、骨镞、铁马嚼子、太阳形铁器、2~3件铁镞	人骨下铺有桦树皮
54	6.4	北	280×140	280	石室、木板棺、壁龛	被盗，25~30岁男性与3岁左右的儿童个体	马与牛头骨及其他骨骼	铁马嚼子、骨马镰、弓珥、5件铁镞、铁器残块	—

附录2 蒙古国境内匈奴墓葬习俗对照表

续表

编号	封石堆规格（米）	墓坑方向	墓坑规格（厘米×厘米）	墓坑深度（厘米）	内部结构	人骨信息	动物骨骼信息	出土遗物	备注
56	5.8	西北	200×100	110	木板棺	被盗，30岁以上的女性个体	—	2件平形铁器、2件铁环、铁刀残块	石堆中发现野生动物骨骼和棺底残块
57	7.2	北	295×125	220	石室、木板棺	被盗，30岁以上男性个体	3只小型动物头骨及其他骨骼	铁残块、弓弭、5件铁镞、月形铁器	—
58	7	东北	190×65	170	木板棺	被盗，60岁以上男性个体	山羊骨骼	琥珀珠、平形铁带扣	棺底残块
59	7.7	北	260×80	270	石室、木墩、木板棺、壁龛	被盗，30岁以上女性与婴儿个体	2头牛和2只山羊骨以及其他骨骼	漆器残块、铁器残块	旁边的63号中出土儿童股骨
60	11	北	370×160	280	石室、木墩、木板棺、壁龛	被盗，30~40岁女性个体	3匹马、5头牛、18只山羊、3只羊头骨及其他骨骼	2件陶器、铁器残块、铁刀残块	此墓约105厘米深处发现晚期墓（突厥时期），220厘米发现殉狗，棺底铺有桦树皮
61	6.6	东北	210×80	200	木板棺、壁龛	被盗，15岁男性青年	2只山羊头骨、蹄骨及肋骨	珠、骨饰、1件骨铁、铁器残块	壁龛内发现人下颌骨

续表

编号	封石堆规格（米）	墓坑方向	墓坑规格（厘米×厘米）	墓坑深度（厘米）	内部结构	人骨信息	动物骨骼信息	出土遗物	备注
63	6.7	北	240×110	250	石室、木墩、木板棺、壁龛	被盗，20～25岁女性个体	-	铜锾、2件陶器、2件骨饰、琥珀坠饰、铁棺钉	-
64	6.7	北	240×100	300	木墩、木板棺	被盗，15～25岁	马骨、折叠骨、4件肋骨、4只蹄骨	10件铁镞、铁残块、4件带铁钉的铁饰、铁环、铁带扣	-
65	7	北	280×90	290	木墩、木板棺、壁龛	被盗，30岁以上的男性与婴儿个体	大型动物的肢骨	中心穿孔的玄武岩、铁器残块、弓弭、马嚼子4件铁镞、铁饰、骨簪、烟斗形管	-
66	6.5	北	210×85	230	木墩、木板棺	被盗，15～19岁男性个体	-	铁残块、粉色珠子、铁镞	-
67	6.2	北	245×80	305	木墩	30岁以上	3个牛头骨	-	-
68	5.5	北	225×65	220	木板棺	被盗，60岁女性个体	牛蹄骨、拐骨、尾骨	红色漆器刷的涂料残块、桦树皮残块、骨铁、陶器残片	-
69	10	北	300×180	270	壁龛	30岁以上的男性个体与2岁左右儿童个体	公牛角、羊头残块、羊头骨、山羊胛骨、羊头骨、下颌、牛下颌、肋骨、蹄子、颈骨、尾椎骨	铁器残块、弓弭、陶器残片、铁镞残块、带扣、环、皮包残块	在100厘米深处出土下颌，羊羔骨等，墓室右壁出土矿化的动物骨

附录 2 蒙古国境内匈奴墓葬习俗对照表

续表

编号	封石堆规格（米）	墓坑方向	墓坑规格（厘米×厘米）	墓坑深度（厘米）	内部结构	人骨信息	动物骨骼信息	出土遗物	备注
70	11	西北	320×110	290	木墩、木板棺、壁龛	被盗，60岁以上的男性与30~40岁另一个体	马头骨、肋骨及关节骨、蹄子、脊椎骨	1双骨筷、铁残块、弓弭残块、骨块残块、烟斗形器具、方形平铁器、钩	—
71	7	西北	260×140	270	木墩、木板棺	被盗，30岁以上的女性个体	—	陶器残块、木柄铁器、白铜镜残块、圆形桦树皮、漆器残块、桦树皮饰品、铁器残块	发掘过程中出土烧火痕迹和未烧尽的煤块
72	7	北	315×95	270	木墩、木板棺、壁龛	被盗，25~30岁女性个体	马头骨、下颌及大型动物脊椎	陶器残片、1双骨筷、5~6仁铁镞、丝绸残留物的铁残块	墓壁与底部发现大量黑色灰烬及未烧尽的煤残块，可能用火净化墓室
73	7	北	200×125	275	木墩、石室、木板棺、壁龛	被盗，15~19岁青年	马腿骨、蹄子、尾骨、头骨残块	铁钉、平形带扣、铁镞、刀、残铁块、完整陶器、锅、铁马嚼子与马环	此墓可能也被用火净化过，发掘中出土大量未烧尽的煤渣
74	6.8	东北	242×140	250	木板棺	被盗，25岁以上的个体	—	铁刀	—
75	6.2	北	220×100	220	木墩、木板棺、壁龛、石室	被盗，25岁以上的个体	大型动物肋骨、骨渣	陶器、白铜镜、骨筷	—

续表

编号	封石堆规格（米）	墓坑方向	墓坑规格（厘米×厘米）	墓坑深度（厘米）	内部结构	人骨信息	动物骨骼信息	出土遗物	备注
76	7.3	北	210×88	210	木板棺、石室	被盗，20岁女性个体	动物下颌、胫骨、大型动物拐骨、下颌、小型动物蹄骨	铁器、陶器口沿残片、桦树皮残块、骨镞、4耳花形饰品、1双骨筷、桦树皮器、铁钉	-
77	8	北	260×100	220	木墩、木板棺	被盗，30岁女性个体	完整山羊骨、牛骨	2件陶器、3件桦树皮饰、桦树皮盖子	-
78	7.6	北	350×140	320	石室、木墩、棺、壁龛	被盗，15～19岁女性	小型动物的拐骨、马头骨以及其他骨骼	桦树皮棺饰、陶器、弓弭、1双骨筷	-
79	7	北	300×140	285	石室、木板棺	被盗，30岁以上的女性个体	小型动物小腿骨、肋骨、脊椎、肩胛骨	1双骨筷、桦树皮器、饰有图案的桦树皮盖子2件	-
81	7.5	北	350×110	320	石室	25岁以上男性个体	马头骨	4件铁镞、铁环、弓弭、铁马嚼子、骨铁残块	保存完整的棺盖
82	7.4	北	380×140	300	石室、木板棺	被盗，25岁以上的女性个体	-	陶器	-
83	7	北	240×80	155	石室、木墩、木板棺	被盗，10岁儿童和婴儿个体	牛头骨以及其他小型动物的脊椎、其他皮骨	骨铁、陶器	-

附录2 蒙古国境内匈奴墓葬习俗对照表

续表

编号	封石堆规格（米）	墓坑方向	墓坑规格（厘米×厘米）	墓坑深度（厘米）	内部结构	人骨信息	动物骨骼信息	出土遗物	备注
83A	7	西北	-	30	石棺	被盗，2~3岁个体	大型动物下颌、脊椎及肋骨	-	83号墓以北1米处
84	5.2	北	88×32	60	石棺	被盗，10岁左右个体	小型动物的脊椎、肋骨	弓弭、骨镞、箭杆、铁刀	清理附近的乱石堆发现4个儿童墓
84-2	-	北	66×30	50	石棺	1岁左右个体	-	-	-
84-3	-	北	125×40	50	石棺	被盗，2~3岁个体	-	陶器残块	-
84-4	-	北	95×45	45	石棺	完整，1岁左右个体	牛头骨及其他骨骼	陶器	-
85	6.5	东北	211×10	220	木椁、木板棺	被盗，30岁以上女性与婴儿个体	牛头骨	-	-
86	7.7	北	270×120	205	石室、木板棺、木墩	被盗，20~25岁女性个体	牛头骨及其他骨骼、山羊骨	1双骨筷、陶器	-

续表

编号	封石堆规格（米）	墓坑方向	墓坑规格（厘米×厘米）	墓坑深度（厘米）	内部结构	人骨信息	动物骨骼信息	出土遗物	备注
87	6.6	北	300×160	250	石室、木板棺、木墩	被盗，15~19岁女性个体	大型动物肢骨与肋骨	鹿角、陶器残片	—
88	5	西北	325×110	215	石室、木墩	被盗，30岁以上男性个体	羊、马头骨及其他骨骼	1双骨筷、铁棺饰	墓壁留有挖墓坑时使用的工具印
89	5.2	北	192×65	140	—	被盗，20~25岁女性个体	山羊头骨及其他骨骼	立方形石器、陶器残片	—
90	6.5	东北	300×120	160	—	被盗，30岁以上女性个体	—	—	人骨俯面安葬，头骨放置于脚部
91	6	北	180×70	93	石棺	被盗，5~9岁个体	—	—	—
92	4.6	北	220×60	120	石室	被盗，30岁以上女性个体	—	弓弭、2件铁薄片	墓主被桦树皮包裹进行安葬
93	6.5	北	318×135	250	木板棺	被盗，30岁以上的女性个体	牛头骨及其他骨骼	铁器残块、白铜镜	—

续表

编号	封石堆规格（米）	墓坑方向	墓坑规格（厘米×厘米）	墓坑深度（厘米）	内部结构	人骨信息	动物骨骼信息	出土遗物	备注
94	7	西北	-	-	-	-	-	-	-
95	8.3	北	330×175	290	木板棺、木墩	被盗，30岁以上男性个体	马蹄骨	鹿角、铁器、桦树皮棺饰、弓弭、陶器残片、铜镞、石珠、铁带扣、铁刀残块	-
七、布尔干省呼塔嘎文都尔苏木哈南哈哈达墓地									
1	8	东	195×85	225	石室墓、木板棺	被盗，17～19岁男性个体	马牙骨	陶器残片、弓弭、骨镞	-
八、布尔干省塔嘎文都尔苏木浩勒特斯努嘎墓地									
12	6	北	280×130	330	石室墓、木板棺、壁龛	完整，女性个体	4头牛、2匹马、5只山羊、1只羊及其他骨骼	金耳环、骨筷、铁器残块、伴皮带铁薄片、陶器	与青铜时代遗存共存
九、布尔干省呼塔嘎文都尔苏木洋赫尔阿姆墓地									
1	7	西北	180×100	200	石室墓、木板棺	被盗，50～60岁	山羊、羊头骨及其他骨骼	弓弰、铁带扣、铁及骨器块	墓地底铺有桦树皮
十、戈壁阿勒泰省朝格图木赫列克斯特莱墓地									
1	5	北	340×200	190	木板棺	双手放置于腹部	一些动物骨	铁器残块、骨弓弭、环形把铁刀、黄色玳瑁坠饰、小型动物拐骨	-

续表

编号	封石堆规格（米）	墓坑方向	墓坑规格（厘米×厘米）	墓坑深度（厘米）	内部结构	人骨信息	动物骨骼信息	出土遗物	备注
2	6	北	—	260	石室墓、棺盖	被盗，个体不完整	—	骨镞、小陶罐、12 件中部穿孔的圆形薄铁饰	人骨上半部和下半部离得比较远，220 厘米深处发现 8 具个体的晚期墓
3	9	北	—	400	木板棺	完整个体	一些动物骨	铁器残块、骨弓弭、陶器残块	—
4	6.5	北	—	400	原木木椁、木板棺	被盗，未发现人骨	羊头骨、胫骨、2 件臂骨、肋骨	长矛木杆、桦树皮器、木带扣、饰品、骨弓弭、圆形铁饰、木盘残块、陶器	因永久冻土层木制品保存较好
5	4.6	北	—	180	木板棺、石室墓	被盗个体	带角的牛头骨、山羊头骨、羊皮	5 件铁镞、6 件弧形铁条、4 件中部穿孔的平形铁环、鹿角制盛有种子的铜器、铜	出土 1.25 公斤铁

十一、达尔乌尔省达尔乌拉墓地

编号	封石堆规格（米）	墓坑方向	墓坑规格（厘米×厘米）	墓坑深度（厘米）	内部结构	人骨信息	动物骨骼信息	出土遗物	备注
1	—	东北	265×130	175	木板棺	被盗个体	牛拐骨	桦树皮残片、桦树皮具底部残片、陶器残片	煤渣
2	—	北	350×150	340	原木木椁、木板棺	被盗个体	—	绿松石、石珠、玉石坠、灰白色石环、植物种子、残块	祭祀处发现煤渣
3	—	北	290×120	270	木板棺	被盗个体	一些动物骨骼	砺石、3 件陶器、桦树皮残留、粗布残留、铁器残块	—

续表

编号	封石堆规格（米）	墓坑方向	墓坑规格（厘米×厘米）	墓坑深度（厘米）	内部结构	人骨信息	动物骨骼信息	出土遗物	备注
4	—	东	—	400	原木木椁、木板棺	被盗个体	马下颌、蹄骨、牛头骨、下颌、2个山羊头骨	黑色花纹的红色漆器残块、铁器残块、粗布残留、带钩残块、铜带扣、大量食物种子、1米长的黑色花纹的红色漆管	赭石及煤残片
5	—	北	—	165	木板棺	被盗个体	带角的山羊头、蹄骨	陶器残片	—
6	—	东北	—	110	木板棺	被盗个体	—	铁器残块	—

十二、中戈壁省德力格尔朗图苏木巴嘎扎尔朝鲁墓地

编号	封石堆规格（米）	墓坑方向	墓坑规格（厘米×厘米）	墓坑深度（厘米）	内部结构	人骨信息	动物骨骼信息	出土遗物	备注
1	7	北	—	330	木板棺	被盗个体	大型动物趾骨、马股骨、腰椎、肋骨、蹄骨以及一些羊骨	骨弓弭、铜带扣、陶器残块、铁器残块、铁环、漆器残片、细长铁丝、穿孔式花纹的铜饰、带半圆形马镳的铁马嚼子、4件铁镞尾部残块	—

十三、前杭爱省宝格达苏木特布希乌拉墓地

编号	封石堆规格（米）	墓坑方向	墓坑规格（厘米×厘米）	墓坑深度（厘米）	内部结构	人骨信息	动物骨骼信息	出土遗物	备注
1	8.5	北	250×125	220	木板棺	被盗个体	带角的羊头骨、马蹄骨、2只趾骨	皮带或马肚带扣、桦树皮垫子、多个翼中间带铁钉的花式铁器、金饰、磨制的蓝色石珠、琥珀珠、弓弭	盖放木棺的16件较细木条，其中一些还垫地带穿孔疑为马车木轮
2	6.5	北	220×160	160	木板棺	被盗个体	小型动物头骨、寰椎骨、臂骨	铁器残块、3件铁镞、骨镞、2种和陶器	木棺上堆放两层木框架，其上方横放9条木杆

续表

编号	封石堆规格（米）	墓坑方向	墓坑规格（厘米×厘米）	墓坑深度（厘米）	内部结构	人骨信息	动物骨骼信息	出土遗物	备注
3	4~5.2	北	220×150	230	木板棺	被盗个体	-	陶、骨弓珥	-
4	4.4~5	西北	200×50	140	木盖	被盗个体	-	平形铁器残片、红粉色珠	狗头骨
7	5	北	230×100	180	木板棺	被盗个体	18件动物骨：1件马头骨、1件牛头骨、小型动物头骨16件、动物脊椎、蹄骨、腰椎、胺骨、尾椎、肋骨等	铁锅环把、铜镜残块、铁镞2件、铁刀、弓珥、弓鞘木底、丝绸残片	鸟类骨骼及狗肩胛骨2块
8	5	北	220×190	180	木板棺	被盗个体	-	木盘、合子、铜镜残块、铁器残块、3块组成的木带扣残块	用红绿色丝绸包裹
16	5	北	250×52	180	木板棺	被盗个体	-	骨弓珥、铁器残块、木挂钩、铁饰、垫板形木	-
20	5.5	北	180×60	-	木板棺	被盗个体（扰乱不严重）	马下颌、小型和大型动物骨	花状铁饰、盛有食物的陶器残块、红色和绿色丝绸残块、红色花纹的黑色漆器	-

十四、前杭爱省尤孙雏勒苏木尔巴哈太墓地

编号	封石堆规格（米）	墓坑方向	墓坑规格（厘米×厘米）	墓坑深度（厘米）	内部结构	人骨信息	动物骨骼信息	出土遗物	备注
1	3.6	北	-	198	木板棺	被盗，6~7岁儿童个体	2岁马骨腰椎、1只蹄骨	-	连接2号墓封堆
2	6	北	-	315	木板棺	被盗，高龄男性个体	马头骨、4件小型动物助骨、腰椎、荐椎和板椎	陶器残片、2件筷子残片、铁刀残片、50件花状铁饰、3件铁镞、镀金薄饰品、银饰残块、骨弓珥	可能与1号墓儿童个体有亲属关系

附录2 蒙古国境内匈奴墓葬习俗对照表 207

续表

编号	封石堆规格（米）	墓坑规格（厘米×厘米）	墓坑深度（厘米）	墓坑方向	内部结构	人骨信息	动物骨骸信息	出土遗物	备注
十五、前杭爱省乌央嘎木苏尼陶勒特塞地									
	7	170×90	300	西北	无	被盗个体	-	3种陶器残片、2件铁钉印的铁薄片、漆器残片	-
十六、前杭爱省呼吉尔特苏木呼新胡特勒塞地									
1	6	-	240	北	无	被盗，高龄个体	小型动物的股骨、羚羊脊椎骨、2件马臂骨、腰椎、尾椎、后髋骨、3件蹄骨、小型动物肋骨、肩胛骨	陶器残片、骨弓珥、铁马嚼子、铁带扣残块	-
十七、中央省阿拉坦布拉格苏木莫林陶勒盖塞地									
1	6	280×90	290	北	石室墓	完整，50岁左右男性个体	带角的羊头骨、颈骨	环首铁刀残块、皮质刀鞘残块、木器残块、4件铁带扣、系铁丝距骨、鹿角骨器、骨口琴	-
2	6.5	220×120	200	北	石室墓	被盗个体	2件牛下颌、1只角、3件小型动物肋骨、勺形骨、4件趾骨、带角羊头骨、4对下颌、17件趾骨、蹄骨、2件、肋骨、股骨等	黑色陶器腹部及口沿残片	-

续表

编号	封石堆规格（米）	墓坑方向	墓坑规格（厘米×厘米）	墓坑深度（厘米）	内部结构	人骨信息	动物骨骼信息	出土遗物	备注
3	6.5	北	-	260	石室、木板棺	被盗、高龄个体	乌肢骨5块、羊肋骨、1对牛下颌、趾掌骨	铁器残块（刀？）铁刀残块、灰白色玻璃坠饰、青色（两面）镶嵌物）玻璃珠	
4	5.5	北	220×82	260	无	被盗、高龄个体（女性？）未发现头骨	5块牛蹄骨、趾掌骨残片4件、2件巨骨、2颗牙、压碎的羊头骨	小型动物拐骨（人工磨制痕迹、侧面有凹痕、上下有穿孔、脸面有磨制痕迹）	沿左侧壁仰身屈肢葬
5	14	北	310×100	500	棺盖、棺底有1对垫木	30岁左右女性与40岁左右男性个体	马盆骨、肋骨、蹄骨、牛下颌、肋骨、头骨上颌骨、尾椎骨、尾椎、颈骨、肢骨角	规矩镜残块、木盆残皮器、桦树皮器、骨铁器、3种陶器	方形石封堆、狗殉

十八、乌布赤省乌兰古市昌德曼乌拉墓地

编号	封石堆规格（米）	墓坑方向	墓坑规格（厘米×厘米）	墓坑深度（厘米）	内部结构	人骨信息	动物骨骼信息	出土遗物	备注
29	4.5	西北	180×50	50	石室、木板棺	被盗、人骨基本保持原状	-	陶器残片、铁镞、铁环、平形骨镞	-
30	4.5	西北	-	160	独木棺	完整个体	-	-	-
61	6	北	-	100	无	被盗个体	马头骨、囊骨、肋骨、肩胛骨、蹄骨、羊掌骨关节骨、颈椎	木器残块、3件桦树皮箭服、穿孔鹿角骨器、铁刀残留、贝壳	-

附录2 蒙古国境内匈奴墓葬习俗对照表

续表

编号	封石堆规格（米）	墓坑方向	墓坑规格（厘米×厘米）	墓坑深度（厘米）	内部结构	人骨信息	动物骨骼信息	出土遗物	备注
十九、乌兰巴托市松根海尔汗区巴润海尔汗墓地									
1	5	西北	-	205	木板棺，四角用铁钉固定	被盗个体	-	铁薄片、骨镞、铁带扣、铁镞、铁环、玻璃珠、木梢的铁刀、穿孔的牛拐骨、骨弓耳、铁剑、黑和红色漆器残块、骨、2件陶器残块	石堆南部1.8米×1.8米的墓道
2	6～7	北	230×75	210	木板棺	被盗个体	-	小桦树皮器、巴旦杏种子、方形铁饰、铁器残块、漆器残块	殉狗
二十、库苏古尔省嘎拉特苏木努藤阿姆墓地									
21	6	东	250×100	210	独木棺	被盗个体	羊下颌骨及其他骨骼	陶器残块、铁矛头、三翼铁镞、短剑	-
22	6	东南	-	100	木板棺	双手放置于腹部	羊胶骨	2件陶器、铁刀	人骨头和脚部垫有石枕
23	3	东南	-	80	-	被盗个体	-	陶器残片	22号墓以南1米处的附属墓
二十一、库苏古尔省伊藤乌苏木苏勒陶勒盖墓地									
1	5	北	350×150	140	木板棺	被盗个体	7只羊和山羊头骨及其他骨骼	陶器、骨弓耳、4件带骨筒镞、四翼铜筒镞、三翼铁筒镞、2件三面带鎏铜筒镞、骨鸣笛柳叶形铁箭镞、2件铁刀、铁带口、骨镳铁衔、铜带饰、小铜饰、小铜环、铜鏡残片、漆耳杯残片	-

续表

二十二、肯特省扎日嘎朗图汗苏木都拉嘎乌拉拉塞地

编号	封石堆规格（米）	墓坑规格（厘米×厘米）	墓坑方向	墓坑深度（厘米）	内部结构	人骨信息	动物骨骸信息	出土遗物	备注
66	4~5	-	东南	280	棺（?）	被盗（女）	马骨颈椎骨、羊骨	4 种陶器、陶纺轮	头骨和脚骨下垫有石块

参考文献

一　田野考古报告

1. Батсайхан З. 1992 – 1992 онд Булган аймагт ажилласан "Эгийн гол" – ийн экспедицийн тайлан. I хэсэг. УБ., 1992. АХГБФ.

   З. 巴特赛罕：《1992年布尔干省"额金河"考古队报告》第1卷，蒙古国科学院考古研究所手稿资料库，乌兰巴托，1992。

2. Батсайхан З. 1993 – 1993 онд Булган аймагт ажилласан Сэлэнгийн экспедицийн тайлан. АХГБФ.

   З. 巴特赛罕：《1993年布尔干省色楞格考古队报告》，蒙古国科学院考古研究所手稿资料库，乌兰巴托，1993。

3. Батсайхан З., Эрдэнэбаатар Д. 1994 – Сэлэнгийн экспедицийн тайлан. УБ., 1994. АХГБФ.

   З. 巴特赛罕、Д. 额尔顿巴特尔：《色楞格考古队报告》，蒙古国科学院考古研究所手稿资料库，乌兰巴托，1994。

4. Батсайхан З., Эрдэнэбаатар Д., Цэрэндагва Я., Эрдэнэбат У. 1994 – Монгол – Францийн хамтарсан экспедицийн тайлан. УБ., 1994. АХГБФ.

   З. 巴特赛罕、Д. 额尔顿巴特尔、Я. 策仁达格瓦、У. 额尔顿巴特：《蒙古与法国联合考古队报告》，蒙古国科学院考古研究所手稿资料库，乌兰巴托，1994。

5. Батсайхан З., Эрдэнэбаатар Д., Билэгт Л., Эрдэнэбат У., Амартүвшин Ч. 1995 – Монгол – Францийн хамтарсан экспедицийн тайлан. УБ., 1995. АХГБФ.

   З. 巴特赛罕、Д. 额尔顿巴特尔、Л. 毕力格特、У. 额尔顿巴特、Ч. 阿玛尔图布新：《蒙古与法国联合考古队报告》，蒙古国科学院考古研究所手稿资料库，乌兰巴托，1995。

6. Билэгт Л., Батсайхан З., Амартүвшин Ч. 1996 - Монгол - Америкийн хамтарсан экспедицийн тайлан. УБ., 1996. АХГБФ.

Л. 毕力格特、З. 巴特赛罕、Ч. 阿玛尔图布新：《蒙古与美国联合考古队报告》，蒙古国科学院考古研究所手稿资料库，乌兰巴托，1996。

7. Эрдэнэбаатар Д., Эрдэнэбат У., Төрбат Ц. 1996 - Монгол - Францийн экспедицийн тайлан. УБ., 1996. АХГБФ.

Д. 额尔顿巴特尔、У. 额尔顿巴特、Ц. 图尔巴特：《蒙古与法国联合考古队报告》，蒙古国科学院考古研究所手稿资料库，乌兰巴托，1996。

8. Эрдэнэбаатар Д., Төрбат Ц. 1998 - Монгол - Францийн хамтарсан археологийн хээрийн шинжилгээний ангийн 1998 оны тайлан. УБ., 1998. АХГБФ.

Д. 额尔顿巴特尔、Ц. 图尔巴特：《蒙古与法国联合田野考古队 1998 年研究报告》，蒙古国科学院考古研究所手稿资料库，乌兰巴托，1998。

9. Эрдэнэбаатар Д., Төрбат Ц. 1999 - Монгол - Францийн хамтарсан археологийн хээрийн шинжилгээний ангийн 1999 оны тайлан. УБ., 1999. АХГБФ.

Д. 额尔顿巴特尔、Ц. 图尔巴特：《蒙古与法国联合田野考古队 1999 年研究报告》，蒙古国科学院考古研究所手稿资料库，乌兰巴托，1999。

10. Боровка Г. И. 1926 - Предварительный отчет о работах отдельной партии археологического отряда экспедиции по изучению Монголии и Танну - Тува при С. Н. К. С. С. С. Р. под руководством Г. И. Боровка. ТХГБС. Ф. IX, Т. 5, х. н. 10. УБ., 1926.

Г. И. 波洛夫卡：《博罗夫卡领导的苏联科学院考古调查项目：蒙古 - 唐努图瓦地区考古队初步工作报告》，蒙古国历史研究所手稿资料库，第 9 卷，第 5 页，馆藏号 10，乌兰巴托，1926。

二 研究论著

（一）西里尔蒙古文文献

1. Батсайхан З. 1995 - Хүннү нарын шүтлэг бишрэлийн тухай төсөөлөл.

- Монгол - Солонгосын хамтарсан эрдэм шинжилгээ - 2. Сөүл, 1995.

  3. 巴特赛罕：《匈奴人宗教信仰研究》，《蒙古与韩国联合学术研究2》，首尔，1995。

2. Батсайхан З. 1997 - Агт морь, адууны тоног хэрэглэл (хүннүгийн хэрэглэгдэхүүнээр). - МУИС - ийн ЭШБ. №3 (127). УБ., 1997.

  3. 巴特赛罕：《马具研究——以匈奴资料为中心》，《蒙古国国立大学学术期刊》1997年第3期（总第127期），乌兰巴托。

3. З. Батсайхан. Умард Хүннү ба нүүдлийн иргэншлийн хөгжил. Түүхийн ухааны дэд докторын зэрэг горилсон зохиол. МУИС. 2000.

  3. 巴特赛罕：《北匈奴与游牧文明的发展》，历史学副博士学位论文，蒙古国国立大学，2000。

4. Батсайхан З. 2002 - Төв Азийн нүүдэлчдийн түүхийн зарим асуудал. - МУИС - ийн ЭШБ. Археологи, антропологи, угсаатан судлал. №187 (13), УБ., 2002, т. 31 - 35.

  3. 巴特赛罕：《中央亚细亚游牧民族史相关问题研究》，《考古学、人类学与民族学（蒙国国立大学学术期刊）》2002年第13期（总第187期），乌兰巴托，第31~35页。

5. Батсайхан З. 2003 - Хүннү (Археологи, угсаатны зүй, түүх). УБ., 2003.

  3. 巴特赛罕：《匈奴（考古学、民族学与历史学研究）》，乌兰巴托，2003。

6. Батсайхан З., Саруул И. 1998 - Хүннүгийн зэр зэвсэг. - МУИС - ийн ЭШБ. №4 (133). УБ., 1998.

  3 巴特赛罕、И. 萨如拉：《匈奴兵器》，《蒙古国国立大学学术期刊》1998年第4期（总133期），乌兰巴托。

7. Батсайхан З., Өлзийбаяр С. 1999 - Эгийн голын хүннүчүүдийн демографийн асуудалд. - МУИС - ийн ЭШБ. №5 (142). УБ., 1999.

  3. 巴特赛罕、С. 乌力吉巴雅尔：《额金河流域匈奴人口学研究》，《蒙古国国立大学学术期刊》1999年第5期（总第142期），乌兰巴托。

8. Батсуурь Ж. 1992 - Монголчуудын өлгий нутаг, гарал үүслийг генетикийн судалгаагаар мөшгөсөн нь. - ОУМЭ - ний V их хурал. Боть 3. УБ., 1992, т. 59 - 65.

  Ж. 巴特苏日：《以基因学研究追踪蒙古人故地和源流》，《国际蒙古学者第五次大会文集3》，乌兰巴托，1992，第59~65页。

9. Баттулга Ц. 1998 – Дэл уулын Баруун билүүний II, III бичээс. – SA. Tom. XYIII, Fasc. 9, УБ., 1998, т. 109–115.

Ц. 巴特图拉嘎：《德勒乌兰山巴润毕鲁2号、3号刻文》，《考古研究》1998年第17期，乌兰巴托，第109~115页。

10. Баяр Д. 1976 – Дуулга уулын нэгэн булш. – SA. Tom. VII, Fasc. 6, УБ., 1976.

Д. 巴雅尔：《都拉嘎乌拉山发现的一座墓葬》，《考古研究》1976年第7期，乌兰巴托。

11. Баярсайхан М. 1999 – Эгийн голоос олдсон адууны толгойн ясанд хийсэн хэмжилтээс. – SA. Tom. XIX, Fasc. 9, УБ., 1999, т. 82–87.

М. 巴雅尔赛罕：《额金河流域出土马头骨的测量》，《考古研究》1999年第19期，乌兰巴托，第82~87页。

12. Волков В. В., Доржсүрэн Ц. 1963 – Ховд аймгийн Манхан сумын нутагт эртний судлалын малтлага хайгуул хийсэн тухай. – SA. Tom. II, Fasc. 2, УБ., 1963, т. 51–68.

В. В. 沃尔科夫、Ц. 道尔吉苏荣：《科布多省芒汗苏木境内进行的田野调查和发掘研究》，《考古研究》1963年第2期，乌兰巴托，第51~68页。

13. Дисан Т. 1998 – Үзэмчин. – Монгол улсын угсаатны зүй. Редактор С. Бадамхатан. УБ., 1998.

Т. 迪三：《乌珠穆沁》，С. 巴德玛哈坦主编《蒙古国民族学》，乌兰巴托，1998。

14. Доржсүрэн Ц. 1954 – Хараагийн Ноён ууланд 1954 онд археологийн шинжилгээ хийсэн тухай. – Шинжлэх Ухаан. 1954, №1, т. 33–43.

Ц. 道尔吉苏荣：《关于1954年在哈拉诺彦乌拉山进行的考古研究工作》，《科学》1954年第1期，第33~43页。

15. Доржсүрэн Ц. 1956 – Хойт Хүннүгийн булш. – Шинжлэх Ухааны Хүрээлэнгийн ЭШБ. №1, УБ., 1956.

Ц. 道尔吉苏荣：《北匈奴的墓葬》，《科学院学报》1956年第1期，乌兰巴托。

16. Доржсүрэн Ц. 1957 – 1955 онд Төв ба баруун аймгуудад археологийн шинжилгээ хайгуулын ажил явуулсан тухай. – Шинжлэх Ухааны Хүрээ-

лэн. Нийгмийн ухааны анги. 1957, №2, т. 99 – 118.

Ц. 道尔吉苏荣：《1955 年在中西部省市境内做的考古田野调查》，《社会科学考察》第 2 卷，1957，第 99~118 页。

17. Доржсүрэн Ц. 1958 – 1956 – 1957 онд Архангай аймагт археологийн шинжилгээ хийсэн тухай. УБ., 1958.

Ц. 道尔吉苏荣：《1956~1957 年在后杭爱省进行的田野考古工作》，乌兰巴托，1958。

18. Доржсүрэн Ц. 1961 – Умард Хүннү (эртний судлалын шинжилгээ). – SA. Tom. I, Fasc. 5, УБ., 1961.

Ц. 道尔吉苏荣：《北匈奴（考古学研究）》，《考古研究》1961 年第 1 期，乌兰巴托。

19. Доржсүрэн Ц. 1963 – 1961 онд Хараагийн Ноён уул хавьд эртний судлалын малтлага хайгуул хийсэн тухай. – SA. Tom. II, Fasc. 4, УБ., 1963, т. 39 – 49.

Ц. 道尔吉苏荣：《关于 1961 年在哈拉诺彦乌拉山进行的考古发掘与调查工作》，《考古研究》1963 年第 2 期，乌兰巴托，第 39~49 页。

20. Карпини, 1988 – Плано Карпини. Монголчуудын түүх. УБ., 1988.

柏朗嘉宾：《蒙古史（蒙古行纪）》，乌兰巴托，1988。

21. Катуу Б. 1996 – Монгол туульсийн бэлгэдэл. УБ., 1996.

Б. 卡图：《蒙古史诗的象征意义》，乌兰巴托，1996。

22. Лхагвасүрэн Х. 1989 – Буурал уулын монгол булшнууд. – SH. Tom. XXIII, Fasc. 15, УБ., 1989.

Х. 拉瓦哈苏荣：《布日勒乌拉山蒙古时期墓葬》，《考古研究》1989 年第 23 期，乌兰巴托。

23. Монголын…, 2001 – Монголын Морин толгойн хүннүгийн үеийн булш. – Монгол – Солонгосын хамтарсан эрдэм шинжилгээний судалгааны тайлан II. Солонгосын Үндэсний Музей, Монголын Үндэсний Түүхийн Музей, ШУА – ийн Түүхийн Хүрээлэн, 2001.

蒙古国国家博物馆、韩国国立中央博物馆、蒙古国科学院考古研究所编《蒙古国莫林陶勒盖匈奴墓地：蒙韩联合研究报告 2》，首尔，2001。

24. Наваан Д. 1975 – Дорнод Монголын хүрлийн үе. УБ., 1975.

Д. 那旺：《东蒙古青铜时代》，乌兰巴托，1975。

25. Наваан Д. 1999 - Хүннүгийн өв соёл. УБ. , 1999.

    Д. 那旺：《匈奴文化遗产》，乌兰巴托，1999。

26. Намнандорж О. 1954 - 1953 оны экспедицийн замын тэмдэглэлээ с. - Шинжлэх Ухаан. 1954, №1, т. 81 - 93.

    О. 那木南道尔吉：《1953年考察队行纪》，《科学》1954年第1期，第81~93页。

27. Пэрлээ Х. 2001 - Эртний монголчуудын үхэгсдээ оршуулж байсан зан үйлийн асуудалд. - Эрдэм шинжилгээний өгүүллүүд. УБ. , 2001.

    Х. 普尔列：《古代蒙古人丧葬习俗研究》，《学术论文集》，乌兰巴托，2001。

28. Пэрлээ Х. 1977 - Хүн чулуун хөшөөний үүсэл, хувьслыг судлах тухай. - SA. Tom. VII, Fasc. 2, УБ. , 1977.

    Х. 普尔列：《石人像的起源与演变研究》，《考古研究》1977年第7期，乌兰巴托。

29. Рубрук, 1988 - Гильом де Рубрук. Дорно этгээдэд зорчсон минь. УБ. , 1988.

    卢布鲁克：《东行纪》，乌兰巴托，1988。

30. Рэгзэн Г. 2003 - Худгийн толгойд малтсан хүннү булш. - Монгол - Солонгосын эрдэм шинжилгээний анхдугаар симпозиумын илтгэлийн эмхэтгэл. Монголын Үндэсний Түүхийн Музей, ШУА - ийн Археологийн Хүрээлэн, Солонгосын Үндэсний Музей, 2003.

    Г. 额日格真：《呼都根陶勒盖发掘的匈奴墓葬》，蒙古国国家博物馆、韩国国立中央博物馆、蒙古国科学院考古研究所编《首届蒙韩联合学术研讨会论文集》，首尔，2003。

31. Сүхбаатар Г. 1980 - Монголчуудын эртний өвөг (Хүннү нарын аж ахуй, нийгмийн байгуулал, соёл, угсаа гарвал. МЭӨ IV - МЭ II зуун). УБ. , 1980.

    Г. 苏和巴特尔：《蒙古人的祖先：匈奴经济、社会组织、文化与族源（公元前4~公元前2世纪）》，乌兰巴托，1980。

32. Сэр - Оджав Н. 1963 - Монгол - Унгарын хамтарсан эртний судлалын шинжилгээний ажлын тухай. - SA. Tom. II, Fasc. 3, УБ. , 1963, т. 35 - 38.

Н. 色尔-奥德扎布：《蒙古与匈牙利联合考古研究收获》，《考古研究》1963 年第 2 期，乌兰巴托。

33. Сэр - Оджав Н. 1977 - Монголын эртний түүх (археологийн найруулал). УБ., 1977.

Н. 色尔-奥德扎布：《蒙古古代史（考古散记）》，乌兰巴托，1977。

34. Төрбат Ц. 1998 - Морьтой нэгэн оршуулга. – SA. Tom. XVII, Fasc. 12, УБ., 1998.

Ц. 图尔巴特：《关于一座殉马墓》，《考古研究》1998 年第 17 期，乌兰巴托。

35. Төрбат Ц. 2000 – "Сэргэ" - эртний нүүдэлчдийн оршуулгын дурсгалын нэгэн чухал элемент. – SA. Tom. XII, Fasc. 14, УБ., 2000.

Ц. 图尔巴特：《"色日格"——古代游牧民族丧葬制度重要因素》，《考古研究》2000 年第 22 期，乌兰巴托。

36. Төрбат Ц. 2001 - Хүннү булшнаас гарсан үйсэн дээрх тэрэгний зураг. – УБИС - ийн ЭШБ. Tom. III, Fasc. 2, УБ., 2001, т. 12 – 24.

Ц. 图尔巴特：《匈奴墓出土桦树皮器皿上的车辆图案》，《乌兰巴托大学学术期刊》2001 年第 3 期，乌兰巴托，第 12～24 页。

37. Төрбат Ц. 2002 - Эртний нүүдэлчдийн оршуулгын зан үйлийг судлах аргазүйн асуудалд (хүннү булшны жишээн дээр). – Түүхийн сэтгүүл. Tom. III, Fasc. 18, УБ., 2002, т. 7 – 15.

Ц. 图尔巴特：《关于古代游牧民族丧葬习俗研究的方法问题——以匈奴墓葬为例》，《历史学刊》2002 年第 3 期，乌兰巴托，第 7～15 页。

38. Төрбат Ц. 2003 - Эртний монголчуудын оршуулгын дурсгалын зүг чиг. – SA. Tom. I (XXI), Fasc. 6, УБ., 2003, т. 66 – 68.

Ц. 图尔巴特：《蒙古古代墓葬的方向》，《考古研究》2003 年第 21 期，乌兰巴托，第 66～68 页。

39. Төрбат Ц. 2003а - Тамирын Улаан хошууны булш ба хүннүгийн угсаатны бүрэлдэхүүний асуудалд. – Түүхийн сэтгүүл. Tom. IV, Fasc. 1, УБ., 2003.

Ц. 图尔巴特：《塔米尔乌兰和硕墓地与匈奴民族构成问题》，《历史学刊》2003 年第 4 期，乌兰巴托。

40. Төрбат Ц., Амартүвшин Ч., Эрдэнэбат У. 2003 - Эгийн голын сав нутаг дахь археологийн дурсгалууд. УБ., 2003.

Ц.图尔巴特、Ч. 阿玛尔图布新、У. 额尔顿巴特：《额金河流域考古学文化遗存》，乌兰巴托，2003。

41. Түмэн Д. 1992 – Хүннүчүүдийн гарал үүслийг палеоантропологийн үүднээс хөндөн судалсан судалгааны зарим дүн. – Олон Улсын Монголч Эрдэмтний V их хурал. Боть 3. УБ., 1992.

    Д. 图门：《从体质人类学角度研究匈奴族源的相关收获》，《国际蒙古学者第五次大会文集3》，乌兰巴托，1992。

42. Цэвээндорж Д. 1987 – Хүннүгийн археологи. – Монголын археологи. SA. Tom. XII, УБ., 1987, т. 58 – 81.

    Д. 策文道尔吉：《匈奴考古》，《考古研究》1987年第12期，乌兰巴托，第58~81页。

43. Цэвээндорж Д. 1989 – Хиргист хоолой, Оньтолтын хүннү булш. – SH. Tom. XXIII, Fasc. 8, УБ., 1989, т. 59 – 81.

    Д. 策文道尔吉：《赫列克斯特壕莱、乌尼陶勒特匈奴墓葬》，《历史研究》1989年第23期，乌兰巴托，第59~81页。

44. Цэвээндорж Д. 1990а – Морин толгойн булшнаас олдсон хэл хуур. – Шинжлэх Ухааны Академийн Мэдээ, 1990, №3, т. 72 – 80.

    Д. 策文道尔吉：《莫林陶勒盖墓葬发现的口弦琴》，《科学院通讯》1990年第3期，第72~80页。

45. Цэвээндорж Д. 1993 – Хүннү нарын оршуулгын дурсгал ба угсаа хамаадахын зарим асуудал. – Монгол, Солонгос улсын хамтарсан эрдэм шинжилгээ 2, Сөүл, 1993, т. 208 – 218.

    Д. 策文道尔吉：《匈奴墓葬遗存与匈奴族源相关问题研究》，《蒙韩联合学术研究2》，首尔，1993，第208~218页。

46. Цэвээндорж Д. 1994 – Монголын археологийн судалгаа. – SA, tom. XIY, fasc. 2, УБ., 1994, т. 21.

    Д. 策文道尔吉：《蒙古考古研究》，《考古研究》1994年第19期，乌兰巴托，第21页。

47. Цэвээндорж Д. 2000 – Бага газрын чулуу, Тарвагатай, Хүүшийн хөтөл, Баруун Хайрханы хүннү булш. – SA. Tom. XX, Fasc. 5, УБ., 2000, т. 35 – 60.

    Д. 策文道尔吉：《巴嘎嘎扎尔朝鲁、塔尔巴哈太、呼新胡特勒、巴润海尔罕匈奴墓地》,《考古研究》2000 年第 20 期,乌兰巴托,第 35~60 页。

48. Цэвээндорж Д. 2001 – Хүннү судлалын тойм. – Монголын Морин толгойн хүннүгийн үеийн булш. Монгол – Солонгосын хамтарсан эрдэм шинжилгээ судалгааны тайлан. Солонгосын Үндэсний Музей, Монголын Үндэсний Түүхийн Музей, ШУА – ийн Түүхийн Хүрээлэн, 2001, т. 241 – 251.

Д. 策文道尔吉:《匈奴研究概况》,蒙古国国家博物馆、韩国国立中央博物馆、蒙古国科学院考古研究所编《蒙古国莫林陶勒盖匈奴墓地:蒙韩联合研究报告 2》,首尔,2001。

49. Цэвээндорж Д., Эрдели И. 1990 – Худгийн толгой, Солби уул, Наймаа толгойн хүннү булш. – SH. Tom. XXIV, Fasc. 11, УБ., 1990, т. 105 – 129.

Д. 策文道尔吉、И. 额尔德耶利:《呼都根陶勒盖、索勒碧乌拉与那伊玛陶勒盖匈奴墓地》,《历史研究》1990 年第 24 期,乌兰巴托,第 105~129 页。

50. Цэвээндорж Д., Батсайхан З. 1994 – Хүннүгийн шавар ваар. – SA. Tom. XIY, Fasc. 5, УБ., 1994, т. 76 – 107.

Д. 策文道尔吉、З. 巴特赛罕:《匈奴陶器》,《考古研究》1994 年第 14 期,乌兰巴托,第 76~107 页。

51. Эрдэнэбаатар Д. 2000 – Хүннүгийн археологийн судалгаа. – SA. Tom. XX, Fasc. 6, УБ., 2000, т. 61 – 93.

Д. 额尔顿巴特尔:《匈奴考古研究》,《考古研究》2000 年第 29 期,乌兰巴托,第 61~93 页。

52. Эрдэнэбаатар Д., Төрбат Ц., Эрдэнэбат У., Крюбезы Э., Жискар П. Х., Мюраи П., Хая Л. 1998 – Бурхан толгойн хүннү булшны судалгаа (урьдчилсан үр дүнгээс). – SA. Tom. XVIII, Fasc. 8, УБ., 1998, т. 92 – 108.

Д. 额尔顿巴特尔、Ц. 图尔巴特、У. 额尔顿巴特、Э. 卡日尤拜之、P. 吉斯卡尔、П. 穆尤拉伊、Л. 哈雅:《布尔罕陶勒盖匈奴墓地研究(初步研究成果)》,《考古研究》1998 年第 18 期,乌兰巴托,第 92~108 页。

53. Эрдэнэбаатар Д., Төрбат Ц., Эрдэнэбат У. 1999 - Хүннүгийн үеийн шинэ олдворууд. - SA. Tom. XIX, Fasc. 7, УБ., 1999, т. 64 - 73.

Д. 额尔顿巴特尔、Ц. 图尔巴特、У. 额尔顿巴特：《新发现的匈奴遗物》，《考古研究》1999 年第 19 期，乌兰巴托，第 64 ~ 73 页。

54. Эрдэнэбаатар Д., Ерөөл - Эрдэнэ Ч., Батболд Н., Франсис А., Миллер Б. 2002 - Умард Хүннүгийн язгууртны булшны судалгаа. - Түүхийн сэтгүүл. Tom. III, Fasc. 3, УБ., 2002, т. 20 - 28.

Д. 额尔顿巴特尔、Ч. 尤如勒额尔敦、Н. 巴特宝力道、Н. 弗朗西斯、А. 米勒：《北匈奴贵族墓葬研究》，《历史集刊》2002 年第 3 期，乌兰巴托，第 20 ~ 28 页。

55. Эрдэнэбат У. 1998 - Эгийн голын савд малтсан монгол булшны тухайд. - SA. Tom. XVIII, Fasc. 13, УБ., 1998, т. 135 - 153.

У. 额尔顿巴特：《额金河流域发掘的蒙古墓葬》，《考古研究》1998 年第 18 期，乌兰巴托，第 135 ~ 153 页。

56. Юнь Хёнвонь, 2003 - Морин толгойн хүннү булшны судалгаа. - Монгол - Солонгосын эрдэмшинжилгээний анхдугаар симпозиумын илтгэлийн эмхэтгэл. МУТМ, ШУА - ийн АХ, СУМ, 2003.

尹形元：《莫林陶勒盖匈奴墓研究》，蒙古国国家博物馆、韩国国立中央博物馆、蒙古国科学院考古研究所编《首届蒙韩联合学术研讨会论文集》，首尔，2003。

（二）俄文文献

1. Алексеев В. П. 1980 - Ранние формы религии тюркоязычных народов Сибири. М., 1980.

阿列克谢耶夫：《西伯利亚突厥民族早期宗教仪式》，莫斯科，1980。

2. Алкин С. В. 1990 - Погребения с подбоем в Центральной Азии. - Палеэтнология Сибири. Тез. докл. XXV РАСК. Иркутск, 1990.

С. В. 阿勒金：《中亚地区的偏洞室墓》，《西伯利亚古民族学》，会议论文，第 25 届俄罗斯科学院大学生考古学研讨会，伊尔库茨克，1990。

3. Асеев И. В., Кириилов И. И., Ковычев Е. В. 1984 - Кочевники Забайкалья вэпоху средневековья（по материалам погребений）. Новосибирск, 1984.

И. В. 阿瑟耶夫、И. И. 基里洛夫、Е. В. 科维切夫：《中世纪外贝加尔地区游牧民族（以墓葬材料为例）》，新西伯利亚，1984。

4. Асеев И. В., Худяков Ю. С., Цэвээндорж Д. 2003 – Погребение хуннс-коговоина на горе Сул – толгой. – Д. Цэвээндорж. Эрдэм шинжилгээ-нийөгүүлэл, илтгэлийн эмхэтгэл. УБ., 2003, т. 135 – 143.

И. В. 阿谢耶夫、Ю. С. 胡德雅科夫、Д. 策文道尔吉：《苏勒陶勒盖山匈奴武士墓》，《Д. 策文道尔吉学术研讨会论文集》，乌兰巴托，2003，第135~143页。

5. Бартольд В. В. 1966 – К вопросу о погребальных обрядах турков и монголов. – Сочинения. Т. IV. М., 1966.

В. В. 巴尔托勒德：《突厥与蒙古丧葬习俗的相关问题》，《专著集》第4册，莫斯科，1966。

6. Батсайхан З. 2000 – Северный хунну и развитие кочевой цивилизации （поматериалам археологии, истории и этнографии）. Автореферат дисс. канд. ист. наук. УБ., 2000.

З. 巴特赛罕：《北匈奴与游牧文明的发展（以考古、历史与民族学材料为例）》，历史学博士学位论文，乌兰巴托，2000。

7. Бичурин. Н. Я. （Иакинф）. Собрание сведений о народах, обитавших в Средней Азии в древние времена – I. /Москва Ленинград/, 1950.

Н. Я. 比丘林：《古代中亚各民族历史资料集》第1辑，莫斯科–列宁格勒，1950。

8. Бичурин. Н. Я. （Иакинф）. Собрание сведений о народах, обитавших в Средней Азии в древние времена – III. /Москва Ленинград/, 1953.

Н. Я. 比丘林：《古代中亚各民族历史资料集》第3辑，莫斯科–列宁格勒，1953。

9. Бернштам А. Н. 1937 – Гуннский могильник и его историческо – архео – логическоезначение. – Известия АН СССР, Отд. общ. наук. 1937. №4.

А. Н. 别列恩什塔姆：《匈奴墓葬与它的历史与考古学的意义》，《苏联科学院通讯·社会科学组》，1937，第4页。

10. Боровка Г. И. 1925 – Культурно – историческое значение находок экспе-диции. – Краткий отчет экспедиции по исследованию Северной Монго-лии в связи сМонголо – Тибетской экспедиции П. К. Козлова. Л., 1925.

Г. И.波洛夫卡:《调查中所采集遗物的文化历史意义》,《П. К. 科兹洛夫领导的蒙古－西藏考察——蒙古北部进行的田野调查简报》,列宁格勒, 1925。

11. Боровка Г. И. 1927 – Археологическое обследование среднего течения р. Толы. – Северная Монголия. II. Л. , 1927.

Г. И. 波洛夫卡:《图拉河中游地区进行的考古学研究》,《北蒙古 2》,列宁格勒, 1927。

12. Варенов А. В. 1993 – Где проходила восточная граница расселения сюнну (к проблеме этнической атрибуции погребений). – 24 – ая науч. конф. "Общество и госу – дарство в Китае". Тез. докл. Ч. 1, М. , 1993.

А. В·瓦列诺夫:《匈奴领地东部边界到哪里？（以墓葬遗存考证匈奴族属问题）》,《第 24 届"中国古代社会与国家"学术会议论文集》第 1 部,莫斯科, 1993。

13. Варенов А. В. 1995 – Скифские памятники Алтая, Ордоса и происхождениесюннуской культуры. – Проблемы охраны, изучения и использования культурного наследия Алтая: Тез. конф. Барнаул, 1995.

А. В. 瓦列诺夫:《阿尔泰、鄂尔多斯斯基泰遗存与匈奴文化起源》,"阿尔泰文化遗产的保护、研究和使用的问题"学术会议论文,巴尔瑙尔, 1995。

14. Варенов А. В. 1995а – Древнее население Алтая и происхождение сюнну. – Аборигены Сибири: проблемы изучения исчезающих языков и культур. Тез. докл. междунар. конф. Новосибирск, 1995.

А. В. 瓦列诺夫:《阿尔泰古代人群与匈奴的起源》,《"西伯利亚原住民：濒危语言和文化的研究问题"国际学术会议议论文集》, 1995。

15. Викторова Л. Л. 1980 – Монголы. Происхождение народа и истоки культуры. М. , 1980.

Л. Л·维克多罗夫:《蒙古族群：人群起源与文化的起源》,莫斯科, 1980。

16. Волков В. В. 1967 – Бронзовый и ранный железный век Северной Монголии. УБ. , 1967.

В. В. 沃尔科夫:《北蒙古青铜至早期铁器时代》,乌兰巴托, 1967。

17. Волков В. В. 1972 – Древние колесницы Монгольского Алтая. – SA. Tom. V, Fasc 6, УБ. , 1972.

В. В. 沃尔科夫：《蒙古阿尔泰的古代战车》，《考古研究》第 5 辑第 6 本，1972。

18. Гришин Ю. С. 1978 - Раскопки хуннских погребени у горы Дархан. - Археология, этнография Монголии. Новосибирск，1978，с. 95 - 100.

Ю. С. 格里什：《达尔汗山匈奴墓葬的考古发掘》，《蒙古的考古学与民族学》，新西伯利亚，1978，第 95~100 页。

19. Гумилев Л. Н. 1993 - Хунну. СПб.，1993.

Л. Н. 古米列夫：《匈奴》，圣彼得堡，1993。

20. Давыдова А. В. 1971 - Раскопки Иволгинского могильника. - АО 1970 года. М.，1971.

А. В. 达维多娃：《伊沃尔加墓地的考古发掘》，《1970 年考古新发现》，莫斯科，1971。

21. Давыдова А. В. 1996 - Иволгинский археологический комплекс. Иволг-инскиймогильник. Том 2. - Археологические памятники сюнну. Вып. 2. СПб.，1996.

А. В. 达维多娃：《伊沃尔加考古研究——伊沃尔加墓地2》，《匈奴考古遗存》第 2 辑，圣彼得堡，1996。

22. Давыдова А. В.，Шилов В. П. 1952 - Предварительный отчет о раскопках Нижне - Иволгинского городища в 1949 г. - Зап. БМНИИК，1951，т. XIII；1952，т. XI.

А. В. 达维多娃、В. П. 西洛夫：《1949 年伊沃尔加古城发掘简报》，《布里亚特共和国科学院通讯》第 11 辑，1951；第 13 辑，1952。

23. Давыдова А. В.，Миняев С. С. 1993 - Новые находки наборных поясов вДырестуйском могильнике. - Археологические вести. Вып. 2，СПб.，1993.

А. В. 达维多娃、С. С. 米尼亚耶夫：《德列斯图依墓出土的带饰》，《考古通讯》1993 年第 2 期，圣彼得堡。

24. Данилов С. В. 1995 - Жертвенный комплекс у с. Нижний Бургултай и некоторые вопросы древних обрядов и верований. - Культуры ипамят-ники бронзового и раннего железного веков Забайкалья. У. - У.，1995.

С. В. 达尼洛夫：《布尔古勒泰村祭祀址与古代一系列祭祀仪式与信仰

问题》，《外贝加尔地区青铜至早期铁器时代文化与遗存》，乌兰乌德，1995。

25. Данилов С. В. , Михайлова Н. К. 1996 – Хунну в Бурятии. Карта археологических памятников хунну в Бурятии. У. – У. , 1996.

С. В. 达尼洛夫、Н. К. 米哈伊罗夫：《布里亚特地区匈奴》，《布里亚特地区匈奴考古遗存的地图》，乌兰乌德，1996。

26. Дашибалов Б. Б. 1995 – Археологические памятники курыкан и хори. Улан – Удэ. , 1995.

Б. Б. 达希巴罗夫：《骨利干考古遗存与霍里部（霍里布里亚特）》，乌兰乌德，1995。

27. Джиованни дель Плано Карпини. 1957 – История монголов. Ред. , вступ. ст. и прим. Н. П. Шастиной. М. , 1957.

柏朗嘉宾：《蒙古历史》，Н. П. 沙提纳主编，莫斯科，1957。

28. Дорж Д. , Новгородова Э. А. 1975 – Петроглифы Монголии. УБ. , 1975.

Д. 道尔吉、Э. А. 诺夫戈罗多娃：《蒙古岩画》，乌兰巴托，1975。

29. Доржсүрэн Ц. 1962 – Раскопки могил хунну в горах Ноин – Ула, на р. Хуни – Гол (1954 – 1957 гг.). – Монгольский археологический сборник. М. , 1962.

Ц. 道尔吉苏荣：《乎尼河流域与诺彦乌拉地区匈奴墓葬考古发掘（1954～1957）》，《蒙古考古论文集》，莫斯科，1962。

30. Ковалев А. А. 2002 – О происхождении хунну. – Центральная Азия и Прибайкалье в древности. Улан – Удэ – Чита, 2002, с. 103 – 131.

А. А. 科瓦列夫：《匈奴起源》，《古代中亚与贝加尔湖西部地区》，乌兰乌德、赤塔，2002，第103～131页。

31. Козлов П. К. 1925 – Северная Монголия. Ноинулинские памятники. – Краткий отчет экспедиции по исследованию Северной Монголии в связи с Монголо – Тибетской экспедиции П. К. Козлова. Л. , 1925.

П. К. 科兹洛夫：《北蒙古·诺彦乌拉遗存》，《П. К. 科兹洛夫领导的蒙古 – 西藏考察——蒙古北部进行的田野调查简报》，列宁格勒，1925。

32. Комиссаров С. А. 1987 – Комплекс вооружения культуры верхнего слоя Сяцзядянь. – Военное дело древнего населения Северной Азии. Новоси-

бирск，1987.

С. А. 卡米萨罗夫：《夏家店上层文化的武器》，《北亚古代人群的战事》，新西伯利亚，1987。

33. Комиссаров С. А. 1988 – Комплекс вооружения древнего Китая. Эпоха поздней бронзы. Новосибирск，1988.

С. А. 卡米萨罗夫：《古代中国武器——青铜时代晚期》，新西伯利亚，1988。

34. Коновалов П. Б. 1969 – По следам Ю. Д. Талько - Грынцевича（Археологическая разведка хуннских погребений в Южном Забайкалье）. – Труды Бурятский институт общественных наук. Вып. 12，сер. востоковеден.，Улан - Удэ，1969.

П. Б. 科诺瓦洛夫：《跟随 Ю. Д. 塔里克-格林采维奇的脚步——外贝加尔南部地区匈奴墓葬的考古学观察》，《布里亚特社会科学研究所科学杂志》第12辑，乌兰乌德，1969。

35. Коновалов П. Б. 1976 – Хунну в Забайкалье（погребальные памятники）. Улан - Удэ，1976.

П. Б. 科诺瓦洛夫：《外贝加尔地区匈奴（墓葬遗存）》，乌兰乌德，1976。

36. Коновалов П. Б. 1985 – Некоторые итоги и задачи изучения хунну. – Древние культуры Монголии. Новосибирск，1985.

П. Б. 科诺瓦洛夫：《关于匈奴研究的成果与一些问题》，《蒙古古代文化论文集》，新西伯利亚，1985。

37. Коновалов П. Б. 1999 – Этнические аспекты истории Центральной Азии（древность и средневековье）. Улан - Удэ，1999.

П. Б. 科诺瓦洛夫：《以民族学角度探视中亚历史（史前与中世纪）》，乌兰乌德，1999。

38. Кононов А. Н. 1978 – Способы и термины определения стран света у тюркских народов. – "Тюркологический сборник. 1974". М.，1978.

А. Н. 克诺诺夫：《突厥语民族确定方向的方法与名称》，《突厥学研究论文集·1974》，莫斯科，1978。

39. Крадин Н. Н. 2002 – Империя хунну. М.，2002.

Н. Н. 克拉丁：《匈奴帝国》，莫斯科，2002。

40. Крадин Н. Н. 2002а – Степная Бурятия в составе Хуннской империи.

– Центральная Азия и Прибайкалье в древности. Улан‑Удэ‑Чита, 2002, с. 132–138.

Н. Н. 克拉丁：《匈奴帝国时期布里亚特草原》，《古代中亚与贝加尔西部地区》，乌兰乌德‑赤塔，2002，第 132～138 页。

41. Именохоев Н. В., Коновалов П. Б. 1985 – К изучению погребальных памятников монголов в Забайкалье. – Древнее Забайкалье и его культурные связи. Новосибирск, 1985.

Н. В. 依蔑诺霍耶夫、П. Б. 科诺瓦洛夫：《外贝加尔地区蒙古墓葬的研究问题》，《古代外贝加尔与它的文化关系》，新西伯利亚，1985。

42. Мамонова Н. Н., Тугутов Р. Ф. 1959 – Раскопки гуннского могильника в Черемуховой пади. – Археол. сб. Бурятский комплексный научно‑исследовательский институт. вып. I, Улан‑Удэ, 1959.

Н. Н. 玛莫诺娃、Р. Ф. 突古托夫：《切列姆霍夫阿姆匈奴墓葬的发掘》，《布里亚特共和国社会科学院考古论文集》第 1 卷，乌兰乌德，1959。

43. Миняев С. С. 1979 – Культуры скифского времени Центральной Азии и сложение племенного союза сюнну. – Тез. докл. Всесоюз. конф. "Проблемы скифо‑Сибирского культурно‑исторического единства". Кемерово, 1979, с. 74–76.

С. С. 米尼亚耶夫：《斯基泰时期中亚文化及匈奴联盟形成》，《"斯基泰——西伯利亚历史文化共性问题"全苏联学术会议论文》，克麦罗沃，第 74～76 页。

44. Миняев С. С. 1986 – Раскопки Дырестуйского могильника. – Археологические открытие 1985 года. М., 1986, с. 266–267.

С. С. 米尼亚耶夫：《德列斯图依墓葬的发掘》，《1985 年考古新发现》，莫斯科，1986，第 266～267 页。

45. Миняев С. С. 1987 – Происхождение сюнну: современное состояние, проблемы. – Проблемы археологии Степной Евразии. Тез. докл. конф. Ч. 2, Кемерово, 1987, с. 142–145.

С. С. 米尼亚耶夫：《匈奴的起源：研究现状与问题》，《欧亚草原考古学问题学术会议论文》第 2 部，克麦罗沃，1987，第 142～145 页。

46. Миняев С. С. 1987а – Дырестуйский могильник и проблема периоди-

зациисюннуских памятников. – Исторические чтения памяти М. П. Грязнова. Тез. конф. Омск, 1987.

С. С. 米尼亚耶夫：《德列斯图依墓葬与匈奴遗存的分期问题》，《纪念 М. П. 格里亚兹诺夫学术会议论文》，鄂木斯克，1987。

47. Миняев С. С. О дате появления сюнну в Ордосе. – Проблемы хронологии в археологии и истории. Барнаул. 1991.

С. С. 米尼亚耶夫：《关于鄂尔多斯地区匈奴产生的年代》，《考古学与历史学年代问题》，巴尔瑙尔，1991，第108~120页。

48. Миняев С. С. 1992 – Изучение погребений сюнну в Забайкалье. – Археологические Вести. №1, 1992, с. 107 – 115.

С. С. 米尼亚耶夫：《外贝加尔地区匈奴墓葬的研究》，《考古通讯》1992年第1期，第107~115页。

49. Миняев С. С. 1998 – Дырестуйский могильник. СП6., 1998.

С. С. 米尼亚耶夫：《德列斯图依墓地》，圣彼得堡，1998。

50. Михайлов Т. М. 1980 – Из истории бурятского шаманизма (с древнейшихвремен до XVIII в.). Новосибирск, 1980.

Т. М. 米哈伊罗夫：《布里亚特萨满史（远古时期至18世纪）》，新西伯利亚，1980。

51. Мэнэс Г. 1987 – К вопросу о способе определения стран света в традиционнойсистеме ориентации монголов. – SH. Tom. XXI, Fasc. 7, УБ., 1987.

Г. 蔑涅斯：《蒙古族传统方向系统中确定自然方向的方法》1987年第21期，第7本，乌兰巴托市。

52. Мэнэс Г. 1992 – Символика солнца в системе погребального обрядамонгольских племен. – Археологические памятники средневековья вБурятии и Монголии. Новосибирск, 1992.

Г. 蔑涅斯：《太阳在蒙古语族人群的丧葬习俗中的象征意义》，《中世纪布里亚特与蒙古地区考古学遗存》，新西伯利亚，1992。

53. Новгородова Э. А · 1984 – Мир петроглифов Монголии. М., 1984.

Э. А. 诺夫戈罗多娃：《蒙古岩画世界》，莫斯科，1984。

54. Окладников А. П. 1951 – Археологические исследования в Бурят – Монголии. – Известия АН СССР. Сер. истории и философии. 1951,

т. VIII, №5.

А. Н. 奥克拉德尼科夫：《布里亚特共和国进行的考古研究》,《苏联科学院通讯·历史与哲学册》第 8 卷, 1951, 第 5 页。

55. Окладников А. П. 1952 – Работа Бурят – Монгольской археологической экспедициив 1947 – 1950 гг. – Краткие сообщение института истории материальной культуры. 1952, вып. XLV.

А. Н. 奥克拉德尼科夫：《1947~1950 年布里亚特共和国进行的考古发掘》,《物质文化史研究所简报》1952 年第 45 期。

56. Ольховский В. С. 1991 – Погребально – поминальная обрядность населениястепной Скифии (VII – III вв. до н. э.). М., 1991.

В. С. 欧里霍夫斯基：《草原地区斯基泰时期丧葬与祭祀习俗（公元前 7~公元前 3 世纪）》, 莫斯科, 1991。

57. Плетнева С. А. 1982 – Кочевники средневековья (поиски исторически – хзакономерностей). М., 1982.

С. А. 彭列特涅瓦：《中世纪游牧民族（探索历史规律）》, 莫斯科, 1982。

58. Подосинов А. В. 1999 – Ex Oriente Lux! Ориентация по странам света вархаических культурах Евразии. М., 1999.

А. В. 坡多斯诺夫：《欧亚古代文化中的自然方位》, 莫斯科, 1999。

59. Полосьмак Н. В. 1990 – Некоторые аналоги погребениям в могильнике у дер. Даодуньцзы и проблема происхождения сюннуской культуры. – Китай в эпоху древности. Новосибирск, 1990, с. 101 – 107.

Н. В. 波罗斯玛克：《倒墩子墓葬的一些共性与匈奴文化起源问题》,《古代中国》, 新西伯利亚, 1990, 第 101~107 页。

60. Постнова Т. А. 1996 – К проблеме хронологии культуры Хунну. – 100 лет хуннскойархеологии. ч. I, Улан – Удэ, 1996, с. 55 – 58.

Т. А. 坡斯塔诺娃：《匈奴墓葬的年代问题》,《匈奴考古 100 年》第 1 部, 乌兰乌德, 1996, 第 55~58 页。

61. Руденко С. И. 1962 – Культура хуннов и ноинулинские курганы. М. – Л., 1962.

С. И. 鲁金科：《匈奴文化与诺彦乌拉巨冢》, 莫斯科 – 列宁格勒, 1962。

62. Свинин В. В., Сэр – Оджав Н. 1975 – Новый памятник хуннского искусстваМонголии. – Древняя история народов Юго – Восточной

Сибири. Вып. 3, Новосибирск, 1975.

В. В. 斯维尼尼、Н. 色尔－奥德扎布：《蒙古国新发现的匈奴时期遗存》，《南－东部西伯利亚古代民族的历史》第3卷，新西伯利亚，1975。

63. Семейная, 1980 – Семейная обрядность народов Сибири (опыт сравнительногоизучения). М., 1980.

塞梅纳雅：《西伯利亚地区人群的家族习俗（比较研究）》，莫斯科，1980。

64. Сосновский Г. П. 1934 – Нижне－Иволгинское городище. – Проблемы истории докапиталистических обществ. 1934, №7－8.

Г. П. 索斯诺夫斯基：《伊沃尔加河下游古城》，《资本主义以前的社会历史研究》，1934，第7~8页。

65. Сосновский Г. П. 1935 – Дэрестуйский могильник. – Проблемы истории докапиталистических обществ. 1935, №1－2.

Г. П. 索斯诺夫斯基：《德列斯图依墓地》，《资本主义以前的社会历史研究》，1935，第1~2页。

66. Сосновский Г. П. 1946 – Раскопки Ильмовой пади. – Советская археология, YⅢ, 1946.

Г. П. 索斯诺夫斯基：《伊里莫瓦山谷墓地发掘》，《苏联考古》1946年第8期。

67. Сосновский Г. П. 1947 – О поселении гуннской эпохи в долине р. Чикоя. – Краткие сообщение института истории материальной культуры. XIV, 1947.

Г. П. 索斯诺夫斯基：《奇科伊河谷匈奴遗址》，《物质文化史研究所简报》1947年第14期。

68. Талько－Грынцевич Ю. Д. 1898 – Суджинское доисторическое кладбище вИльмовой Пади. – Труды Троицкосавского отделения Русского Географического Общества. 1898. т. I, вып. 2.

Ю. Д. 塔里克－格林采维奇：《伊里莫瓦山谷苏吉地区史前墓地》，《俄罗斯地理协会特罗伊蒋克分支工作报告》第1卷第2册，1898。

69. Талько－Грынцевич Ю. Д. 1905 – Древние аборигены Забайкалья в сравнении ссовременными инородцами. – Труды Троицкосавского

отделения Русского Географического Общества. 1905, т. YIII, вып. 1.

Ю. Д. 塔里克-格林采维奇：《外贝加尔地区古代人群与现代人群的比较研究》，《俄罗斯地理协会特洛伊蒋克分支工作报告》第 8 卷第 1 册，1905。

70. Талько - Грынцевич Ю. Д. 1928 - Население древних могил и кладбищзабайкальских. Верхнеудинск, 1928.

Ю. Д. 塔里克-格林采维奇：《外贝加尔地区古代墓葬与墓地》，维尔赫涅乌地恩斯克（现乌兰乌德），1928。

71. Талько - Грынцевич Ю. Д. 1898, 1900, 1900а - Материалы к палеоэтнологииЗабайкалья. - Труды Троицкосавского отделения Русского Географического Общества. 1898, т. I, 1900, вып. 1; т. III, вып. 2 - 3; 1900, т. IY, вып. 2.

Ю. Д. 塔里克-格林采维奇：《外贝加尔地区古代民族学材料》，《俄罗斯地理协会特洛伊蒋克分支工作报告》第 1 卷第 1 期，1898；第 3 卷第 2~3 期，1900；第 4 卷第 2 期，1900。

72. В. С. Таскин: Материалы по истории сюнну. Москва. 1968.

В. С. 塔什金：《匈奴历史资料》，莫斯科，1968。

73. В. С. Таскин: Материалы по истории сюнну. Москва. 1968.

В. С. 塔什金：《匈奴历史资料》，莫斯科，1973。

74. Теплоухов С. А. 1925 - Раскопка курганов в горах Ноин - Ула. - Северная Монголия. Л., 1925, с. 13 - 22.

С. А. 帖普拉霍夫：《诺彦乌拉墓葬的发掘》，《北蒙古》，列宁格勒，1925，第 13~22 页。

75. Топоркова Л. В. 1991 - О возможности использования остатков погребальнойтризны для определения социального положения погребенного. - Скифо - Сибирский мир. Кемерово, 1991, с. 124 - 126.

Л. В. 托帕尔科瓦：《通过墓葬出土的食物残留物可确定墓主社会地位》，《斯基泰-西伯利亚世界》，克麦罗沃市，1991，第 124~126 页。

76. Төрбат Ц. 2003 - Керамика хуннского могильника Бурхан - толгой. - МУИС - ийнЭШБ. Археологи, антропологи, угсаатан судлал. №210 (19), УБ., 2003, т. 82 - 100.

Ц. 图尔巴特：《布尔罕陶勒盖墓地匈奴墓陶器》，《蒙古国国立大学学术杂志考古、人类学、民族学研究》，乌兰巴托，2003，第 82~100 页。

77. Тревер К. В. 1931 - Находки из раскопок в Монголии 1924 - 1925 гг. - Сообщения Государственной Академии материальной культуры. 1931, №9 - 10.

К. В. 特列维尔：《1924~1925 年在蒙古发掘出土的遗物》，《国家科学院物质文化史研究所简报》，1931，第 9~10 页。

78. У Энь, Чжун кань, Ли цзиньцзэн. 1990 - Могильник сюнну в деревне Даодуньцзыуезда Тунсинь в Нинся. - Китай в эпоху древности. Новосибирск, 1990. с. 88 - 101.

钟侃、乌恩、李进增：《宁夏同心县倒墩子汉代匈奴墓地发掘简报》，《古代中国》，新西伯利亚，1990，第 88~101 页。

79. Ходукин Я. Н. 1926 - Первые раскопки в горах Ноин - Ула. Иркутск, 1926.

Я. Н. 哈都金：《诺彦乌拉首次发掘》，伊尔库茨克，1926。

80. Худяков Ю. С., Цэвээндорж Д. 1990 - Новые находки хуннских луков в Гобийском Алтае. - Археологические, этнографические и антропологические исследования в Монголии. Новосибирск, 1990, с. 126 - 131.

Ю. С. 胡德雅科夫、Д. 策文道尔吉：《戈壁阿尔泰省发现的匈奴弓》，《蒙古考古学、民族学和人类学研究》，新西伯利亚，1990，第 126~131 页。

81. Шульга П. И. 1991 - К вопросу о планировке могильников скифского времени наАлтае. - Скифо - Сибирский мир. Кемерово, 1991, с. 41 - 44.

П. И. 舒勒尕：《阿尔泰地区斯基泰墓葬的内部结构》，《斯基泰 - 西伯利亚世界》，克麦罗沃，1991，第 41~44 页。

82. Цыбиктаров А. Д. 1996 - К вопросу об участии населения культуры плиточныхмогил Монголии и Забайкалья в формировании культуры Хунну. - 100 лет хуннской археологии. ч. I, Улан - Удэ, 1996, с. 16 - 20.

А. Д. 策比克塔罗夫：《关于蒙古与外贝加尔地区方形石板墓文化的人群参与匈奴文化形成的相关问题》，《匈奴考古 100 年》第 1 部，乌兰乌德，1996，第 16~20 页。

83. Цэвээндорж Д. 1985 – Новые данные по археологии хунну. – Древние культуры Монголии. Новосибирск, 1985.

Д. 策文道尔吉：《匈奴考古的最新成果》，《蒙古古代文化》，新西伯利亚，1985。

84. Цэвээндорж Д. 1996 – Новые памятники хуннской знати. – 100 лет хуннскойархеологии. ч. I, Улан - Удэ, 1996, с. 13 – 16.

Д. 策文道尔吉：《匈奴贵族新遗存》，《匈奴考古 100 年》第 1 部，乌兰乌德，1996，第 13~16 页。

85. Эрдели И. 1962 – Раскопки в Ноин - Уле. – Acta Archaeologica. 14, Fasc. 3 – 4, Будапешт, 1962, с. 232 – 247.

И. 额尔德耶利：《诺彦乌拉的考古发掘》，《考古学》第 4 卷第 3 – 4 期，布达佩斯，1962，第 232~247 页。

86. Эрдели И., Наваан Д. 1965 – Результаты Монголо - Венгерской экспедиции 1963 года. – КААЕ. 92, Будапешт, 1965, с. 73 – 85.

И. 额尔德耶利、Д. 那旺：《1963 年蒙古 - 匈牙利联合考察团工作成果》第 92 卷，布达佩斯，1965，第 73~85 页。

87. Эрдели И., Цэвээндорж Д. 1992 – Из новейших достижении совместной монголо - венгерской археологической экспедиции. – Олон улсын монголч эрдэмтний V их хурал. III боть, УБ., 1992, т. 229 – 231.

И. 额尔德耶利、Д. 策文道尔吉：《蒙古 - 匈牙利考古项目最新研究成果》，《第五届国际蒙古学会议文集》第 3 册，乌兰巴托，1992，第 229~231 页。

（三）其他语言论著

1. Crubezy et al, 1996 – Crubezy E., Martin H., Giscard P. – H., Batsaikhan Z., Erdenebaatar D., Maureille B et Verdier J. P. Pratiques funeraires et sacrifices d'animaux en Mongolie a la periode proto – historiques. Du percu au signifie a propos d'une sepulture Xiongnu de la vallee d'Egyin Gol (region peri – Baikal). – Paleorient, 1996, vol. 22/1, pp. 89 – 107.

E. 克鲁贝兹、H. 马丁、P. H. 吉斯卡尔、3. 巴特赛罕、Д. 额尔顿巴特尔等：《原始历史时期蒙古的丧葬习俗与动物祭祀：以额金河谷（贝加尔湖周边地区）匈奴墓地为中心》，《古代东方》1996 年第 22/1 卷，第 89~107 页。

2. Crubezy et al, 2002 – Crubezy E., Keyser Ch., Ludes B. Les surprises de l'AND ancien. – in. LA RECHERCHE 353, Mai 2002, pp. 44 – 47.

E. 克鲁贝兹、Ch. 克伊斯尔、B. 路德斯：《来自古 DNA 的惊喜》，LA RECHERCHE，2002 年 5 月，第 44~47 页。

3. Excavation…, 1987 – *Excavation at Laoheshen in Yushu county*, Compiled by JilinInstitute of Archaeology, Cultural Relics Publishing House, 1987.

吉林省文物考古研究所编《榆树老河深》，文物出版社，1987。

4. Francis et al, 2002 – Francis A., Erdenebaatar D., Batbold N. & Bryan M. A, Xiongnu Cemetery Found in Mongolia, *Antiquity*, No. 76, 2002, pp. 637 – 638.

A. 弗朗西斯、Д. 额尔顿巴特尔、H. 巴特宝力道、A. 米勒：《蒙古国发现的一处匈奴墓地》，《文物古迹》第 76 卷，2002，第 637~638 页。

5. Giscard P. H. 2001 – Pratiques funeraires des Xiongnu. Travaux de la Mission-Archeologiques Francaise en Mongolie realises durant les campagnes de 1998 et 1999 dans la necropole xiongnu d'Egiin Gol. EURASIAT, 2001.

P. H. 吉斯卡尔：《匈奴的葬仪：蒙古与法国考古队 1998~1999 年在额金河匈奴墓地进行的考察报告》，《欧亚研究》，2001。

6. Keiser – Tracqui et al, 2003 – Christine Keiser – Tracqui, Eric Crubezy & Bertrand Ludes, Nuclear and Mitochondrial DNA Analysis of a 2000 – Year – Old Necropolis in the Egyin Gol Valley of Mongolia, – in *American Journal of Human Genetics*. 73, 2003.

Ch. 克伊斯尔、E. 克鲁贝兹、B. 卢德思：《距今 2000 年蒙古国额金河谷墓地前核基因和线粒体 DNA 分析》，《美国人类遗传学杂志》，73，2003.

7. Mongolie…, 2003 – Mongolie. Le premier empire des steppes. Actes Sud/Mission archeologiques Francaise en Mongolie, 2003.

法国与蒙古联合考古队：《蒙古草原上的第一个帝国》，阿克特－苏德出版社，2003。

8. Kolman, C. J., Sambuughin, N., Bermingham, E. (1996) Mitochondrial DNA analysis of Mongolian populations and implications for the origin of New

World founders. – in: *Genetics*, 1996, Vol. 142, pp. 1321–1334.

C. J. 科尔曼、N. 桑布金、E. 伯明翰：《蒙古族群的线粒体 DNA 分析及其对新大陆发现者起源研究的意义》，《遗传学》第 142 卷，1996，第 1321~1334 页。

9. Murail et al, 2000 – Murail P., Crubezy E., Martin H., Haye L., Bruzek J, Giscard P. H., Turbat T. & Erdenebaatar D., The Man, the Woman and the Hyoid Bone: From Archaeology to the Burial Practices of the Xiongnu People (Egyin gol valley, Mongolia). – *Antiquity* 74 (2000), pp. 531–536.

P. 穆莱欧、E. 克鲁贝兹、H. 马丁、L. 哈耶、贝鲁兹耶克、P. H. 吉斯卡尔、Ц. 图尔巴特、Д. 额尔顿巴特尔：《男性、女性及舌骨：从匈奴考古到丧葬习俗（蒙古额金河谷）》，《古物》2000 年第 74 期，第 531~536 页。

10. Davydova A. V. 1968 – *The Lvolga Gorodische – A Monument of the Hiung-nu Culture in the Trans-Baical Region*. – AAA. 20, Budapest, 1968.

A. V. 达维多娃：《伊沃尔加城堡 – 外贝加尔地区匈奴遗存》，布达佩斯，1968。

11. Trever C. 1932 – *Excavation in Northern Mongolia* (1924–1925). Leningrad, 1932.

К. В. 特列维尔：《北蒙古的发掘（1924~1925）》，列宁格勒，1932。

12. Tumen D., Naran B. 1993 – Craniological study of ancient population in Eastern Mongolia. – Монгол, Солонгос улсын хамтарсан эрдэм шинжилгээ 2, Сөүл, 1993, т. 187–197.

Д. 图门、Б. 娜仁：《蒙古东部古代人口的颅骨学研究》，《蒙古 – 韩国联合学术研究2》，首尔，1993，第 187~197 页。

13. Umehara S. 1960 – Studies of Noin-Ula finds in Northern Mongolia. The Togo Bunka publication. Tokyo, 1960, Series A, No. 27.

梅原末治：《蒙古诺彦乌拉发现的遗物》，东洋文化出版社，东京，1960。

14. У Энь, 1990 – Лунь сюнну каогу яньцзючжундэ цзигэ вэньти. – Каогу шюэбао. 1990, №4, т. 409–437.

乌恩：《论匈奴考古研究中的几个问题》，《考古学报》1990 年第 4 期，第 409~437 页。

15. Тянь Гуанцзинь. 1983 – Цзиньняньлай нэймэнгу дицюйдэ сюнну каогу

(Өвөр Монголын өөртөө засах оронд сүүлийн үед хийсэн хүннүгийн археологийн судалгаа) – Каогу шюэбао. 1983, №1, т. 7 – 24.

田广金:《近年来内蒙古地区的匈奴考古》,《考古学报》1983 年第 1 期,第 7~24 页。

РЕЗЮМЕ

Изучение погребальных памятников хунну. В изучении погребений хунну внесли большой вклад зарубежные ученые как Ю. Д. Талько – Грынцевич, Г. П. Сосновский, А. В. Давыдова, С. И. Руденко, П. Б. Коновалов, С. С. Миняев, И. Эрдели, а также Тянь Гуаньцзинь, У Энь и др. Ими опубликованы значительные труды, касающиеся погребальной обрядности хунну.

Начиная с 50 – ых гг. XX века монгольские археологи продолжали изучение погребальных памятников хунну. Ц. Доржсүрэн, Н. Сэр – Оджав, Д. Наваан, Д. Цэвээндорж, Д. Баяр, З. Батсайхан, Д. Эрдэнэбаатар, Ц. Төрбат как самостоятельно так и совместно с иностранными исследователями изучали и продолжают изучать погребения хунну. Диссертант использовал в качестве источника материалы 174 могил, изученных в течение 30 лет этими археологами. Кроме этого использовал сведения некоторых китайских источников, имеющих отношение к хунну.

Методологические основы. Автор представляет погребальную обрядность хунну как система взаимовлияющих и последовательных действий и понятий. А также согласно ему погребальная и поминальная обрядность есть начало и конец одного целого система. Изучение погребений, данные этнографии свидетельствует о тесной связи погребальных обрядов с поминальными. Поминальный обряд – действия, совершаемые вт течение поределенного времени после захоронения с мемориальной целью. В течении поминального процесса осуществляется встреча между миром живых и миром мертвых свидетельствует об неразрывности погребального и поминального обряда.

Топография могильников хунну. Погребения хунну выявлены почти во всех аймаках Монголии, в РФ на территории Бурятии в Забайкалье, в КНР на территории Внутренней Монголии и сопредельных с ней провинциях. В Забайкалье могильники хунну расположены между Селенгой и её правым и левым притоками, образуя большой треугольный ареал. Здесь насчитано общей сложности 30 могильников рядовых хунну. На территории Монголии выявлено более 70 могильников рядовых хунну с более чем 4000 могил. Если попытаться выделить наиболее характерные черты топографической ситуации их местоположения на местности, то можно выделить следующие моменты:

1. Привязанность большинства из них к плодородным землям с богатой растительностью, на которых до сих пор обитают скотоводы, используя их в основном под зимовье;

2. Расположение многих из них в долинах больших и малых рек;

3. Они чаще всего располагаются на южных склонах гор или падьях, входящих на южную сторону;

4. Привязанность многих из них к открытым выходам камня;

5. В районах с преобладанием песчанным и глинистыми почвами.

Привлеченные автором Монгольские могильники хунну имеют в среднем по 100 могил. Среди них могильник с одним погребением имел место однажды, с 2 - 10 погребений - 10, с 11 - 30 погребений - 8, с 31 - 100 погребений - 10. Из 4 могильников с более 300 погребений двое смешаны с погребениями знатных хунну. Особо выделяются могильник рядовых хунну в Худгийн толгой в долине р. Тамир который насчитывает 306 погребений, и могильник в Тамирын Улаан хошуу в той же долине, который насчитывает 370 погребений.

Что касается внутренней планировки или микротопографии могильника, то здесь есть много вопросов требующих уточнения. Но к сожалению, полностью раскопанных могильников насчитывается только три (Бурхан толгой, Иволгинский и Дырестуйский култук). В Дырестуйском култуке, изученном С. С. Миняевым, имелись отдельные группы могил, и внутри этих групп выделялись основные и сопровождающие могилы. В Забайкальских и в некоторых Монгольских могильниках обнаружены также отдельные группы могил. В некоторых сопровождающих могилах обнаружены погребения людей со следами насильственной смерти. Этот археологический факт полностью подтверждаются сведениями китайских источников о погребальных обрядах и о жертвоприношениях человеком у хунну. Видимо этих слуг и служанок хоронили в отдельной могиле или же вместе с "господином" (парное погребение) в одной могиле.

Внешнее и внутреннее сооружения могил. Некоторые монгольские и российские ученые, изучив внешнее и внутреннее сооружение могил хунну, дали их классификацию. В частности Ц. Доржсүрэн классифицировал могилы рядовых хунну на основе отличий их внутреннего сооружения на 4 типы. Хотя эта была первая научная классификация могил хунну на основе их внутренних сооружений, с течением времени она нуждалась в дополнении. Кроме этого П. Б. Коновалов, А. В. Давыдова, Д. Цэвээндорж каждый в отдельности разработали свои классификации.

На основе выводов вышеназванных ученых, а также на основе использования новых материалов многих могил, автор попытался разработать свою классификацию структуры и организации могил хунну.

Могилы хунну в общем можно подразделить на 2 группы:

а) Могилы с внешними сооружением (они преобладают);

б) Могилы без внешних сооружений (они встречают редко).

В хуннском могильнике Бурхан толгой, и во всех других могильниках хунну наблюдаются две основные формы погребальной насыпи: 1) прямоугольные или подквадратные насыпи, ориентированные углами в стороны света (56% могил, формы которых можно установить), 2) многоугольные или разрушенные круглые насыпи (44%).

Могилы хунну в среднем имеют насыпи диаметром от 5 до 8 м. Насыпи в зависимости от размера могил имеют в толщину 40 – 60 см, состоящих от одного до четырех слоев камней. На насыпи или около нее иногда устанавливали каменный столб – "сэргэ".

Связующим звеном внешнего и внутреннего сооружения могилы служит яма. Известно, что глубина ямы зависит от размера насыпи, поэтому чем больше диаметр насыпи, тем глубже яма. В большинстве могил хунну, раскопанных в нашей стране, отмечена внутренняя каменная обкладка. Каменная обкладка повреждается в основном во время разграбления могил. Так как грабители роют колодец в направлении изголовья покойника, то каменная обкладка этой части больше всего подвержена разрушению. Стена ямы в большинстве случаев бывает отвесной, но вст – речается немало случаев, когда стена имеет ступенчатую форму. Составным элементом структуры ямы является каменный столб. Эти камни, встречающиеся в середине ямы имеют длинную, вытянутую форму и коренным образом отличаются от камней для обкладок. В некоторых случаях наблюдаются следы разведения огня на дня ямы. Большой интерес вызывает обнаруженный на стене могилы ¹88 в Бурхан толгой след от орудия типа мотыги, шириной в 6 см.

Внутреннее сооружение могилы это каменные и деревянные строение, специально сооруженные на погребальном уровне. По внутреннему сооружению могилы рядовых хунну можно классифицировать следующим образом. А именно:

① Каменный ящик
  а) с досчатым гробом внутри
  б) с бревенчатым срубом
② Бревенчатый сруб
  а) с досчатым гробом внутри
③ Досчатый гроб
④ Захоронение на дне ямы без всяких сооружений.

Особенностью данной классификации состоит в выялении основных сочетаний элементов внутреннего сооружения.

Положения и ориентация покойников. *Положения покойника* Положение покойника представляет собой наиболее стабильный признак в погребальном обряде, но в некоторых случаях в зависимости от возраста, пола, социального положения, условий смерти или умерщвления положения покойника имеет неординарную позу. Из палеоантропологических находок выявленных из 174 могил, в 75 случаях пол не установлен, 37 – женского пола, 45 – мужского пола, 13 – дети, а в трех могилах мужчина и женщина были погребены вместе. В большинстве могил " покойника положили на спине, вытянув ноги и положив руки вдоль тела". Необходимо подчеркнуть, что встречаются и специфические положения покойников.

В большинстве случаев у хунну встречается одиночное погребение, но есть случаи когда одной могиле находили костяки двух и более людей. Один из них является основным погребением, а другие представляется привнесенным отдельными костями. На современном уровне изучения не представляется возможным однозначно ответить на вопрос как попали эти отдельные костивмогилу. Некоторые археологии выдвигают гипотезу о том, что при вторичном захоронении эти отдельные кости случайно смешались с основным захоронением. А также нельзя отрицать того, что отмечает А. В. Давыдова, эти кости случайно смешались во время разграбления могил.

Ориентация покойника Ориентация покойника непосредственно связана с ритуалом, верованием, традицией и окружающей средой того народа к которому относится данная археологическая культура. Если рассматривать погребальную обрядность как комплексное явление, то одним ие его основных понятий является несомненно вопрос о том, где находится загробный мир.

单位:%

Ориентация	Север	Северо – восток	Северо – запад	Юг	Восток
Ильмовая падь	51	40	2	7	–
Черемуховая падь	50	45	5	–	–
Монголия	58	9	13	2	18

Из таблицы видно, что могилы хунну в Забайкалье ориентированы в основном на север: 51% – на север, 42% – на серово – восток, 2% – на серово – запад, 5% – на юг. Из материалов раскопок, приведенных в последнее время на территории Монголии, видно, что ориентация погребений в некотором отношении имеет иной характер. В 9 случаях из 22 могильников имеются ориентации отличные от севера, северо – востока и северо – запада включительно. Среди 166 погребений, ориентации которых установлены: 80% ориентированы на север и его варианты, 18% на восток или юго – восток, 2% на юг. Из этого можно заключить, что восточная ориентация у хунну имело немаловажное значение. При этом северная ориентация имела несомненно подавляющее значение.

Детские захоронения. Среди погребений рядовых хунну удельный вес детских захоронений сравнительно мал. До этого монгольские археологи выявили только двух детских захоронения. В 103 погребениях в Бурхан толгой выявили 118 индивидов, среди которых нашли кости 20 детей (17%). 8 из них представлены отдельными костями из могил взрослых, один выявлен из другой детской могилы, оставшиеся 11 были выявлены из одиночных могил.

Эти захоронения подразделяются на 2 основных типа. *В первый тип*, относится 10 погребений, которые находились рядом или под насыпью взрослого человека. Поэтому их можно соотнести к категории сопровождающих захоронений. Большинство из них были разграблены или востревожены и поэтому кости были смешаны или же утрачены. Есть основание считать, что они были принесены в жертву по ритуальному обряду. *К второму типу*, относятся два захоронения имеющие самостоятельный характер с жертвенным скотом и инвентарем, одинаковый у захоронений взрослых.

Парные захоронения. Хотя в погребениях рядовых хунну преобладают одиночные захоронения, в некоторых случаях встречаются парные захоронения. Эти захоронения подразделяются на два основных типа: А) под одной насыпью вырыты две отдельные могильные ямы, по одному захоронению в каждой; Б) в одной могильной яме захоронены два человека вместе.

А) Этот тип захоронений встречается крайне редко и имеет особое место в погребальной обрядности хунну. Эти погребения: 1. как правило расположены компактно на южном секторе могильника; 2. ориентированы на восток; 3. принадлежат взрослым мужчине и женщине; 4. мужчина расположен с левой стороны от женщины в южной яме, а женщина – соответственно с правой стороны от мужчины, в северной яме; 5. размер каменной насыпи больше среднего; 6. размер могильных ям больше среднего, причем мужская яма более крупная; 7. количество сопровождающего скота больше и разнообразнее, причем в мужской яме они представлены в большинстве; 8. сопровождающий инвентарь богат и разнообразен и в одной из ям (в основном мужской) он представлен более широко. Из того, что в большинстве случаев мужские захоронения более богаты, внутренние сооружения имеют более комплексный характер можно заключить, что женщину принесли в жертву. В любом случае парные захоронения являются важным и наглядным фактом жертвенной обрядности у хунну. Они приносили в жертву не только детей, но и женщин для сопровождения "хозяина".

Б) Отмечено 3 погребения, в одной могильной яме которого, захоронены вместе два человека. Эти захоронения являются одним из специфических вариантов парного захоронения. Особенно большое внимание привлекает сопровождающее захоронение 133а в Бурхан толгой. Здесь отсутствует жертвенный скот но имеет сопровождающий инвентарь китайского происхождения. Хотя женский костяк в этом погребений остался в неприкосновенности, её подязычная кость – "Hyoid" найдена среди костей жертвенного скота в жертвенной части мужского захоронения. Это свидетельствует о том, что язык женщины был отрезан до или после ее смерти. Это является ярким свидетельством того, что у хунну был обычай жертвоприношения человеком.

Погребальный инвентарь. Целью нашего исследования также является уточнение места сопровождающего инвентаря в погребальном обряде рядовых хунну. Для этого автор установил соотношение комплекса инвентаря с половозрастными группами и уточнил местонахождение инвентаря в погребальном камере. Эти комплексы инвентаря представляет собой совокупность хозяйственного уклада, окружающий мир и степени его влияния, уровень культуры и верования данного народа. На уровне одного конкретного захоронения богатство и разнообразие сопровождающего инвентаря зависит от социального положения покойного.

Автор разработал классификацию сопровождающего инвентаря и в нижеприведенной таблице (таблица 12) показал зависимость некоторого широко распространенного инвентаря с половозрастными группами.

Инвентарь	Мужчина	Женщина	Дети
Лук	77%	17%	6%
Стрела	87%	10%	3%
Удила и псали	73%	27%	-
Пояс	74%	16%	10%
Предметы украшения	47%	53%	-
Лаковые изделия	18%	82%	-
Палочки для еды	43%	50%	7%
Берестянные сосуды	13%	87%	-
Нож	45%	45%	10%
Бронзовые зеркало	22%	67%	11%

Из таблицы видно, что мужские захоронения сопровождаются луками и стрелами, удилами и псалиями, поясами, а женские – лаковыми изделиями и берестянными сосудами, бронзовыми зеркалами и др. А такой инвентарь как предметы украшения, костенные палочки для еды, ножи распределены одинаково вне зависимости от пола покойника.

Жертвенный скот. Так как хунну верили, что в загробном мире будут вести тот же образ жизни, что и в этой, то они сопровождали своих покойных соответствующим количеством и видом скота. Основная часть костей скота, найденных в могилах, представляет собой жертвенный скот, предназначенный для сопровождения хозяина потусторонный мир. Кроме этого есть отдельные кости, мясо которых были съедены участниками поминального обряда, а также пища, необходимая покойному по пути в загробный мир. Эти кости скота служат средством определения социального положения, возраста и пола покойника.

В погребениях рядовых хунну кости скота находятся в основном в жертвенной части или в нишах. Из 174 могил, материалы которых были привлечены автором для изучения, в 170 найдены кости того или иного скота. Другими словами, можно констатировать, что хунну сопровождали почти всех покойников скотом. Среди скота 27 овец, 20 коз, 48 коней, 52 крупный рогатый скот. С одной могилы находят 1 – 29 голов крупного и мелкого рогатого скота. Ниже приводится таблица, в которой иллюстрируются соотношение скота с полом и возрастом покойных.

	Овец	Коза	Конь	Крупный рогатый скот
Мужчина 35	7 ~ 15%	8 ~ 17%	19 ~ 41%	12 ~ 26%
Женщина 39	4 ~ 10%	7 ~ 18%	9 ~ 22%	20 ~ 50%
Дети и подростки 23	2 ~ 13%	1 ~ 7%	6 ~ 40%	6 ~ 40%
Не поясненным полом 73	14 ~ 30%	4 ~ 10%	14 ~ 30%	14 ~ 30%
	27%	20%	48%	52%

Из таблицы видно, что в захоронениях мужчин доля коня занимает самый максимум (41%), а крупный рогатый скот занимает минимум (26%). В захоронениях женщин конь занимают 22%, а крупный рогатый скот 50%. Отсюда можно заключить, что в могилу мужчин клали преимущественно коня, а женщин – крупный рогатый скот.

В материалах Бурхан толгой выявлен 9 целых скелетов мелкого рогатого скота. В двух захоронениях найдены по козе и в семи захоронениях по овце. А в других случаях обнаружены лишь отдельные кости скота. Это в основном череп, челюсть, короткие рёбра, хвост, копыта, бабки и шкуры. Эти отдельные кости согласно принципу "отдельное есть часть целого" представляют собой целый скотопределенного вида. В результате палеозоологического исследования установлено, что в могильнике Бурхан толгой найдено 46 шкур крупного рогатого скота, 24 шкур коня, 39 козьих шкур и 6 овечьих шкур. Чтобы шкуры не занимали много места их обычно тщательно складывали и иногда они соединены с копытами и хвостом. Таким образом, можно констатировать, что отдельные кости скота выбрались согласно специальному ритуалу предназначенные для сопровождения, а остальные кусочки мяса предназначались для поминования.

Те части, которые были предназначены для сопровождения покойного, укладывались в строго определенном порядке. Голова жертвенного скота укладывались в самом конце ниши в том же направлении, что и сам покойный. Такое расположение головы имеет глубоко символический смысл, заключающийся в том, чтобы сопровождать покойника в загробный мир. Под головой укладывались короткие рёбра и иногда связанные с ними шейные позвонки. Спреди и сзади головы укладывали копыта и бабки. Ясно, что расположение этих костей имитировало конструкцию скелета живого скота. Кроме вышеупомянутых костей, расположенных в ниши, в жертвенной секторе погребального камера встречаются в основном такие кости, как позвоночник крупного и мелкого рогатого скота, лопатка, трубчатые кости, рёбра и они предназначались для покойника. Во время разграбления могилы изредки кости скота смешивались с останками покойного. Очень редко встречаются случаи, когда кости скота складывались в другом месте.

Захоронения собак. В погребениях хунну в сравнительно большом количестве находят останки такого животного как собака. Есть основание считать, что близость собаки к человеку, ее положение в семье влияли на выработку с древнейших времен у многих народов обряда захоронения ее вместе с хозяином. Как и в этом мире, так и в загробном мире ей предназначались роль защитницы хозяина и его скота. Как указано в китайских источниках о погребальном обряде ухуаней, в обязанности собаки входило также служить проводником хозяина в пути в потусторонний мир. В захоронениях хунну, раскопанных в Забайкалье обнаружено немалое количество костей собаки. И в монгольских материалах есть как отдельные кости собаки, так и несколько ее целых скелетов.

У хунну собака сопровождала хозяина в загробный мир независимо от его возраста и пола. Неясным остается то, по какому принципу устраивали сопровождающие захоронения собак. Вероятно голову собаки клали на левый бок в одном и том же направлении с хозяином на середину ямы или поверх погребального камера. В некоторых случаях ее клали внутрь специального каменного ящика.

Некоторые вопросы о представлениях хунну о загробном мире. Народы Центральной Азии, в том числе и древние монголы верили в существование души человека и в то, что после смерти душа отходит в иной мир (мир тьмы) и живет по законам земной жизни. И поэтому в зависимости от направления, где, по их мнению находилась загробный мир, старались ориентировать местоположение покойника.

1. Для того, чтобы определить основное направление погребального памятника, рассмотрим как устанавливали стороны света, прежде всего южное направление. Помнению В. В. Бартольда, А. Н. Кононова, Л. Л. Викторовой, Л. Мэнэса у древних и средневековых монголов был распространен обычай поклоняться полуденному солнцу, поэтому для них понятия "юг" и "перед" были тождественны. Согласно традиционному верованию монголов в представлениях о сторонах света царство тьми или загробный мир находился на севере, северо - востоке. Если в монгольских плиточных могилах бронзового века преобладает восточная ориентация, то в керексурах - запад, а в последовавшей за ними культуре хунну - восточное и северное направления распространены в одинаковой мере. А в археологической культуре коренных монголов начинает доминировать северо - восточное направление. Отсюда видно, что в зависимости от какое время солнечного стояния считать "южным" определялись погребальнач ориентация у хунну, у которых шел процесс измененя. В случае когда восток превращался в передную сторону, запад становился в заднее направление, а в случае, когда юг превращался в передную сторону, то соответственно север превращался в "заднее" направление. В зависимости от этого менялось и местоположение северо - востока, где иллюзорно находилось царство мрака. Если рассмотреть на примере хунну, то они считая юг началом оси направления, север - соответственно становился "задом" где находилось царство мрака и в этом направлении хронили покойника. В погребениях, направленных на восток, воскок - становился передом и соответственно клали покойника лицом в направлении загробного мира.

Обобщая представления хунну о загробном мире, местоположения его и о путях достижения его можно констатировать следующее: а) загробный мир, куда человек поподает после смерти, или мир тьмы находится на севере, северо - востоке и на западе; б) традиция захоронения покойного головой в направлении на восток, унаследованная от бронзового века, с эпохи хунну претерпевает значительные изменения в сторону преобладания северного направления; в) в рамках одной культуры сосуществовали две традиции ориентировать покойного головой или лицом в направлении загробного мира.

2. Другим важным вопросом является вопрос о путях и средствах достижения загробного мира. У хунну, как кочевого народа, основным средством транспорта было, конечно конь, и поэтому можно предположить, что он же был средством достижения потустороннего мира. Поэтому конь в некоторых случаях укладывали хозяином в могилу, а в других случаях, можно предположить, что ее привязывали к каменному столбу, воздвигавшемуся на могиле.

Исследователи по разному подходили к вопросу о каменном столбе возвигавшемуся на могиле и можно сказать, что до сих пор нет значительного труда, касающегося роли и значения данного элемента в археологической культуре, вообще, и его происхождения и назначения, в частности. Прежде всего можно с уверенностью сказать, что покойника подвозили на место захоронения на коне. Этого коня или убивали или оставляли привязанной к специальному столбу символизируюших "мировую дереву" соединявщих мир людей и мир тьмы. В начальных порах привязанную к столбу коня потом зарезали. Таким образом способствовали коня в выполнении её основной миссии доставки хозяина в иной мир. И этого коня многиенароды называют с незначительными различиями в основном как "хойлго". А вот то, что они делали с умерщвленной конем далее, тут возникает большая разница. В одном случае хоронили целиком вместе с хозяином, а в другом - голову, челюсть, шейные позвонки, хвост, копыта снимали вместе со шкурой и накидывали на наклоненный шест, а оставшуюся тушу участники церемонии готовили и съедали, после чего кости сжигались. Вышеупомянутые органы, снятые со шкурой, в целиком представляет целое, эти органы, в которых по поверью хунну находилося душа животного представляют собой целое животное.

Нет сомнений в том, что специально воздвигнутый каменный столб называли подобно коновязи "сэргэ". В большинстве случаев "сэргэ" делали из дерева, поэтому наверняка они не пройдя испытаний временем, в конце концов бесследно исчезали. А те "сэргэ" которые делались из камня сохранились и дошли до нашего времени. Из вышеописанных материалов отчетливо видна роль "сэргэ" - столба возвигавшегося на могиле. Конь, привязанный к "сэргэ", который представлял собой прямую дорогу в иной мир должен был беспрепятственно доставить хозяина (по-поверью создателей захоронения) в тот мир. Если детально изучить сведения письменных источников, то можно найти более точные указания. Среди этих письменных источников можно назвать путевые заметки таких знаменитых путешественников как Ахмед ибн-Фадлан, Плано Карпини, Гильом де Рубрук. Традиция возведения "сэргэ" на могиле, унаследованная хунну от бронзового века, в тюркский и монгольский период была распространена как среди тюрков, так и среди монголов.

3. Для путешествия в загробный мир хунну "использовали" не только коня, но и телегу. Из могилы `79 в Бурхан толгой найдена интересная находка, проливающая свет на этот вопрос. Там были найдены две бересты с изображениями четырех телег с разных сторон. Этнографические данные свидетельствуют о том, что в погребальной обряде монголов и некоторых тюркоязычных народов телега играла особую роль. Можно сказать, что со времен хунну в погребальном обряде монгольских и тюркоязычных народов телега играла роль транспортного средства в путешествии в иной мир.

Реконструкция прогебально-поминальной обрядности хунну. По видимому, хунну не каждого покойного хоронили в могиле. Они согласно определенному принципу хоронили в могилу только некоторую часть людей. По какому именно принципу они избирались и как хоронили остальных покойников пока нет достоверных сведений. Можно лишь выдвинуть гипотезу о том, что происхождение, социальные и имущественные положение играли важную роль в выборе вида захоронений. Другими видами захоронений могут быть: оставлять покойника на поверхности земли, хоронить воздушным способом на доске между деревьев и водный способ захоронения, когда покойника спускали в текущую воду.

Как и другие кочевые народы в древности, хунну сопровождали своих покойников не только жертвенным скотом и инвентарем, но и широко практиковали жертвоприношение человеком.

Реконструкция процесса погребально – помиального рутиала представляется автором в следующем виде:

I этап: приготовление к захоронению

II этап: приготовления места захоронения

III этап: строительство погребального и жертвенного сооружения

IV этап: захоронения покойника

V этап: воздвижение внешнего сооружения

VI этап: исполнение поминального обряда.

Этническое принадлежность и происхождение хунну. Этническая принадлежность хунну до сих пор остается невыясненной. Сегодня исследователи пытаются определить принадлежность языка хунну к тюркской или монгольской языковой группе, но в рамках лингвистических и исторических данных данная проблема не решается однозначно. Поэтому решении вопроса об этнической принадлежности хунну решающее значение имеют несомненно археологические материалы. С позиции погребальной обрядности автор попытался внести свою лепту в исследование этнической принадлежности хунну.

По мнению монгольских антропологов, как С. Батсуурь и Д. Түмэн между хунну и монголами существует прямая генетическая связь. С этим выводам согласуется новейшие достижения палеогенетики в области этнической принадлежности хунну. Французские палеоантропологи, работавшие совместно с монгольскими исследователями на могильнике Бурхан толгой взяли образцы с 62 индивидов и выявыли древнюю ДНК. При сравнении этих данных с генетическими материалами современных монголов было доказано, что они имеют, в общем этническую связь.

Наряду с спорностью вопроса об этнической принадлежности хунну до конца не решёна проблема происхождения культуры хунну. Мнения археологов исходятся на двух основных теориях: *во-первых*, культура хунну возникла на основе культуры плиточных могил бронзового века, распространенной на территории к северу от Гоби; *во-вторых*, культура хунну произошла от культуры кочевников карасукского и скифского времени Северного Китая.

Внешние сооружения могилы Как отмечали некоторые археологи, внешние сооружения могилы хунну некотором отношении похожи на плиточные могилы. Необходимо отметить, что есть ряд могилы совершенно одинаковой формы. К подобной могиле относится двойное погребение 38 и 38а, расположенное пододной насыпью на южном секторе могильника Бурхан толгой. Радиокарбонные дата этой могилы относится к 158г. до н.э. - 67 г.н.э. и в пределах могильника относится наиболее раннему периоду. На основании того, что данная могила относится к II в. до н.э. - I в. до н.э. по внешнему виду и по ориентации покойника идентична на плиточную могилу, авторделает заключение что эта могила представляет собой памятник переходного периода. Это доказывает причину того, почему некоторые могилы хунну сохраняли черты погребальных сооружений предыдущего периода. Впоследствии трансформируясь всамостаятельную культуру могила хунну постепенно пиробретала свои особенности как вотношении формы, так и в отношении содержания погребального памятника.

Расположение и ориентация покойника В расположении покойника у рядовых хунну наблюдается несколько ориентаций, из которых преобладает север и его варианты. Тем не менее доля восточной ориентации у хунну немала, и поэтому невозможно не считать ее самостоятельным направлением. Вмогильнике Бурхан толгой такие могилы расположены компактно вюжном секторе. Интересно отметить, что радиокарбонная дата этих могил относиться к IV в. до н. э. – I в. до н. э., т. е. к раннему периоду культуры хунну. Отсюда можно заключить, что некоторые могилы раннего периода хунну имели одинаковую с плиточными могилами ориентацию. Это не случайные совпадение, а является доказательством того, что эти две културы имеют этногенетические связи. Схожесть в расположении покойника вплиточных могилах и могилах хунну также подтверждает этногенетические связи между ними.

Внутренние сооружения могилы В раскопках, приведенных в Монголии, немало случаев, когда среди могил рядовых хунну встречается только каменные ящики с деревянными сооружениями. Автором зафиксировано 23 могилы с каменным ящиком, что занимает 13% от всех могил. Они имеют в основном простую конструкцию, со скудным инвентарем. Некоторые из этих принадлежали детям. Эти каменные ящики напоминают плиточные могилы и представляют, по мнению автора, традицию предыдущего периода. Развитие внутреннего сооружения могилы хунну шло в сторону трансформации от каменного ящика к искусно сделану досчатому гробу и срубу. Это мнение подтверждается раскопкам Д. Наваана в могиле №1 Баян сомона и могиле №3 Гурван загала. Следуя традициям, унаследованным от предыдущего периода, в некоторых случаях в самых маленьких простых могилах использовали каменные ящики.

Итак, при сравнении таких особенностей погребального обряда рядовых хунну как внутреннее и внешнее сооружение могилы, расположение и ориентации покойного с плиточной могилой установлено много схожего. Поэтому можно сделать вывод, что в формировании археологической культуры хунну принимали участие в определенной мере население культуры плиточных могил. Наряду с ним принимали участие ранние кочевники раннего железного века южной части Гоби. Например, определенную роль играли те племена, которые оставили могильники Ордоса и Внутренней Монголии, раскопанные китайскими археологами. В любом случае то племени, которые в III в. до н. э. вышло на историческую арену под названием хунну, переселившись к северу от Гоби, смешалось с коренными населениями и сформиновало новую культуру.

Этническая принадлежность хунну. Как было выше отмечено, этническая и языковая принадлежность хунну является проблематичной и остается до сих пор не решенной. Монгольские археологи вносят свой посильный вклад в решение этой проблемы. Профессор Д. Цэвээндорж при изучении материалов археологических исследований, проведенных за последние годы в Монголии было заключено, что по погребальному обряду, по структуре и организации могилы хунну резко отличаются от тюркского и и во многим совпадают с монгольскими.

Доктор З. Батсайхан, опираясь на конкретные археологические материалы, выявил идентичность некоторых черт погребального обряда хунну с монгольскими. В заключении он пишет, что "схожесть некоторых особенностей погребального обряда хунну, ухуань – сяньби с позднимм монголами показывает, что наряду с их этническими связями с хунну начался непрерывный процесс становления монгольской народности".

Таким образом, в процессе изучения этнической принадлежности хунну с позиций их погребального обряда многими материалами подтверждается взаимосвязь их с монголами. Автор в основном придерживается того же мнения, что и вышеуказанные ученые. На основании представлений хунну о загробном мире, в том числе представление где и в каком направлении он находится, о путях и способах его достижения, автор пришел к заключению, чтоони в многом схожи с представлениями монголов.

В заключении, автор приходит к следующим выводам:

Во – первых, хотя погребальные памятники хунну разбросаны на огромной территории от Алтайских до Хинганских гор, от Байкала до Великой Китайской стены, они были удивительно едины. Но, к сожалению, до сих пор не выявлены локальные и временные варианты погребений. По мнению автора, могильники в долине реки Тамир относятся к разряду локального варианта и предложил его назвать "Тамирын голын".

Во- вторых, то что каждый могильник включает в среднем по 100 могил показывает, что у хунну (как у средневековых монголов и тюрков были хориг, халдун, бурхан халдун) были свои племенные священные места. И именно на этих землях они хоронили своих соплеменников с целью воссоединения их с предками. У них были вышедшие в обычаи свои представления о потустороннем мире. И несомненно, что они свои погребальные обряды совершали в рамках этих представлений.

В- третьих, погребальные обряды хунну имели строго определенный порядок. Взависимости от пола и возраста определялся размер и форма могилы, а также сопровождающий скот и инвентарь.

В- четвертых, среди хунну был распространен жертвоприношение человеком. Восновании при захоронении взрослых мужчин приносили в жертву ребенка или женщин. Установление факта существования жертвоприношения человеком у хунну позвояет по новому рассмотреть их общественные и семейные отношения.

В- пятых, археологическая културa хунну сформировалась на основе синтеза культуры плиточных могил раннего железного века и культуры кочевников южной части Гоби. Этот процесс, по всей видимости, проходил в IV – III в. до н. э.

В- шестых, при изучении вопроса этнической принадлежности хунну с позиций погребальной обрядности, можно найти очень иного аналогий с погребальным ритуалом монголов, что свидетельствует о несемненных этногенетических связях этих двух народов.

主要人名、地名及墓地名称中蒙俄文对照表

（译者）

一　人名

中文	蒙（俄）文	中文	蒙（俄）文
俄罗斯学者名			
В. П. 阿列克谢耶夫	Алексеев В. П.	塞梅纳雅	Семейная
С. В. 阿勒金	Алкин С. В.	Г. П. 索斯诺夫斯基	Сосновский Г. П.
И. В. 阿谢耶夫	Асеев И. В	Ю. Д. 塔里克-格林采维奇	Талько-Грынцевич Ю. Д.
В. В. 巴尔托勒德	Бартольд В. В.	С. А. 帖普拉霍夫	Теплоухов С. А.
А. Н. 别列恩什塔木	Бернштам А. Н.	Л. В. 托帕尔科瓦	Топоркова Л. В.
Г. И. 波洛夫卡	Боровка Г. И.	К. В. 特列维尔	Тревер К. В.
А. В. 瓦列诺夫	Варенов А. В.	Р. Ф. 突古托夫	Тугутов Р. Ф.
Л. Л. 维克多罗夫	Викторова Л. Л.	Я. Н. 哈都金	Ходукин Я. Н.
В. В. 沃尔科夫	Волков В. В.	Ю. С. 胡德雅科夫	Худяков Ю. С.
Ю. С. 格里什	Гришин Ю. С.	В. П. 西洛夫	Шилов В. П.
Л. Н. 古米列夫	Гумилев Л. Н.	П. И. 舒勒尕	Шульга П. И.
А. В. 达维多娃	Давыдова А. В	А. Д. 策比克塔罗夫	Цыбиктаров А. Д.
С. В. 达尼洛夫	Данилов С. В.	Н. Н. 玛莫诺娃	Мамонова Н. Н.
Б. Б. 达希巴罗夫	Дашибалов Б. Б.	С. С. 米尼亚耶夫	Миняев С. С.
Т. 迪三	Дисан Т.	Т. М. 米哈伊罗夫	Михайлов Т. М.
И. И. 基里洛夫	Кириилов И. И	Э. А. 诺夫戈罗多娃	Новгородова Э. А.
А. А. 科瓦列夫	Ковалев А. А.	А. Н. 奥克拉德尼科夫	Окладников А. П.
Е. В. 科维切夫	Ковычев Е. В.	В. С. 阿勒浩斯基	Ольховский В. С.
П. К. 科兹洛夫	Козлов П. К.	С. А. 彭列特涅瓦	Плетнева С. А.
С. А. 卡米萨罗夫	Комиссаров С. А.	А. В. 坡多斯诺夫	Подосинов А. В.
П. Б. 科诺瓦洛夫	Коновалов П. Б.	А. В. 波多斯恩霍夫	Подосинхов А. В.
А. Н. 科诺诺夫	Кононов А. Н.	Н. В. 波罗斯玛克	Полосьмак Н. В.

主要人名、地名及墓地名称中蒙俄文对照表 255

续表

中文	蒙（俄）文	中文	蒙（俄）文
B. 卡托维奇	Котвич В.	Т. А. 坡斯塔诺娃	Постнова Т. А.
Н. Н. 克拉丁	Крадин Н. Н.	С. И. 鲁金科	Руденко С. И.
Н. В. 依蔑诺霍耶夫	Именохоев Н. В.	В. В. 斯维尼尼	Свинин В. В
蒙古国学者名			
Ч. 阿玛尔图布新	Амартүвшин Ч.	Д. 那旺	Наваан Д.
З. 巴特赛罕	Батсайхан З.	О. 那木南道尔吉	Намнандорж О.
Ж. 巴特苏日	Батсуурь Ж.	Г. 蔑捏斯	Мэнэс. Г.
Ц. 巴特图拉嘎	Баттулга Ц.	Х. 普尔列	Пэрлээ Х.
Д. 巴雅尔	Баяр Д.	Г. 额日格真	Рэгзэн Г.
М. 巴雅尔赛罕	Баярсайхан М.	Г. 苏和巴特尔	Сүхбаатар Г.
Л. 毕力格特	Билэгт Л.	Н. 色尔-奥德扎布	Сэр - Оджав Н.
Н. 巴特宝力道	Батболд Н.	Ц. 图尔巴特	Төрбат Ц.
Ж. 宝力德巴特尔	Болдбаатар. Ж	Д. 图门	Түмэн Д.
Д. 道尔吉	Дорж Д.	Д. 策文道尔吉	Цэвээндорж Д.
Ц. 道尔吉苏荣	Доржсүрэн Ц.	Г. 策仁汗达	Цэрэнханд. Г
Ч. 尤如勒额尔敦	Ерөөл - Эрдэнэ Ч.	Д. 额尔顿巴特尔	Эрдэнэбаатар Д.
Б. 卡图	Катуу Б.	У. 额尔顿巴特	Эрдэнэбат У.
Х. 拉瓦哈苏荣	Лхагвасүрэн Х.	Т. 赞巴拉道尔吉	Замбалдорж. Т
其他人名			
卢布鲁克	Гильом де Рубрук	王国伟	Ван Го вэй
柏朗嘉宾	Плано Карпини	田广金	Тянь Гуанцзинь
伊本·法兰德	Ахмед Ибн Фадлан	乌恩	УЭнь
梅原末治	Umehara	钟侃	Чжун Кань
И. 额尔德耶利	Эрдели И.	李进增	Ли Цзиньзэн
Р. Н. 吉斯卡尔	Жискар. П. Х.	张景明	Тянь Цзынмин
尹形元	Юнь Хёнвонь	靳枫毅	Цзинь Фэньи

二　地名

中文	蒙（俄）文	中文	蒙（俄）文
俄罗斯地名			
俄罗斯外贝加尔	Өвөр байгал	奥尔洪地区	Ольхон
布里亚特共和国	Бурият	阿拉尔地区	Аральский
萨彦-阿尔泰地区	Саян - алтай	吉达河	Жид
卡拉苏克	Красук	奇科伊河	Цуй

续表

中文	蒙（俄）文	中文	蒙（俄）文
阿尔泰省	Алтай	希洛克河	Шилик
乌兰乌德市	Улаан үд	伊沃尔加河	Иволга
欧诺盆地		鄂毕河流域	Эби
蒙古国地名			
乌兰巴托市	Улаабаатар хот	塔米尔河流域	Тамирын гол
中央省	Төв аймаг	尤孙锥勒苏木	Есөнзүйл
肯特省	Хэнтэй	呼吉尔特苏木	Хужирт
后杭爱省	Архангай	阿拉坦布拉格苏木	Алтанбулаг
科布多省	Ховд	朝格特苏木	Цогт
色楞格省	Сэлэнгэ	乌央嘎苏木	Уянга
达尔汗市	Дархан хот	巴彦苏木	Баян
东方省	Дорнод	嘎拉特苏木	Галт
前杭爱省	Өвөрхангай	巴特孙布尔苏木	Батсүмбэр
布尔干省	Булган	哈沙特苏木	Хашаат
乌布苏省	Увс	海尔罕苏木	Хайрхан
库苏古尔省	Хөвсгөл	额尔敦曼德拉苏木	Эрдэнэмандал
中戈壁省	Дунд говь	满汗苏木	Манхан
苏赫巴托省	Сүхбаатар	古尔班扎嘎勒苏木	Гурванзагал
东戈壁省	Дорноговь	科布多苏木	Ховд
巴彦乌列盖省	Баянөлгий	布雷格杭爱苏木	Бүрэгхангай
额金河	Эгийн гол	扎尔嘎朗特罕苏木	Жаргалантхан
色楞格河	Сэлэнгэ мөрөн	呼塔嘎文都尔苏木	Хутагөндөр
鄂嫩河	Онон гол	乌因其苏木	Үенч
哈拉河流域	Хараа гол	乌力杰图苏木	Өлзийт
呼尼河流域	Хүнүй гол	图布新锡热苏木	Түвшинширээ
苏吉格图山谷	Сүжигтийн ам	乌贵诺尔苏木	Өгийнуур сум
吉日木图山谷	Журамтын ам	巴特澄格勒苏木	Батцэнгэл
嘎顺尼高勒河	Гашууны гол	德力格尔朝格图苏木	Дэолгэрцогт
中国境内地名			
满洲里	Манжуур	陕西省	Шань ши муж
兴安岭	Хянганы нуруу	宁夏	Нинся
辽河流域	Ляо Хэ гол	青海	Цинхай
鄂尔多斯	Ордос	甘肃	Ганьсу
阴山	Мунь уул	固原市	Гуюуан

三 墓地名

中文	蒙（俄）文	中文	蒙（俄）文
俄罗斯境内匈奴墓地			
伊里莫瓦	Ильмовая	奥尔盂腾	Оргойтон
德列斯图依	Дэрестуй	乌尔根浑都伊	Өргөн хөндий
伊沃尔加	Иволга	沙拉高勒	Шар гол
查拉姆	Царам	胡莱布拉格	Хуурай булаг
哈拉乌苏	Хар Ус	乌斯特－恰克图	Усть－Хиагт
古吉尔梅格	Гуджир－мыгэ	布尔冬	Бурдун
苏吉	Сүүж	艾堆	Эдүй
蒙古国境内匈奴墓地			
诺彦乌拉	Ноён уул	乌尼陶勒盖	Онь толгой
宝尔布拉格	Борбулаг	巴润海尔罕	Баруун хайрхан уул
都日利格那日斯	Дуурлыг нарс	布尔罕陶勒盖	Бурхан толгой
辉特英格图山	Хойд ингэт	巴彦哈剌	Баянхараа
高勒毛都	Гол мод	浑赫尔阿姆	Хүнхэрийн ам
索勒碧乌拉	Солби уул	达勒黑布兰	Далхын булан
呼塔嘎乌拉	Солби уул	达尔汗乌拉	Дархануул
那伊玛陶勒盖	Наймаа толгойн	陶莱阿姆	Тооройн ам
额莫勒陶勒盖	Эмээл толгой	阿查乌拉	Ац уул
浩勒特斯特努嘎	Холтост нуга	哈拉赞和硕	Халзан хошуу
哈南哈达	Ханан хад	呼新胡特勒	Хүүшийн хөтөл
查干朝鲁特	Цагаан чулуут	巴尔赞	Барзан
都拉嘎乌拉	Дуулга уул	别勒黑阿姆	Бэлхийн ам
特布希乌拉	Тэвш уул	额哲给特呼吉尔	Ээзгийтийн хужир
萨勒黑特	Салхит	赞巴嘎海尔汗	Замбага хайрхан
昌德曼乌拉	Чандмань уул	哈拉嘎特扎萨尔	Хаалгатын завсар
努赫特阿姆	Нүхтийн ам	苏吉格图山谷墓地	Сүжигтийн ам
乌尼陶勒特	Оньтолът	塔米尔乌兰和硕墓地	Тамирын улаан хошуу
呼都根陶勒盖	Худгийн толгой	古尔班扎嘎勒	Гурван жагал
额沃根特	Өвгөнт	塔尔巴哈太	Тарвагтай
苏勒陶勒盖	Сул толгой	布如勒乌拉墓地	Бууралуул
赫列克斯特壕莱	Хиргист хоолой	德力格尔汗山墓地	Дэлгэрхаан уул
哈拉嘎土墓地	Хаалагт	巴嘎嘎扎尔朝鲁	Бага газрын чулуу
扎剌陶勒盖	Зараа толгой	安德列夫墓	Андреевийн булш
莫林陶勒盖	Морин толгой	康德拉梯耶夫	Кондратьевийн булш

续表

中文	蒙（俄）文	中文	蒙（俄）文
中国北方地区匈奴墓地			
桃红巴拉	Таохунбала	上孙家寨	Шансуньцзячжай
毛庆沟	Маоцингоу	倒墩子	Даодуньцзы
呼鲁斯太	Хулусьтай	杨郎	Янлан
玉龙太	Юйлунтай	于家庄	Юцзячжуань
阿鲁柴登	Алучжайдэн	撒门村	Самэнцунь
西沟畔	Ёйгоупан	周家地	Цжоуцзяди
苏机沟	Суцзигоу	玉皇庙	Юйхуанмяо
贡苏壕	Гунсухао	饮牛沟	Иннюгоу
夏家店上层文化	Сяцзядянь соёл	崞县窑子	Госяньяоцзы
南山根	Наньшаньгэнь	大白山	Дабэйшань
东南沟	Дуннаньгоу	苟子沟	Чжинцзигоу

译者后记

匈奴墓葬主要分布于俄罗斯外贝加尔、蒙古国全境和中国北方地区，其中蒙古国境内的匈奴墓葬数量最多。根据墓葬形制、规模及对其墓主人身份的判断，外国学者一般将匈奴墓葬分为贵族墓和平民墓两大类。平民墓葬以其地表石圈封堆为主要特征，大的直径可达10余米，小的直径有3~5米。墓葬形制为竖穴土坑，有的墓坑周边镶嵌石块，亦少见石椁墓和洞室墓。根据葬具，匈奴平民墓葬可分为石椁墓、木椁墓和木棺墓三种。墓坑内除葬具外还专设头箱和壁龛等，放置随葬物品和殉牲。

蒙古国学者 Ц. 图尔巴特先生所著《匈奴平民墓葬》一书出版于2004年，是在他博士论文《匈奴平民墓丧葬习俗》的基础上修改而成的。原书共180页，约12万字，由绪论、第一章（研究概况与研究方法）、第二章（匈奴平民墓葬的分布与形制）、第三章（随葬品与殉牲）、第四章（丧葬和祭祀习俗的特点）、结语、附录、图版及参考文献等部分组成。该书是继 Ц. 道尔吉苏荣《北匈奴》和 З. 巴特赛罕《匈奴》之后蒙古国学者编写的又一部匈奴考古专著。

本书作者选择近半个世纪以年来在蒙古国地区发掘清理的174座中小型匈奴墓葬资料（其中包括作者亲自参与发掘的额金河流域106座墓葬）作为主要基础材料，并参考俄罗斯外贝加尔、中国北方地区匈奴墓葬资料，在系统梳理匈奴中小型墓葬的考古发现与研究概况的基础上，对墓葬的分布特征与结构、出土随葬品及殉牲、埋葬方式与丧葬习俗等方面展开深入分析和阐述。与此同时，作者结合有关文献记载和民族学资料，对平民墓所反映的匈奴历史文化与社会生活、匈奴人的宗教信仰、思想观念等诸多方面的问题进行了深入的探讨。该书为读者了解蒙古国境内匈奴中小型墓葬的考古研究成果及匈奴历史文化提供了重要的资料。

本次翻译在风格上注重忠实原著的原则，尽量减少修饰的词语，尽可能转达作者的原意。同时为便于国内读者阅读，对原书的学术表达与编写格式进行了一些调整。

①原书注释采用外文常见的文内"夹注"的格式，译者将注释改为"尾注"，列于每章文末。同时，对原书中有些特殊定义、概念及名称等以译者注的形式加以解释和说明，并附于页下。

②人名、地名和墓地名称的翻译均采用音译，多数参照国内学界常用的译法，但也有少数名称采用更接近原音的音译。同时，为便于国内读者对照参阅，译者制作了主要人名、地名、墓地名称中蒙俄文对照表附于书后。

③原书插图附在书后，且在文字相应位置未标注图号。为了便于读者阅读，我们把图版插入书中相应位置，并对排版顺序和图名、图注及编号等略作调整。

④原书未设彩版，考虑到让国内学者对匈奴墓葬有更直观的了解，丰富本书的内容，译者通过出版社和作者同意，选择与本书内容相关的匈奴平民墓地概况、墓葬形制及随葬品等方面的彩色照片，制作彩版附于书前。彩版资料均选自《匈奴宝藏》（*The Treasure of the Xiongnu*）一书。

本书翻译具体分工如下：绪论、第一章和第二章由萨仁毕力格翻译，第三章、第四章、结语和附录由特尔巴依尔翻译，郑淑敏完成译稿的校对工作，萨仁毕力格对整个译稿进行统一修改和审定。

本书的翻译和出版得到诸多学者、朋友的帮助与支持。中国人民大学王晓琨副教授最先提出译介蒙古国考古专著的倡议，并在"一带一路考古学研究译丛"项目的立项及本书的翻译过程中提供了很大的支持，给翻译工作创造了良好的条件；内蒙古博物院特日根巴彦尔先生是本"译丛"的重要协调人，负责联系原著作者，取得翻译授权，并在本书的翻译过程中提供了诸多帮助；内蒙古博物院程鹏飞先生在一些专业术语的翻译方面提供了许多宝贵意见；本书编辑王玉敏女士对译稿全文进行整体把关和校对，并提出了许多颇有价值的修改意见，在此一并向他们表示真挚的感谢！

译者后记

"他山之石,可以攻玉。"蒙古国是匈奴遗存保存最多的国家,而蒙古本土学者在匈奴墓葬的考古发掘和研究方面有着独特优势和见解。通过阅读蒙古国学者的研究成果可以更直观地了解蒙古国境内匈奴墓葬的考古成果,这本译著或许也能够给我们提供一些重新认识匈奴丧葬文化的新的视角。但限于译者的水平,在译文和注文中都难免有不妥之处,祈请广大读者批评指正。

萨仁毕力格

2021 年 7 月 23 日

呼和浩特

图书在版编目（CIP）数据

匈奴平民墓葬研究／（蒙）策·图尔巴特著；萨仁毕力格，特尔巴依尔译.--北京：社会科学文献出版社，2022.12（2023.8 重印）
 ISBN 978-7-5228-0237-4

Ⅰ.①匈… Ⅱ.①策…②萨…③特… Ⅲ.①匈奴－墓葬（考古）－研究－蒙古 Ⅳ.①K883.118.84

中国版本图书馆 CIP 数据核字（2022）第 100650 号

匈奴平民墓葬研究

著　　者 ／ 〔蒙〕策·图尔巴特
译　　者 ／ 萨仁毕力格　特尔巴依尔
校　　者 ／ 郑淑敏

出　版　人 ／ 冀祥德
责任编辑 ／ 王玉敏
责任印制 ／ 王京美

出　　版 ／ 社会科学文献出版社·联合出版中心（010）59367153
　　　　　　地址：北京市北三环中路甲 29 号院华龙大厦　邮编：100029
　　　　　　网址：http://www.ssap.com.cn
发　　行 ／ 社会科学文献出版社（010）59367028
印　　装 ／ 三河市东方印刷有限公司

规　　格 ／ 开　本：787mm×1092mm　1/16
　　　　　　印　张：18　插　页：0.75　字　数：297 千字
版　　次 ／ 2022 年 12 月第 1 版　2023 年 8 月第 2 次印刷
书　　号 ／ ISBN 978-7-5228-0237-4
著作权合同登 记 号 ／ 图字 01-2022-5528 号
定　　价 ／ 89.00 元

读者服务电话：4008918866

版权所有 翻印必究